书系·教学采蓝

语言小品

何伟渔/著

上海教育出版社
SHANGHAI EDUCATIONAL
PUBLISHING HOUSE

前　言

何伟渔教授从事现代汉语教学和研究工作已近六十年了，这本《语言小品》是从他发表的大量短论短评里挑选出来的部分文章。

语言记录着社会生活的点点滴滴。本书"时尚篇"收录的短文，分析了近二三十年来在报刊、网络上和人们日常交流中广泛使用的许多热词热语，如"高富帅、白富美、达人、给力、赞、亲、逆袭、秒杀、蜗居、蚁族、按揭、钓鱼、躲猫猫、豆腐渣、阿诈里、压力山大、羡慕嫉妒恨"等。本书通过对这些词语或追踪溯源、或品评解读，向读者形象地展示了近些年来社会生活的变迁，揭示了人们的生活百态或对人对事的态度。比如，"给力、赞"等反映了人们对社会正能量的支持与欢呼，"蜗居、蚁族、压力山大"等表现了人们对窘迫生存状态或巨大压力的无奈，"钓鱼、躲猫猫、豆腐渣"等则表达了人们对种种非法或丑恶社会现象的嘲讽与谴责。这部分篇目发表的时间跨度大，其中有些词语或许已经褪去"时尚"的铅华，但它们昔日的风光却犹在眼前。比如"按揭"，近20年来，它影响了甚至改变了多少普通家庭的生活啊！透过一篇篇短文的条分缕析，我们可以了解这些词语使用的内在机理，也能感悟到汉语使用者创造和使用词语的聪明智慧。为了厘清这些词语的来龙去脉，何教授对许多词语做过长期跟踪，积累了丰富用例，有些还专门咨询了海内外学者或向普通语言使用者作过调查。这一部分，古今中外的掌故、方言俚语的材料信手拈来，融入文中，行文不拘一格，水到渠成，读来轻松活泼，饶有趣味。时代在变化，新的时尚词语还会不断涌现，在我们面对新的时尚词语不知所措时，或许在本书中能够找到答案或思路。

词汇、语法、修辞及语言知识的综合运用是语文教育的基本内容。本书通过解析一些个案,如"～领"词族成员的增加、"照相"和"照像"之辨、"然后"的滥用、"被就业"引领的"被××"、UFO 和 ATM 机等字母词的使用、一些语文试题的缺陷等,具体讨论了新词语产生的原理、如何辨别词语和表达方式的正误、如何进行语法教学、如何修改病句、如何对待异形词和字母词、语文考试如何命题等问题。书中对这些问题深入浅出的讨论不仅使我们知其然,更重要的是使我们知其所以然。一个个普通但鲜活的案例,让我们感到并相信进行语文知识及其运用的讨论与教学是可以做到贴近实际、切合需要的。这些个案分析也让我们认识到,无论语文教育观念怎样变化,分析语言现象、辨别正误优劣的能力都是语文教育工作者应该具备的基本素养,而这种素养的养成又绝非一日之功。

师承是学术进步的前提。本书"尊师篇"中的几篇短文记述了著名语言学家张斌先生的学术成就,字里行间可见何教授对业师的崇敬之情。

本书选文短小,但篇篇立足实地,娓娓道来,文字简练而不失自然清新。读这些文字,我们不仅可以领会和理解多姿多彩的语言现象,从中获得一些语言知识,也能感受到作者通达、谦和、宽容但是非分明的立言为人的风格。

我们希望本书对语文爱好者和从事语言文字教学或编辑工作的朋友有所帮助,有所启发。

本书编辑组
2014 年 8 月

目 录

001　前言

时尚篇

003　"高富帅"与"白富美",你怎么看
005　"赞",以及单音流行语的崛起
008　试说"气场"新义
011　"躺着也中枪"就是无辜受连累
013　"用脚投票"为哪桩
016　等待第二只"靴子"落地
018　电影片尾藏"彩蛋"
020　"逆袭":从网络游戏中走来
022　"压力山大",堪称妙语
025　"组合拳"是什么拳
028　一首歌唱红了一个词:"忐忑"
030　来自台湾的"hold住"
032　"咆哮体"捧红了"伤不起"
035　"我反正信了"解读
038　"羡慕嫉妒恨"　其实并不"恨"
041　关于热词"给力"的编读互动
044　"围观"即共同关注
046　围观"围脖"

050	不拘一格降"达人"
052	"富二代"引领的"×二代"
055	"穿越"在不同的时空中
058	从"亲爱的"的泛用到"亲"的超泛用
061	话说"低碳"
063	"蜗居":新都市人关注的热点
065	走进"蚁族"
067	异类"躲猫猫"
069	"秒杀"和"秒"
071	"裸",堂而皇之地走进新闻标题
074	"钓鱼"种种
077	"不差钱"的语用特征
079	谁是"宅男""宅女"
081	"双赢"译得巧,用得妙
084	不要"零和"要双赢
086	"问题"的新用法
088	"无厘头"有来头
090	花花绿绿的"包装"
092	不尽"物流"滚滚来
094	"攻略"的来龙去脉
096	新成语"与时俱进"
098	另一种"黑名单"
101	说"Q"道"蔻"
103	绿茵场上话"德比"
105	五花八门的"排行榜"
107	"隐私"和"隐私权"
109	"物业"浅释

111	自摆乌龙·梅开二度·帽子戏法
113	从"楼花"说到"片花""警花""商花"
115	"黄金周"从何而来
117	另一个"出彩"
119	"可圈可点"的泛化
121	从"大使"到"形象大使"
123	"倒计时"带来紧迫感
125	由"浮出水面"说到潜艇
127	"泡沫"的比喻义
129	新意盎然的"绿色"
131	话说"豆腐渣"
133	"主打歌"与"主打"的泛化
135	"游戏规则":从狭义到广义
137	"阿诈里"一词调查记
140	奥运"圣火"与中华"圣火"
142	从"凝聚力"到"亲和力"
144	少男少女爱说"酷"
146	慎用"顶级"
149	话说"含金量"
151	"作……状":新兴流行语
155	例释"另类"
157	"减肥"和"瘦身"
160	"多多"的新老用法
162	追踪"多多"
165	从"多多"到"少少"
168	多姿多彩的"吧"
171	正常的"非常"

174　试说"按揭"

176　补说"按揭"

178　"菜单"新用法

180　从"的士""巴士"说起

182　话说"空嫂"

词语篇

187　不尽"新词"滚滚来

190　一种有趣的造词法

191　道是无理却有理

194　"白领""蓝领"及其他

196　我们也投"银领"一票

198　10天之内推出10个"族"

200　"桥段":来自电影圈的新词

202　"车狼"和"店鼠"

203　说"粒"道"抽"

205　从"演绎"看词的新义项

209　"凌晨"是什么时候

212　"期间""其间"辨

214　"猴年马月"和"驴年马月"

215　从"民办教师""25小时服务"说起

218　不妨让"一直以来"与"一直"并存

220　"抢滩"还是"抢摊"

222　"然后"现象的是非曲直

225　"首个"现象

228　对待异形词,不宜简单化

230　字母词的崛起

 语法篇

235　用语言实践来检验
238　不能只拿语法说事
240　不必整齐划一
242　把字句的语法特点
245　简说被字句
247　跨越"三道坎"
249　"亲弟弟"换"亲哥哥"
251　"大约"与概数
253　用于人的量词
256　关于"以上、以下""以前、以后"
259　从什么时候"迄今"
261　"古柏"不古
263　"之所以"正误辨
265　是否、能否、可否和"有否"
267　"无须理由退货"有语病
269　"文里文气"怪怪的
270　"的"和"地"的分工
274　殊途同归一个"的"

 修辞篇

279　这是一种修辞手法
280　"新编"要有度

281	语序二三题
286	不怕辣　辣不怕　怕不辣
287	哪来"两个丈夫"
290	由"性感"说到语言"跟风"
292	常式句和变式句　整句和散句
295	长句和短句的修辞效果
299	文理贯通和文气贯通
302	要瞻前顾后
304	"前后不一致"的种种表现
306	"被就业"引领的"被××"
308	女孩？男孩？
310	"骨灰级"引起的风波
312	"一方面"不宜独用
314	服务：不该讲什么话

综合篇

319	作者自描
320	"警察"和"顾问"
322	区别歧义和多义——从《鲁迅回忆录》谈起
324	推广"1950年代"表时法
326	杂谈模糊语言
329	大礼拜、小礼拜、双休日
331	说"捣浆糊"的"捣"
333	宽容口误
336	谁进了"误区"
337	"老师"一般不宜自称

340 怎么能"放心"
342 "皇後""發廊"现象简析
344 《二简》影响今犹在
346 关于"无标点文字"
349 汉语中的外文字母

 教学篇

353 分类 归类 兼类
357 怎样辅导复习语法
361 怎样批改语法练习
364 怎样修改病句
368 命题语言点评
372 语文命题七忌

 尊师篇

377 张斌教授和中国语言学研究
379 兼容乃大 无欲则刚
383 "名词+动词"也可以是状中关系
385 "性情中人"东山再起
388 由"平米"说开去

390 后记

时尚篇

"高富帅"与"白富美",你怎么看

《新民晚报》2012年6月6日刊登了郑辛遥的漫画《不是黄昏恋》,十分生动有趣。画面下方的解说词:"日前,在沪举行第二届万人相亲大会,三分之一参与者是着急的老爸老妈。"(引者注:相亲时"本人不到,爸妈代劳"现象,人称"中国式相亲"。)画面中只有两个老人,老妈手持相片说:"我儿子是高富帅。"老爸手持相片说:"我女儿是白富美。"

"高富帅"与"白富美"俨然成了当今社会年轻人择偶的强势条件。"高富帅"是形容男人在身材、财富、相貌上的完美无缺,这样的男人往往会博得众多女性的青睐;"白富美"是描述女人皮肤白皙、家境富有、相貌出众,这么出色的女人自然会引得众多男性的追捧。

据说这两个词分别跟韩剧和日本动漫有关。韩剧男主角,大多是身高一米八五,长相帅气,出身名门,家境殷实,且为独生子,名校毕业,因而有人归纳为"高富帅"。日本动漫女主角,几乎个个像公主一般,美若天仙,于是相应地归纳为"白富美"。"高富帅"与"白富美"起先只在网络上风行,不久就变成了大众流行语,活跃在口语中。

恋爱、婚姻,乃终身大事,有些年轻人将择偶目标定为"高富帅""白富美",尽管有点理想主义,似乎也还在情理之中。但是在实际生活中,金无足赤,人无完人,"高富帅"与"白富美",可遇不可求。择偶的时候,不恰当的定位,过分的挑剔,往往适得其反。有人"非高富帅不嫁,非白富美不娶",其结果必然是满世界剩女剩男。看一看我们的身边,"高富帅"有没有?"白富美"有没有?有,可是并不多。如今全国各省市电视台,多数都开设了相亲类节目。光算算上海一地,各个电视频道,就有不同类型的六档相亲节目。据内部人士透露,并非谁愿意上电视台相亲就能上的,所有男女嘉宾都是千挑百选出来的。即便如此,广大电视观众所看到的相亲嘉宾,真正符合"高富帅""白富美"条件的,充其量不过十之二三。那么,在现实生活中,自然是少之又少,凤毛麟角了。

所谓"高富帅""白富美",说穿了,离不开外貌与财富,这都是人的外在条件。任何外在的条件在特定情况下都有可能发生变化。变数最小的倒是一些跟道德品质有关的内在条件,如诚实、善良、勤奋等。一个诚实的人不会背叛家人去找"小三",一个善良的人在任何变故面前都会一如既往地维护家庭,一个勤奋的人即使身陷困境也会努力去打拼。所以有人为"高富帅"作了新的诠释:"高尚的人品,富有的精神,帅呆的行为。"(参看《新华每日电讯》2012年7月6日)这是很有见地的。

我们不妨借用网上一个段子来说事。某时髦靓女上网搜索理想男友:要帅,有车。结果是:象棋。女不甘心,再搜:有房,有钱。结果是:银行。女还不甘心,再搜:有爱心,体贴人。结果是:奥特曼。女十分生气,于是将上述全部条件输入,良久,计算机十分艰难而又缓慢地打出一行字:"奥特曼在银行下象棋。"(参见《郑州日报》2012年9月10日)这当然是一个刻意"创作"的笑话,但却让人深思年轻人到底应当信奉何种婚恋观!

最后还要关注一下"高富帅""白富美"的构词方式。《现代汉语词典》第6版的修订主持人江蓝生说:这两个新词"是由三个单音形容词并列组成,具有概括、简洁、鲜明、易记的特点"(摘自《文汇报》2012年7月21日)。此话真的说到点子上了。1950年代有个流传甚广的相声《买猴儿》,其主人公取名"马大哈",概括了其"马马虎虎、大大咧咧、嘻嘻哈哈"的性格特征,简明易记,后来"马大哈"正式进入了汉语词汇库。再如翻译的要求"信达雅",排球的战术"短平快",蜀地的小吃"麻辣烫",都是由三个单音形容词并列组成的,不但容易上口,而且都有极强的概括力。

(《咬文嚼字》2013年第2期)

"赞",以及单音流行语的崛起

近年来,流行语"赞"十分风光,许多新闻稿的标题都用上了"赞"。例如:

(1) 赞!百岁老人上下楼将用上"爬楼机"——原先只服务残疾人,现在上海拟将34位最高龄寿星纳入服务人群(《新闻晨报》2012年10月28日)

(2) 环卫工挑走枯枝留下落叶美景,市民赞这才是真正的"城市美容师"(《劳动报》2012年12月7日)

(3) 央视新节目《开讲啦》被赞"中国思想好声音"(《新民晚报》2012年9月7日)

例(1)的"赞"是形容词,相当于"好",后边有叹号,可以理解为"好哇!"例(2)的"赞"后边带宾语,例(3)的"赞"前边加了"被",显然都是动词。

这个"赞"从何而来?有人说,来自台湾,因为台湾有一家报纸评选的2011年台湾年度汉字就是"赞"字。不过,这个说法不一定靠谱,因为吴方言(像上海话、苏州话、宁波话、台州话等)向来用"赞"表示好,上海人常说的"蛮赞蛮赞"就是很好很好,"邪气赞"就是非常好。吴方言的词语先后进入普通话的,不胜枚举,现在"赞"也可以算一个。

形容词"赞"只有一个义项,就是"好"。而动词"赞"却是能量十足,可以替代许多双音动词。请看下例:

(4) 演唱片段在网上流传,网民有赞有弹,知音人盛赞她性感、有型有格,台风一流。也有毫不留情者狠批难听,甚至说几乎吓晕过去。(《新闻晨报》2012年11月26日)

"赞"和另一个流行语"弹"是一对新兴的反义词,常常搭配使用。例

(4)"有赞有弹"是总说,后边分说,一一对应,"赞"变成了"盛赞","弹"变成了"狠批"。这就意味着,这儿的"赞"跟"盛赞"同义。

根据语料分析,在不同的语境中,"赞"可以替代称赞、夸赞、盛赞和赞成、赞美、赞赏、赞叹、赞同、赞许、赞扬等双音动词,简直是"以一当十"。同样,"弹"也可以替代许多双音动词,如抨击、狠批、痛斥、批评、指责、弹劾等。

动词"赞"不仅多义,而且用法多多。再举两例:2012年11月17日《文汇报》用过"值得一赞!"2012年11月10日《文汇报》用过"赞一个!"这两例中的"赞"都不能换成上文列举的双音动词"赞×"或"×赞"。由此可领略单音的"赞"在语用上的灵活性。

行笔至此,又由多义多用的"赞"联想到众多单音流行语的崛起。

《咬文嚼字》自2008年起,逐年公布年度的十大流行语,五年来,已公布的流行语中,单音的有雷、囧、和、裸、控、帝、亲、赞,共八个,占总数的16%。再往上推,还有许多单音流行语,比如靓、炒、酷、秀、爽、顶、挺、牛、帅、潮、宅、蔻(可爱)、哈(如哈韩)、水(水平差,质量差)、飘(在社会上混)、拽(zhuǎi,神气、狂妄)、火(红火,兴旺)、靠(骂人的话)、切(拟声词,表示嗤之以鼻)、哇(叹词)、呲(叹词,欢呼成功或胜利)……

单音流行语如此之多,可以说是突破了现代汉语的"常规",值得关注。现代汉语的新词,除了化学元素,一般都是双音词、多音词(三音节以上)。用有限的汉字来表示无限的新义,不能不采用双音词、多音词。化学元素是例外,每一个"新"元素问世,造新字与造新词同步进行,一个新词专用一个新字。这种例外跟学科的特殊需要有关,不影响现代汉语新词双音化、多音化的一般规律。

突破"常规"的单音流行语为何这么多?主要原因在于绝大部分流行语都是先在网络上流行,然后才走向社会,进入传统媒体,成为大众流行语。即使像"给力"那样的,也不例外。靠《人民日报》一炮打响的"给力",同样是从网络走向社会的。网络用词的特点之一是力求经济,单音词自然比双音词、多音词更为经济。且以微博为例,它只能容纳140个字,那么,多用一些单音词,言简而意赅,并且能够增大信息,丰富"微"内容,何乐而不为！难怪像"赞、雷、酷、秀、帅、爽、亲、牛、潮"等等,那么受欢迎,受"重用"。

可以预见,单音流行语还会不断地冒出来,并且大有用武之地。

(《咬文嚼字》2013年第3期)

试说"气场"新义

火车上,邻座一对小夫妻正埋头看报。突然,女的说:"哟,你看,又是一个'气场'。这'气场'看不见,摸不着,究竟是什么东西呀?"男的意味深长地答道:"气场么,只可意会不可言传。"

本文试着在"意会"的基础上"言传"一下"气场"。

"气场"一词,汉语词汇中本来就有,比如气功师、风水师都会提到"气场"。不过,"气场"并非常用词,所以《辞海》《汉语大词典》都没有收为词条。作为当下流行语的"气场"跟汉语固有的"气场"没有直接关系,笔者粗浅地理解为"由魅力形成的磁场",其核心是"人的魅力"。例如:

(1) 看电影《听风者》,周迅无疑是有气场的,乃至她死了以后,这戏就没啥看头。在各个场面与各种画面之中,娇小的她盖住了所有人的光芒。她的内心世界、情感、身世、命运,成为人们最关心的。(《新民晚报》2012年9月9日)

(2) 张鉴庭精神、贯神的表演,神满而气足,自能在听众中形成一个气场,产生一种定力。听众受其感应,无不聚精会神、屏息静听,乃至心醉神迷。(《文汇报》2010年5月11日)

以上两例形象地描绘了"气场"。例(1)的"气场"是指周迅及其扮演的剧中人的魅力。例(2)的"气场"是指评弹表演艺术家张鉴庭的魅力。

"气场"或"魅力"从何而来?一靠实力,二靠亲和力。先说实力。没有实力,谈不上"气场"。有了实力,才能自信,才会有强大的"气场"。例如:

(3) 胡晴云不仅开创了中国女笑星开专场的先例,也首开滑稽界谈论"情感话题"的先河。据透露,演出中,胡晴云还会尝试全新的中性造型,展示上海女性的强大气场。(《东方早报》2010年7月7日)

（4）刘欢说："一个人的气场是用她累积的自信构成的，你不要去在乎别人的气场，关键是要培养自己的自信。"（《新闻晨报》2012年7月27日）

例（3）的"气场"是实力的体现，例（4）的"气场"则特别强调源于实力的自信。正因为"气场"要以实力和自信为前提，所以"气场"是可以修炼的。请看：

（5）好的语文教师不用讲，只要往那儿一站，就有一种"气场"，这就是"语文"最好的诠释。要想真正拥有这种"气场"，非得有静得下来、坐得住的功夫不可，非得有不媚俗、不从众的心志不可，非得有善读书、愿读书、爱读书的情愫不可。（《语文学习》2010年第10期）

——这就是语文教师修炼"气场"的途径。对语文教师的要求是多方面的，除了道德人品的修炼，专业知识的修炼，像普通话、粉笔字、体态语、神情，以至气质等等，都需要修炼。语文教师修炼到家了，才会有强大的"气场"。

对"气场"来说，亲和力不可或缺。有了亲和力，"气场"就会生发凝聚力、吸引力、影响力。例如：

（6）我外婆有六个子女，她重视家庭，特别能干，从来不随便发脾气，但在家里总有种凝聚力和不怒自威的气场。（《新民晚报》2012年3月7日）

（7）刘晓庆是一个无论剧本、导演、舞美是否讨巧，都能成功地将观众的注意力吸引到自己身上来的演员。她是如今演艺圈内少有的轻技法而重气场的演员。（《新民晚报》2012年4月20日）

（8）毫无疑问，德罗巴的作用是巨大的。不仅仅体现在他自己的表现上，更重要的是，他强大的气场带给球队强劲的动力。（《劳动报》2012年7月23日）

例（6）说外婆的"气场"产生凝聚力，例（7）说刘晓庆的"气场"产生吸引力，例（8）说德罗巴（申花足球队引进的强力外援）的"气场"产生影响力。

因为有了亲和力，还会出现两人（或多人）共同的"气场"，乃至集体（或团体）的"气场"。例如：

（9）杨丽萍与舞伴王迪表演的《雀之恋》……尽管舞台上只有两位演员，但两人充满灵性的双臂和手指、充满艺术张力的舞姿，却迅速构筑起比起

用上百人伴舞还要强大的艺术气场,让观众目不转睛。(《新民晚报》2012年1月24日)

(10) 沉重的大幕缓缓落下,大剧场响起雷鸣般的掌声,仇虎的饰演者胡军和导演陈薪伊率全体演员一次又一次谢幕,但掌声经久不息,喝彩声一浪高过一浪……这种气场,当属北京人艺。(《新民晚报》2012年8月10日)

再往大处说,一家公司、一所大学、一支部队……都可以有"气场"。

"气场"不仅仅存在于当时当地。对于已故的大师级名人而言,他们的"气场"很可能突破时间空间的限制,继续发挥凝聚力、吸引力和影响力。下例便是一个佐证:

(11) 82岁的周海婴,4月7日凌晨走完了他的一生。……虽然不愿意在父亲的光环下生活,他却一生都活在鲁迅的气场里。(《中国青年报》2011年4月20日)

(《语文学习》2013年第3期)

"躺着也中枪"就是无辜受连累

有个常用成语叫"城门失火,殃及池鱼"。许多词典的解释大同小异,且录下一种:"城门着了火,人们用护城河里的水救火,水干了,鱼也就死了。""比喻无辜受连累。"(上海辞书出版社《中国成语大辞典》)另有一说,池鱼不是鱼,负责看城门的人姓池名鱼,因救火而被烧死。(参见《新华每日电讯》2013年1月18日)

如今"城门失火,殃及池鱼"有了个"替代品",那就是流行语"躺着也中枪",它也表示"无辜受连累"的意思。例如:

(1) 5月4日晚,湖北孝感一中高三(3)班学生集体在教室挂吊瓶……一度被调侃为"史上最牛吊瓶班"。……该校副校长张胜华苦笑着:"我们在会上用了一句当红的网络语言来评价此事,那就是'躺着也中枪'。"(《劳动报》2012年8月30日)

(2) 拿了诺奖的莫言,如今简直成了香饽饽甚至"唐僧肉",多少人在借此"搭车牟利"……在绞尽脑汁想搭顺风车,小说《丰乳肥臀》因此"躺着也中枪"。(《新民晚报》2013年1月22日)

按照常识,枪战中如果躺在地上,中枪的概率很低。然而偏偏"躺着也中枪",岂不是再倒霉不过的事儿了?于是凡是无缘无故受到牵连,或遭到冤枉,或被卷进是非之中,都可以叫作"躺着也中枪",常用于无可奈何的自嘲,像例(1),也用于调侃他人、他事、他物,像例(2)。

此语出处是香港著名艺人周星驰的电影《逃学威龙》:双方激烈打斗中,某人装死,一小兵手一歪向地上发了一枪正中装死的,于是装死的那人大喊:"躺着都能中枪!"

这句话使用久了,有人采用缩略形式"躺着中枪""躺枪",还有人干脆说

成"中枪",都是同样的含义。例如:

（3）网络安全形势不容乐观,虚假信息、非法入侵等行为时有发生,个人隐私权得不到有效保护,网民随时都可能"躺着中枪"。(《光明日报》2012年12月19日)

（4）奥(巴马)罗(姆尼)慈善晚宴大秀幽默……拜登"躺枪"。(《人民政协报》2012年10月20日)

（5）《楚汉传奇》安徽卫视28日首播,"刘邦"霸道,道明"中枪"。(《新闻晨报》2012年12月26日)(按,"道明"系指扮演刘邦的演员陈道明。)

"躺着也中枪"还可以扩展,即中间插入其他词语。例如:

（6）今年"金马奖",躺着中了"政治枪"。(《人民政协报》2012年12月8日)

俗话说:"倒起霉来,喝凉水也塞牙。"在社会生活中,甚至在家庭生活中,有意的或无意的"躺着也中枪"的事情在所难免。无论是"无辜受伤害",还是"没招谁,没惹谁,却遭到莫名其妙的指责",我们若以调侃的口吻用一句带有戏谑意味的"躺着也中枪"来应对,恐怕要比脸红脖子粗的辩解更有效,更能摆脱"倒霉"的阴影。可见"躺着也中枪"的流行并不是平白无故的,确实有它独到的应用价值。

再者,上文说到"躺着也中枪"可以看作"城门失火,殃及池鱼"的"替代品",其实,在语言应用上,二者绝对不是"等价品"。尽管它们都能表示"无辜受连累",并且都是具体而形象的说法,都是大家喜闻乐见的词语;可是细细琢磨,它们所表达的语义还是有一些差异的,特别是词语的附加色彩有明显的不同,"城门失火,殃及池鱼"比较古朴,比较文雅,而"躺着也中枪"则相当俏皮,相当活泼。二者完全可以并行不悖,分别用在不同的语境中,各得其所。

(《咬文嚼字》2013年第4期)

"用脚投票"为哪桩

在现代社会,几乎每个人都经历过多次的选举和表决。"投票"是选举或表决的一种方式。一般用手投票,但是也有特殊的情形。上世纪40年代、50年代,农村中不识字的人很多,选举村长或生产队长时,有时只好在每个候选人背后放一个碗,选举人根据自己的意愿在某一个候选人碗里投入一粒黄豆,谁的碗里黄豆多谁当选。如今有些场合的表决已经电子化了,表决器上有赞成、反对、弃权三个按钮,参加表决的只要摁一下按钮就行了。不管是投黄豆,还是摁按钮,都得靠手来完成。还有更加简便的,叫作"鼓掌通过",不过需要两只手一起"鼓"。

由此可见,无论采取哪种方式,"用手投票"应当是无可怀疑的。可是现在我们在报纸上不时可以看到"用脚投票"字样,这是哪门子事呢?请先看几个用例:

(1) 球迷是会用脚投票的,赢不了球,打不出血性,拿不出点精气神,我就可以选择不走进这个球场。(《东方体育日报》2011年1月10日)

(2) 新生代农民工"用脚投票"的现实正迫使企业通过提高工资待遇、发送福利、降低劳动强度等手段为自己"拉票"。(《劳动报》2012年2月7日)

俗话说:"三十六计,走为上策。"以上两例的"用脚投票"都有"走开""离开"的意思。例(1)是球迷离开球场,例(2)是农民工离开企业。其实"离开"只是选择的一种结果,因此,"用脚投票"也可以选择不走开、不离开,而表示"走过来""走进来""走向……"的意思。例如:

(3)《泰囧》……让这么多人从头到尾笑上一百分钟,谁能说没有价值呢?这是大众文化的胜利,普通观众用脚投票,把一部小影片送上了票房冠

军宝座。(《新华每日电讯》2013年1月4日)

(4) 咱不多说,咱用脚投票。如果去三亚和去马尔代夫一样价格或略低于去马尔代夫,那就去马尔代夫吧;如果去贵州和去日本一样贵,咱去日本;如果两趟国内游和一趟非洲游价格差不多,咱就把两趟国内游,换成去非洲看狮子。(《新民晚报》2012年4月20日)

例(3),"用脚投票"就是观众走进电影院看《泰囧》。例(4),"用脚投票"则是旅游者选择去(即"走向")马尔代夫、去日本、去非洲。

我们知道,用手投票(选举也好,表决也好)是一种选择;从上述四个实例来看,"用脚投票"也是一种选择。在这一点上,两者的作用是相通的,只是前者是自由的、自然的选择,后者往往是出于无奈的选择,是迫不得已的选择。

据说,"用脚投票"(Voting by foot),最早是美国经济学家蒂伯特(Charles Tiebout)提出的,意思是在人口流动不受限制、存在大量辖区政府、信息完备等假设条件下,各地居民自由选择那些最能满足自己偏好的地方定居。(参看《东方早报》2010年12月10日)诚然,所谓"用脚投票"原本是一种形象化的说法,是相对于"用手投票"而言的。

又据陈秉安所著《大逃港》(广东人民出版社2010年7月出版)一书介绍,第一个"洋为中用",在汉语中使用"用脚投票"一说的是老革命家习仲勋同志。1990年深圳经济特区成立十周年,陈秉安采访习仲勋,习说:"千言万语说得再多,都是没用的,把人民生活水平搞上去,才是唯一的办法。不然,人民只会用脚投票。"(转引自《南方都市报》2011年4月1日)

当下,又出现一批仿照"用手投票""用脚投票"格式而造的"用×投票",它已经成为一种修辞手段。请看:

(5) 正因为股民用钱投票比用嘴投票和用脚投票更有效,包括贵州茅台、五粮液这样的行业大佬,纷纷选择在事件爆发后的第一时间将产品送检并公开回应。这对于食品安全工作来说,无疑是一个进步。(《文汇报》2012年12月16日)

这儿"用钱投票"是指抛售某些上市公司的股票,"用嘴投票"是指对涉及白酒塑化剂超标风波的酒厂的批评问责,"用脚投票"是指离开那些问题白酒,不喝那些问题白酒。例(5)连用三个"用×投票",不但形象生动,对照鲜明,而且击中要害,触及痛处。

(《咬文嚼字》2013 年第 5 期)

等待第二只"靴子"落地

2013年3月19日清晨6点,上海东方广播电台的《东广早新闻》节目播报了"2月份房价涨势已逐步扩大到70个大中城市的绝大部分"的新闻,其中有一句话,"靴子不落地,房价不会降",让上海市及其周边地区的不少听众听得一头雾水,不知所云。关键在于"靴子落地"作何解释。

先说说这则新闻的背景。楼市调控的"国五条"(2月20日)以及国务院的相关"通知"(3月1日)相继出台,转让房屋个人所得税"按转让所得的20%计征"这一条引起国人特别关注。为了"既不伤害刚性需求,又得打击投资投机性需求",中央要求各地制定实施细则。但是直到3月19日,包括北京、上海、广州在内,全国没有一地出台"细则"——这就是"靴子不落地"所指。

"靴子落地"的出处是传统相声段子《扔靴子》,在我国北方地区影响较大。主要内容如下:

有位老人将自己卧室上边的房间出租给一位年轻人住。年轻人经常深夜才回家。进房后脱下靴子,往地上一扔,咣的一声,把楼下的老人从睡梦中惊醒。接着又是咣的一声,那是第二只靴子扔到地上。老人这才重新入睡。时间一长,老人每晚都得等待着,听到两次扔靴子声之后,方可安心睡觉。有一次,老人上楼向年轻人告知实情,希望他注意。年轻人表示很不好意思,保证改正。当天晚上,年轻人仍然深夜归来。哪料想又是咣的一声,一只靴子落地了。老人十分生气。可是左等右等,就是等不到第二只靴子落地声。老人生怕咣的一声还会不期而至,不敢入睡,结果通宵失眠。天亮了,老人上楼查问。原来年轻人照老习惯扔下一只靴子后,忽然想起老人的话和自己的保证,于是脱下第二只靴子轻轻地放在地上,没有一点声响。万万没想到反而害得老人度过一个不眠之夜。

因此,在民间,所谓"靴子落地",指的是事情有了明确的结果。上文提到的广播中的"靴子不落地,房价不会降",就是说各地的"实施细则"不出台,"国五条"的政策效果就不能完全显现,那么二手房市场也不会降温。

"靴子落地"使用久了,干脆省略了"靴子",只说"落地"二字。例如:

(1) 等待"国五条"地方细则落地,楼市没了"方向"(《新华每日电讯》2013年3月20日)

(2) 上海将严格执行住房限购措施,"国五条"上海细则落地(《东方早报》2013年3月31日)

在社会生活中,类似等待"靴子落地"的不由自主的事情是常常会遇到的。比如生病了,医生要求验血,有的需要等待三个工作日,才能看到"落地"的化验报告。比如参加高考,考完之后,得等待十多天,方能查到"落地"的成绩。再比如终身大事,"落地"的时间更加难以预计,有人等待了三年五年,甚至十几二十年,方才觅得那个最合适的意中人,还有人等待了一辈子,始终等不到"落地"的。

可见"落地"一词适用于社会生活的方方面面,一旦流行起来,大有用武之地。

(《咬文嚼字》2013年第6期)

电影片尾藏"彩蛋"

当下,中外电影最热门的招数是片尾藏"彩蛋",给观众一个意外,一个惊喜。且不说外国电影,2012年国产电影也涌现"彩蛋"潮,其中做得最成功最有效的当属年轻导演徐峥的处女作《人再囧途之泰囧》(简称《泰囧》)。该片票房突破12亿元人民币,创中国电影市场新纪录,原因固然多多,但片尾那个"彩蛋"功不可没:

(1)《人再囧途之泰囧》……片尾范冰冰意外登场,被誉为"年轻彩蛋"。(《广州日报》2012年12月15日)

(2)《泰囧》上映后,影片结尾范冰冰突然出现,令观众大为惊喜。……但在上映前,徐峥对范爷的加盟一直秘而不宣。……徐峥解释道:"我们绝对不是要拿范冰冰当一个炒作点,我只是想在电影最后留一个惊喜给观众,让大家去发现,这样比较有意思。"(《信息时报》2012年12月15日)

观众在《泰囧》的剧情推进中得知:剧中人王宝到泰国种"健康树",是为患病的母亲祈福;他要去找梦中情人范冰冰,也是因为母亲是范冰冰的粉丝,想让老人高兴。结尾部分,范冰冰真人出现了(按,当初几乎所有观众都不知道范冰冰的客串演出)。这一片尾"彩蛋"瞬间秒杀了在场观众,电影院喝彩声一片。

除了《泰囧》,像王家卫的新作《一代宗师》、朱时茂执导的《爱情不NG》、成龙主演的《十二生肖》、合家欢喜剧《愤怒的小孩》等影片,都在片尾"安放"了令观众惊喜异常的"彩蛋":

(3)不少国产电影都流行在片尾留出一个或者多个"彩蛋",并以此作为宣传的噱头,引导观众"善始善终"看完全片。(《文汇报》2013年1月28日)

不仅如此,由电影延伸出去,连法语音乐剧《罗密欧与朱丽叶》和龚琳娜演唱的神曲《法海，你不懂爱》，也都在末尾部分藏了"彩蛋"，给观众以惊喜。

为什么要把电影带给观众的意外惊喜称为"彩蛋"呢？据说这跟西方的复活节活动有关。

复活节是基督教纪念耶稣复活的节日。因为蛋孕育着新的生命，所以人们把它看作多子多孙和复活的象征。复活节那天，西方国家的许多地方都会在山坡上或草坪上举办滚彩蛋的游戏，让孩子们在矮树丛里或草丛里寻找彩蛋和包在塑胶球里的糖果，体验意外的惊喜。比如今年4月1日美国白宫南草坪举行了第135届年度复活节"滚彩蛋"活动，奥巴马夫妇及其两个女儿，还有白宫"第一狗"波(Bo)，同一大批精心打扮的小朋友一起参加。

人们常把蛋染成红色，代表耶稣受难时流的鲜血，同时也象征复活节的快乐。既然是"彩"蛋，不同国家或民族的文化，对蛋的色彩会有不同的要求。例如：希腊人——深红色；德国人、奥地利人——绿色；斯拉夫族人——金色、银色；等等。

在中国，大多数人不过复活节，但是在民间也有类似的找红蛋、摸红蛋的习俗。在婚庆的大喜日子里，新人的婚床上被褥里藏着许多红枣、花生、桂圆、瓜子(谐音"早生贵子")，还有红蛋，让孩子们爬到床上去找去摸，能摸到红蛋则是最幸运最喜庆的。这样的风俗习惯在侯宝林、郭启儒的相声《婚姻与迷信》和姚慕双、周柏春的独脚戏《新老法结婚》中都有所反映。

可见，无论西方、东方，彩蛋或红蛋都跟"意外的惊喜"有着很深的渊源关系。因而今日的观众都很乐意接纳"片尾彩蛋"这个新奇的名称。

（《咬文嚼字》2013年第7期）

"逆袭"：从网络游戏中走来

去年年底,《劳动报》盘点 2012 年职场流行语,共 10 条,其中第 4 条是"HR 逆袭"。"HR"指人力资源,是英语 Human Resource 的缩略语;"逆袭"是个新词(据说是从日语引进的,词典尚未收录),网络游戏常用语,指在逆境中反击成功。

对于"HR 逆袭",《劳动报》作如下解释:"是指 HR 从业人员从原来的辛苦工作状态中解脱出来,充分掌握了职场技巧,对工作游刃有余,掌握了主动权。"读了这个解释,似乎还不能精准地领悟"逆袭"的含义。让我们再利用网络游戏"在逆境中反击成功"这句话来进一步理解"逆袭"。且拿足球赛打比方:

第一种情况,甲乙两队实力不相上下,旗鼓相当。可是上半场甲队 2 比 0 领先,乙队陷入困境。下半场乙队打了个翻身仗,居然连进三球,以 3 比 2 逆转取胜。这就叫乙队"逆袭"成功。如《文汇报》2013 年 3 月 16 日报道欧洲两大杯赛场频现逆转戏,有人实现奇迹,有人赢得尊重,所拟的新闻主标题就是《逆袭之周　激情四溢》。

第二种情况,甲队是弱队,乙队是强队,两队实力悬殊。甲队只能缩在后方,摆出"铁桶阵",乙队久攻不下,倾巢而出投入进攻。甲队趁乙队后方空虚,抓住机会快速反击,终以 1 比 0 获胜。这叫作甲队"逆袭"成功。如《文汇报》2013 年 3 月 10 日报道弱队辽宁宏运客场 4 比 2 战胜强队广州富力,弱队青岛中能客场 2 比 1 击败强队贵州人和,所拟的新闻标题是《"难兄难弟"纷纷逆袭》。

第一种"逆袭"是典型的"在逆境中反击成功";第二种,弱的胜过强的或者小的超过大的,也是"逆袭",因为弱小者处在强大者面前,也可以看作是

另一种身处逆境。目前,"逆袭"的意义和用法主要就是这两种。再看几例:

(1) 港片使出杀手锏,今年欲用警匪和惊悚逆袭(《东方早报》2013年3月19日)

——香港电影业日渐萧条,处于逆境。近年来大拍警匪片和恐怖片,以探索复兴之路。

(2) 中职就业"逆袭"大学的启示(《新华每日电讯》2013年3月1日)

——跟大学相比,中职是弱小的一方。但是教育部的"报告"显示,中职生就业率超过95%,高于目前大学生的就业率。这是以弱胜强。

(3) 一位华语导演界新人的处女作却斩获了12亿的惊人票房。小成本逆袭大制作大获全胜。(《人民政协报》2013年1月15日)

——电影《泰囧》可以说是小导演、小成本、小制作,却能以小胜大。

"逆袭"成了流行语之后,它的意义和用法继续拓展。比如,新事物冲击旧事物,后浪推前浪,也被称为"逆袭"。

(4) 火了十年的拜年短信,蛇年新春遭遇微信"逆袭"(《文汇报》2013年2月24日)

——微信除了文字,还可以发图片、发语音,比只有文字的短信更新鲜。所以有了短信,又出现微信,也是一种"逆袭"。

由于"逆袭"红火,有人在"逆袭"的基础上,仿造出一个"正袭",用来赞美成功,赞美胜利。《新闻晨报》2013年2月26日有一篇文章,肯定奥斯卡奖"坚持政治正确,尊重技术进步,崇尚个人魅力,以我好莱坞为核心,最后还要皆大欢喜,作为一个颁奖礼,奥斯卡该做到的全做到了",因此文章的标题是《好莱坞主旋律的完美正袭》。

(《咬文嚼字》2013年第7期)

"压力山大",堪称妙语

有个成语叫作"妙语连珠",形容意味深长或者富有情趣的话语接连出现,好像珍珠串一般。那么,怎样的话语可以称为"妙语"呢?我想,当下的流行语"压力山大"便是一个典型个例。

毋庸置疑,"压力山大"来自网络。是哪一位聪明的网友"创造"出来的呢?恐怕已经无从查考。这个词造得巧妙,造得奇妙。因此"压力山大"一问世,立即在网络上走红,并且迅速进入纸质媒体,成为人们喜闻乐见的热词。

"压力山大"妙在哪里?

一妙,妙在它是一个仿造词。被仿的"亚历山大"恰恰是我国男女老少最熟悉的外国人名之一。比如公元前马其顿国王、11世纪苏格兰国王、18世纪俄罗斯皇帝都叫亚历山大;连中国数以千万计的人在少年儿童时期学过的《新概念英语》的创始人也叫亚历山大。不仅外国人名,而且外国地名也有称作亚历山大的,例如埃及的第二大城市就叫亚历山大。中国人既然对"亚历山大"耳熟能详,那么对崭新的仿造词"压力山大"就似乎一点儿也不陌生了,念起来顺口,听起来顺耳。

二妙,妙在社会交际十分需要这个词。现代社会,无论政府官员还是平民百姓,各行各业的人都会经受各式各样的压力,其中有沉重的压力,有持久的压力,有多重的压力,有突如其来的压力,还有即使努力也摆脱不了的压力,等等。因此,言语交际中迫切需要一个形象化的表达压力大而沉的词语,于是"压力山大"应运而生,并且大出风头。

(1)信使、秘书、大使、部领导、特派员、新闻发言人……吕新华的角色不断变化。吕新华坦言,这次角色转变让他感到"压力山大"。(《东方早报》

2013年3月2日)

——这是第13任全国政协大会新闻发言人的感受。

(2) 面对比平时增加了近30%的业务量,快递员感到"压力山大"。(《解放日报》2011年12月8日)

——这是从事快递工作的农民工的感受。

(3) 光棍买房"压力山大",好比顶座喜马拉雅。(《金陵晚报》2011年11月11日)

——这是盼望成家的剩男剩女的感受。

"压力山大"不仅仅指向人,还可以指向"企业",甚至可以指向"时代",请看两个新闻标题:

(4) 库存积压:服装企业"压力山大"(《人民政协报》2013年2月1日)

(5) 在这个"压力山大"的时代,让我们互相体谅(《青年时报》2012年11月7日)

三妙,妙在四个字组合了两种修辞方式。"亚历山大"原本是一个音译外来词,四个字只代表四个音节,每个字分开来不表示任何意义。仿造词"压力山大"化平凡为神奇:前两个字"亚历"谐音为"压力",就有了实在的意义;后两个字"山大",虽然字形没变化,却"转化"成一个暗喻——"像山一样大"。合在一起就是"压力如山大"。前半部分谐音,后半部分暗喻,串用了两种修辞手法,生动活泼,诙谐有趣,给人带来愉悦感和新奇感。因而不论是听到、读到还是说到、写到这四个字,多多少少都能疏解或减轻当事人的压力感。难怪"压力山大"已经成了都市白领时不时拿来自嘲的热词。

"压力山大"流行开来了,它的含义已被人们熟知了,于是"压力山大"的变体也就相伴而生。下例是出于语法上动宾搭配的要求,临时造出一个变体"山大的压力",倒还得体:

(6) 比如,房子,便是30岁男人心中最切肤的痛!说句玩笑话,如果有下辈子,我还真的想变成女的,女的就不用承受这么山大的压力。(《新民晚报》2013年2月27日)

最后,我们还要讨论一个问题。在"亚历山大"谐音为"压力山大"之后,

有人又二度谐音,变成"鸭梨山大"。例如:

(7) 新年新气象,一打开电视都在说新交规的事,作为一个实习期的新手,而且还是女司机,我感觉鸭梨山大啊!(《人民政协报》2013年1月7日)

在我们从纸质媒体上搜集的语料中,"压力山大"多多,而"鸭梨山大"却少少。二者的使用率大致是15比1。这是什么缘故呢?

纸媒流行语大部分源自网络流行语,但是并不是所有网络流行语都能转变成纸媒流行语。在网络上有一大批游戏式的谐音词,比如把"我"写成"偶",把"喜欢"写成"稀饭",把"同学"写成"童鞋";然而"偶""稀饭""童鞋"之类的谐音词都进不了纸质媒体。因为网络的服务对象是网民,而纸质媒体的服务对象是大众。对于大众而言,词语的意义应该清晰可辨,才有利于交际与沟通。"压力山大"不难理解,"鸭梨山大"却比较费解,二者之间有着显著的差别。根本原因在于"鸭梨"也是一个游戏式的谐音词,如同"杯具""洗具",都没有很强的生命力。

(《语文学习》2013年第9期)

"组合拳"是什么拳

近年来,新的流行语"组合拳"经常出现在新闻报道中,尤其是新闻标题中。从2010年的使用情况来看,影响较大的有"调控楼市组合拳""稳定农产品价格组合拳"等,有的自主招生的高校(如清华大学)还推出了"选拔偏才怪才的组合拳"。以下便是这三种"组合拳"的用例:

(1) 上海调控新政打的是组合拳:一"限",二"压",三"保"。所谓"限",限贷、限购是也。……所谓"压",即抑制房价暴涨,抑制投机性需求。……所谓"保",即着力推进住房保障工作。(据新华社上海2010年10月7日电讯稿)

(2) 此次研究出台的措施核心意图是要尽快遏制住价格快速上涨的势头,并将采取包括多种价格调控手段在内的"组合拳"方式。(《中国证券报》2010年11月16日)

(3) 2011年自主招生为选拔偏才、怪才打出"组合拳",设特长测试,清华想招"钱钟书"(新闻标题,《新闻晨报》2010年11月11日)

(1)(2)(3)例中的"组合拳"显然属于比喻用法。那么,它的本义是什么呢?一般的词典中,都找不到"组合拳"这一词条。

曾经请教过拳术界的朋友:"组合拳"是怎么一回事?答复是:拳术的门派不少,人们比较熟悉的太极拳、少林拳、长拳中,都没有"组合拳"这一说法。

原来,"组合拳"一词,并非出自中国哪种拳术,而是跟来自西方的一项体育运动——拳击(boxing)有关。拳击比赛时,双方运动员戴着特制的皮手套,按照一定的规则用拳互相击打。裁判依据是否击倒对方或击中对方有效部位的次数多少来判定胜负。所谓"组合拳"是拳击运动中一种组合的拳法,即在进攻的时候,将各种单一的拳法(如直拳、勾拳、侧摆拳)组合起来连续进攻,使对方顾此失彼,从而达到击中对手有效部位的目的。

流行语"组合拳"用的是比喻义,指为了达到某一目标或完成某一任务而采取的多种举措或一系列方法。上文所举(1)(2)(3)例的"组合拳"都用了比喻义。

然而,人们发现,到了2011年,"组合拳"在新闻媒体中使用的频率明显下降,似乎不那么流行了。

究其原因,"组合拳"的核心语素"拳"是个关键。人们见到"组合拳"三字,往往会产生"出拳总是为了打人"的联想。何况"组合拳"的本义就源自拳击运动。拳击是以击倒对方或击中对方有效部位次数多为胜利的,因此"组合拳"这个词隐含了"击打"义、"打击"义。有鉴于此,"组合拳"应当慎用,必须慎用。大凡在不适合"击打"或"打击"的语境里,便不宜使用流行语"组合拳"。试比较以下两例:

(4) 中国队随后利用角球机会取得入球——周海滨将球传至禁区中路,杜威头球攻门被莫沙比扑出,赵鹏近距离补射破门,两名中卫的"组合拳"帮助中国队赢得1∶0领先。(《新闻晨报》2010年10月9日)

(5) 普陀区……为加强人才激励和保障,吸引海内外高层次人才"十二五"期间落户普陀创业发展,针对人才最关注的户口、子女就学、安居、科研经费等六大问题,在全市各区县中率先亮出"组合拳"。(《新民晚报》2010年12月28日)

例(4)写足球比赛,双方是对手,中国队进攻时,因杜威头攻和赵鹏脚射,终于打进一球。这里用"组合拳",合情合理。例(5)写引进高层次人才时要妥善解决"六大问题"。此处也用上一个"组合拳",就显得生硬、不得体了。

慎用"组合拳",不等于不用"组合拳"。2011年用得少了,却用得更为准确了,这是语言应用上的进步。例如:

(6) 沪出"组合拳"严防"地沟油"回餐桌(新闻标题,《新闻晨报》2011年9月1日)

语言是一个动态系统,处于不断变异、不断完善的状态之中。从"组合拳"这个词的演变历程中,也可以窥见语言的"变化——调整——发展"这一个侧面。

(《语文学习》2012年第1期)

语言小品

一首歌唱红了一个词:"忐忑"

  2011年4月,在博鳌举行的"青年领袖圆桌会议"上有一项活动,请出席者回答"这个时代的特征是什么",答案写在题板上。姚明写的是"多元化",马艳丽写的是"倾听",也有人写"爱拼才会赢"……有一位青年记者则写了"忐忑"二字。大家看到"忐忑",都笑起来了。(参看《文汇报》2011年4月15日)

  这一事例,我们不难从侧面领略到"忐忑"一词在2011年火爆的程度。因为"忐忑"并不是常用词,如果在往年,大概不会出现这样的答案。

  "忐忑"的火爆跟一首歌的走红有密切的关系,那就是被人们戏称为神曲的《忐忑》。《忐忑》由旅居德国的歌唱家龚琳娜演唱,作曲者是她的丈夫德国人老锣,可是歌曲中没有一句"明白如话"的歌词,只是一串串"咿咿啊啊哦哦"之类的拟声词。有人说,《忐忑》是"超越语言境界的"。确实如此,不管你母语是哪一种,都能够欣赏《忐忑》。

  《忐忑》的旋律取材于京剧锣鼓经,并且让老旦、老生、黑头、花旦等多种音乐在极其快速的节奏中切换,再配上笙、笛、提琴、扬琴等多种乐器伴奏,变化无穷,独具新意。"就听觉感受来说,这首歌抒情能力极强,非常好听。"(引自《人民日报》2011年3月3日)这是龚琳娜与丈夫老锣所做的中国民歌国际化的探索。

  歌名为什么叫"忐忑"呢?据龚琳娜本人介绍:最初没有歌名,在唱这首歌的时候就觉得自己的心一会儿在上面,一会儿在下面,特别不安定,于是她灵机一动,取名为"忐忑"。(参看《新民晚报》2011年3月11日)

  这首歌在欧洲获奖以后,又在中国不胫而走,红遍大江南北,老的、小的、专业的、草根的,无数人在模仿着唱《忐忑》。因此"忐忑"也成了人人皆知、人人会用的热词。

"忐忑"是个联绵词,本义为心神不定,经常与"不安"连用。跟所有的流行语一样,在流行的过程中,语义会演变,用法会拓展,"忐忑"也不例外。

毫无疑问,"忐忑"是地道的形容词,但是现在已经有了动词用法和名词用法。例如两人对话:"汪先生,请你给我们全校师生做一次辅导报告吧!""别,别,你不要忐忑我噢!""忐忑"后边有宾语"我",显然是用作动词了,语法书上称作"使动"。"忐忑我"的意思就是"使我忐忑不安"。又如2011年11月14日《新闻晨报》有一篇文章的小标题是"结束忐忑",这个"忐忑"分明是用作名词了,从下文可以得知,它指的是一种"忐忑不安的心情"。

"忐"和"忑"这两个字造得十分形象,十分精妙,一个"上"+"心",一个"下"+"心"。只有人心才会七上八下的,所以"忐忑"总是用于人,不能用于事和物。但是一流行,它就突破了这个禁区。请看:

(1) 楼市很忐忑,传"房产税将出台"。(《新闻晨报》2011年1月25日)

(2) 从凉爽到晴热,今夏气温多"忐忑"。(《新闻晨报》2011年7月23日)

一首歌的走红使歌名变成了流行语,这就是从《忐忑》到"忐忑"留下的印迹。

(《咬文嚼字》2012年第2期)

来自台湾的"hold 住"

"hold 住"是一个罕见的英汉组合词语,跟常见的字母词(如 WTO、B 超、卡拉 OK)不一样,它不是用字母造词,而是直接由一个英语词和一个汉语词组成的短语。"hold 住"诞生在台湾。2011 年 8 月 9 日台湾综艺节目中,女大学生谢依霖(Miss Lin)以夸张另类的造型、扭捏怪诞的举止、英汉混杂的台词亮相,陈说自己在时尚场合如何处变不惊,毫不慌乱,并反复念叨"整个场面我要 hold 住"。七分钟的节目造就了雷人的效果,引来了巨大的反响。从此,谢依霖被人们称作"hold 住姐",而"hold 住"迅即成为海峡两岸的流行语。

"hold 住"是什么意思呢?还得从"hold"说起。英语中"hold"是个常用词,而且是个多义词。仅《新英汉词典》(上海译文出版社)就列出了 30 个义项,有拿、抓、掌握、控制、支撑、承受、维持、保持、约束、容纳,等等。当下,作为流行语的"hold 住"也是多义的,主要表示抓住、管住、顶住、掌控住、把握住、保持住等意思。正因为多义,用处就非常多,经常见报,尤其是用在新闻标题上,显得特别醒目。以下数例均为标题:

(1) 疯狂的年末,教你 hold 住钱包(《新闻晨报》2011 年 11 月 29 日)

(2) 红十字会"失火",殃及代言明星,袁莉 hold 不住了:我很累(《新闻晨报》2011 年 9 月 21 日)

(3) 激情人生你 hold 住吗?(《新民晚报》2011 年 9 月 9 日)

(4) 中国农大农村生源 28.26%,近十年首次跌破三成,农业院校农民子弟 hold 不住(《文汇报》2011 年 8 月 30 日)

例(1)"hold 住"是管住,例(2)"hold 不住"是顶不住,例(3)"hold 住"是把握住,例 4"hold 不住"是保持不住。其中(1)(3)两例用"hold 住"表肯定,

(2)(4)两例用"hold 不住"表否定。

"hold 住"走红后,网络上讨论颇为热烈。不少方言区的网友纷纷称他那儿早就有"hold 住"了。比如湖北江汉平原,祖祖辈辈使用"hold 住"(表示抓住)。又如广西南宁人也用"hold 住"(表示等待)。不过前者写作"吼住",后者写作"候住"。如此等等,看来只能算偶合(况且读音并非全同)。应当说"hold 住"乃是"hold 住姐"的原创吧。

如今,"hold 住"不时地会从 80 后、90 后的嘴里冒出来,成为最流行的口头禅之一。比方,在重重困难或突发事件面前,要告诫自己"hold 住",相信自己能够战胜困难,搞定一切;在成绩和荣誉面前,要提醒自己"hold 住",必须虚心谨慎,十分淡定。

最后,借花献佛,引用流行歌曲《hold 住》(许兴刚词曲,丁锐演唱)的部分歌词作为本文的结束语,与读者诸君共赏,兴许可以帮助咱们进一步了解"hold 住"的语用特点:"为了生活,每天奔波劳碌,不管怎样,我要 hold 住。为了创业,加班加点无怨无悔,坚持到底,我要 hold 住。为了父母,我的心不害怕承受孤独,不管怎样,我要 hold 住。……羡慕嫉妒,我要 hold 住;空虚寂寞,我要 hold 住。……整个场面我要 hold 住。这一辈子我要 hold 住。"

(《咬文嚼字》2012 年第 3 期)

"咆哮体"捧红了"伤不起"

去年12月,国家语言资源监测与研究中心、商务印书馆及媒体联合发布了"汉语盘点2011年度字词",其中列首位的年度字是"控"("调控"的"控"),年度词是"伤不起"。(详见《华西都市报》2011年12月16日)本文拟着重讨论"伤不起"的来历以及红火的原因。

"伤不起"最初在"豆瓣网"和"校内网"的文章标题中出现,如"这样的××你伤不起",大多表现悲哀、痛苦的情绪。不过只在网络上使用,影响并不大。

2011年,"伤不起"突然火爆起来,是由于网络上冒出一则帖子《学法语的人你伤不起啊!》,其内容如下:

(1)两年前选了法语课!于是踏上了不归路啊!谁跟我讲法语是世界上最优美的语言啊!……76不念七十六啊!念六十加十六啊!96不念九十六啊!念四个二十加十六啊!法国人数学好得不得了!有木有!……电话号码两个两个念啊!176988472怎么念!不念一七六九八八四七二啊!念一百加六十加十六、四个二十加十八、再四个二十加四、再六十加十二啊!你们还找美眉要电话啊!电话报完一集葫芦娃都看完了啊!有木有!

这则帖子历数学习法语所遇到的种种困难、种种无奈,并且几乎每句话都以语气助词"啊"结尾,每句话后面都标上感叹号,甚至多个感叹号,还将"有没有"一概写成"有木有",因而人称"咆哮体"(前两年台湾地区也曾出现过"咆哮体",只是尚未形成气候)。帖子一出,"伤不起"迅速成了热词,"×××,你伤不起啊"也成了热门句式。一时间,"学德语的人,你伤不起啊!""学越南语的人,你伤不起啊!""不会表白的男生,你伤不起啊!""看电视剧的人伤不起啊!"……接踵而来。应当说,是"咆哮体"捧红了"伤不起"。所谓"伤不起"的含义很明确,就是"不能(再)经受伤害了"。

"伤不起"的本义是指人的身体或者说肉体不能受伤。例如：

（2）（姚明）五度受伤再也"伤不起"(《文汇报》2011年7月10日）

然而,当下流行的大多是精神上或者情感上的"伤不起"。例如：

（3）"小高考"愈演愈烈,新高三生"伤不起"(《新闻晨报》2011年7月26日）

（4）遭遇教育"冷暴力",孩子们伤不起(《新闻晨报》2011年10月25日）

（5）公众善心"伤不起"(《人民日报》2011年6月27日）

"伤不起"一流行,使用范围就不断扩大,眼下,已不限定用于"人",还可以用于"物"。比如：

（6）渤海,还伤得起吗？(《人民日报》2011年8月18日）

尽管用于"物",实际上仍是表现"人"的愤慨,渤海一再发生溢油事件,怎不让人痛心！这个标题是个反问句,因此"伤不起"化为"伤得起"。

由于"伤不起"成了流行语,连翻译文字也用上了。比如：

（7）第14届上海国际电影节圆满闭幕,《伤不起的女人》获最佳影片(《文汇报》2011年6月20日）

影片的译名,按通例往往不是直译,有较大的自由度。如果不在2011年,恐怕会被译成《受伤的女人》《辛酸的女人》之类。

"伤不起"的红火,原因何在？毫无疑问,它跟社会大众的境况和心情密切相关。这一年里,"压力山大"是流行于都市人群中的另一个热词,它对个体所承受的压力作了诙谐的调侃。小学生、中学生受到沉重的学习压力,青年男女不但有工作压力,而且有恋爱、婚姻压力,成年人又碰到住房、医疗、物价、子女教育等压力,老年人还有病痛、养老的压力。并不是所有的压力都能一笑置之的。因为挫折,因为委屈,因为压抑,都可能演变为强烈的情绪,甚至会进而酿成严重的后果。于是,咆哮体应运而生,它兴许是缓解压力、释放压力的一种有效手段,它通过调侃、戏谑,呼喊几声"伤不起啊伤不起",把郁闷、把愤懑都宣泄了。宣泄不是坏事,宣泄让人疏解种种纠结,清空负面情绪,重新振奋精神,继续勇敢前行。不妨说,社会现象引发了咆哮体,咆哮体捧红了"伤不起"。

　　正因为"伤不起"的流行,"～不起"也成了一个能产、高产的词语"结构槽"。在这个"槽"里填入不同的动词,便派生出许许多多、形形色色的"～不起"。有人画了一组"人生压力图",在网上热传。这组图片以漫画的形式生动形象地描述了社会上各年龄段的人所面临的种种压力。于是有人声称"我们都是压二代","压二代伤不起!"图片的文字说明用了一系列"～不起",十分吸引眼球。比如"找工作,压力大,拖不起!""干事业,压力大,干不起!""养全家,压力大,养不起!"此外,还有"补不起""输不起""啃不起""死不起"等等,将"压二代"伤不起的现象勾勒得淋漓尽致。(详见《新闻晨报》2011年6月2日)

　　语言犹如万花筒,它变化多端,气象万千。只要社会交际需要,一个"伤不起"就会演化出众多"～不起"。我们的语言生活就是如此五色斑斓、丰富多彩!

(《语文学习》2012年第3期)

"我反正信了"解读

"我反正信了"是2011年在网络上"大走红"、在报刊上"小走红"的流行语。本来"我反正信了"所表达的意思是单纯而明确的，即"不管怎么样，我都信，并且我已经信了"，没有任何歧义。

然而，作为流行语，"我反正信了"却变成了语用义复杂多变的多义语。要想准确把握它的语用义，必须密切关注它的语境。这儿，我们先探究一下，它怎么会成为网络和报刊的流行语的。

2011年7月23日，在温州附近发生一起两列动车组列车追尾的特别重大铁路交通事故，40人遇难，172人受伤。事发后，铁路部门在搜救工作尚未完成之时，就开始清理现场，掩埋事故车头，因而遭到民众强烈的指责和批评。在新闻发布会上，铁道部新闻发言人王勇平被问到为何要掩埋车头时说道：现场有一个泥潭，影响抢险工作的进展；把那车头埋在下面并盖上土，主要是便于抢险。"至于你信不信，（停顿）我反正信了。"

这是流行语"我反正信了"的出处。显而易见，这儿的"我反正信了"是复句中的一个后续分句，第一个分句是"至于你信不信"。中间几秒钟的"停顿"隐含着说者和听者双方丰富的"潜台词"：就在场的新闻记者而言，或许有三种情况，少数人"信"，较多的人"不信"，更多的人"难以判断"；就新闻发言人来说，他无法揣测记者们信还是不信，也无法"强加于人"。教育部原发言人王旭明在给王勇平的公开信中，干脆用"由你"二字填补了这个"停顿"中的"潜台词"："至于你信不信，由你，我反正信了！"

新闻发布会的视频在网络上流传开去，立即引来一片质疑声。比如中央电视台的白岩松就斩钉截铁地说："我不敢信，不能信。"许多网站号召网友用"高铁体"造句，旁敲侧击，对这次新闻发布的一些说法表示不满和抗议。

且摘录几句:"房价要暴跌的,至于你信不信,我反正信了!""世界末日要来了,至于你信不信,我反正信了!""特殊情况下,老母猪爬树比猴子还快,至于你信不信,我反正信了!"

这种"高铁体"是"以一种恶搞式语体,反抗、质疑权威精英的论调","草根的集体智慧直击某些权威话语中的荒谬之处,是可喜的进步"。(引自《新民晚报》2011年12月22日)

如今,在报刊上使用的"我反正信了"是多义的,我们阅读时务必细细辨识它的语用义。

其一,真信。上文中铁道部新闻发言人所说的"我反正信了",他本人自然是真的"信"。又如:去年7月18日,日本女足在2011年女足世界杯决赛中,以5比3挑落昔日霸主美国队,历史性地成为首支夺得世界杯冠军的亚洲足球队。因此,《新民晚报》体育部在年终盘点全年国际体坛的十大热点时用了如下的小标题:

(1) 我反正信了　日本女足夺冠(《新民晚报》2011年12月29日)

其二,真不信。以戏谑、调侃的方式说反话。这种语用义在当下最为常见。上边摘录的三则高铁体造句皆属"真不信"。再举一例:

(2) 传言称足协认为中国足球能进2014世界杯,至于你信不信,反正我信了。(《新华每日电讯》2011年8月5日)

其三,跟"信"与"不信"无关,纯粹是无厘头的搞笑。这种类型在网友们的高铁体造句中也屡屡出现。比方说:"奥巴马是中国人,我反正是信的。""猪仔会上树了!公鸡会下蛋了!狮子吃素了!兔子啃骨头了!不管你信不信,我是信的!"

流行语"我反正信了"在流行的过程中,还产生了不少"变体"和创新用法。上文就有"我反正是信的""不管你信不信,我是信的"等变体的用例。下边(3)(4)两例,一个用"他们"替换了"我",另一个在"信了"后边又添加了时间补语"30年",由此可见一斑:

(3) 不管你信不信,反正他们是信了。(《新民晚报》2012年1月16日)

（4）每当春节喜庆时候,保姆返乡探亲,多少体面人家顿时手忙脚乱。不管你信不信,反正我信了30年。(《联合时报》2012年1月14日)

(《咬文嚼字》2012年第4期)

"羡慕嫉妒恨" 其实并不"恨"

《新闻晨报》2011年8月15日副刊上登载了一张照片,内容是上海鞍山路某个体户小商店门口张贴的"营业时间",摘抄如下:

周一至周五:8:30—22:30。睡不着就7点开门,睡过头就10点开门;晚上想早点睡就22点打烊,不想睡的话就24点打烊。(以下略)

摄影人感慨道:"对这家店的老板真是羡慕嫉妒恨啊!"

"羡慕嫉妒恨",是一个十分特别的词组,它由三个心理动词组成,但它的整体含义又不是三个动词意义的简单相加,因此词组中间不能加顿号,写成"羡慕、嫉妒、恨"。近年来,"羡慕嫉妒恨"成了中华大地(包括港台地区)经久不衰的流行语。

"羡慕嫉妒恨"这么特殊的组合,无疑是某一个人"首创"的。不过,究竟是何人在何时何地"首创",却无从查证,无法落实。这儿,我们不妨关注以下三件事,可以说件件都对"羡慕嫉妒恨"的流行起过推波助澜的作用。

第一件,电视连续剧《旗舰》于2008年6月15日开播,剧中人于季东说过"羡慕嫉妒恨"。

第二件,2009年张艺谋导演的贺岁电影《三枪拍案惊奇》上映,票房火爆,但是批评声不绝。电影投资人张伟平出马回应,说电影圈有人对张艺谋、张伟平"羡慕嫉妒恨"。

第三件,2010年中国传媒大学播音和主持艺术专业2006级四名同寝室男生,采用自己寝室里经常说的富有感染力和幽默感的语词,为日本搞笑动画片——"日和"之《西游记·旅程的终点》进行中文配音。唐僧三藏有一句台词也用上了"羡慕嫉妒恨"。动画视频上传到网上,点击量居然突破一百万。因此,该动画片中的某些配音用语(包括"给力")后来都成了流行语。

"羡慕嫉妒恨"这个词组表达的是怎样一种思想感情、心理状态呢？我们先拆开来看一看这三个成员的词义："羡慕"是看到别人有某种长处、好处或有利条件而希望自己也有；"嫉妒"是看到别人有某种长处、好处或有利条件而心怀不满，患上"红眼病"；单音节的"恨"则是多义的，即憎恨、怨恨或悔恨。"羡慕——嫉妒——恨"是层层递进、步步升级的心路历程，"羡慕"过分成"嫉妒"，"嫉妒"过度成为"恨"。这三种思想感情、心理状态不可能同时出现，那么"羡慕嫉妒恨"这个词组的含义当然不应该解读为"羡慕+嫉妒+恨"。况且这三个心理动词都是及物动词，语义上都要涉及一个对象（句法上都可带宾语），如果是同一个对象，由于三个动词的词义有明显差异，则"羡慕甲+嫉妒甲+恨甲"是不能成立的。我们在语料中，只发现一个特例，它是"羡慕甲+嫉妒乙+恨丙"，合在一起凑成一个"羡慕嫉妒恨"，这才勉强说得通。请看这个特例：

（1）羡慕奥数获奖的学生，嫉妒那些通过奥数竞赛而抢得升学先机的人，又痛恨为学奥数倾注大量精力和财力。这或许正是"全民奥数"在社会上饱受"羡慕嫉妒恨"的真实写照。（《新民晚报》2012年3月7日）

我们之所以把例（1）称为特例，是因为当下媒体上出现的"羡慕嫉妒恨"用例都不是像例（1）这样分列甲、乙、丙三个对象的。例如：

（2）37周多2天，我终于升级为一男一女两个孩子的妈妈。先别羡慕嫉妒恨，双胎妊娠时刻充满了高风险，个中辛苦唯有自己知晓。（《新民晚报》2011年5月6日）

（3）买走70%上亿港元豪宅，内地富豪在港惹"羡慕嫉妒恨"。（《环球时报》2011年6月24日）

（4）那时我们班很多同学已经被高中学校提前录取，有时候他们会穿着新高中的校服在教室门口晃，让人难免羡慕嫉妒恨。（《文汇报》2011年10月27日）

从（2）（3）二例可以看到，"羡慕嫉妒恨"的用法往往只是强化其中一个词的词义，例（2）侧重"羡慕"，例（3）侧重"嫉妒"。例（4）略有不同，似乎是"羡慕"与"嫉妒"兼而有之，或者说是表示介于"羡慕"与"嫉妒"之间的心理状态。

从我们收集的大量语料来看,所谓"羡慕嫉妒恨",其实并不"恨"。为什么要添加一个"恨"呢?为什么明明有"恨"字,却并不"恨"呢?那就得从网络流行语的特点说起。

"羡慕嫉妒恨"最初是网络上的流行语,后来才在纸质媒体上流行开来。网络流行语为了吸引眼球,往往从内容到形式都要追求新鲜和奇特。内容上常常喜欢夸张,喜欢极而言之,"酷毙了""帅呆了"便是典型例子,而在这儿,说的是"羡慕"或者"嫉妒",却非要层层递进,一直说到"恨"方才满足。形式上常常会突破固有的格式,标新立异,汉语中三词并列的基本格式是"1+1+1"或者"2+2+2",整齐划一,如"色香味""春种秋收冬藏",而"羡慕嫉妒恨"偏偏是"2+2+1"。

如今,由于使用频率很高,"羡慕嫉妒恨"渐渐凝固化,不知不觉间,俨然成了准成语。尽管不是四字格,却是人们耳熟能详的。因而在此基础上,今年又出现一批活用或化用"羡慕嫉妒恨"的修辞佳例。人们读了,一点不觉得陌生,不觉得费解,倒是欣赏其灵活生动,妙趣盎然。仅举二例:

(5) 当年,你是我的视线里最完美的新闻联播国嘴,而且百分百羡慕,零嫉妒恨。(《劳动报》2012年6月21日)

(6) 如今,十九年过去了,用朋友们的话说,这对夫妻还跟谈恋爱似的那么恩爱,让人看着羡慕、嫉妒,但不会恨。(《新民晚报》2012年5月20日)

倘若"羡慕嫉妒恨"尚未成为流行语、准成语,(5)(6)二例恐怕都难以准确地传递信息,顺畅地表情达意吧。

"羡慕嫉妒恨"问世之后,网络上又冒出一批"2+2+1"的仿造语,像"神速麻利快""寂寞空虚冷"等等。但是,论设计精巧,论结构层进,论妙趣多多,没有一个比得上"羡慕嫉妒恨"。

(《语文学习》2012年第11期)

关于热词"给力"的编读互动

读者："给力",毫无疑问是当今最红最火的热词。自从2010年11月10日《人民日报》头版头条新闻标题——江苏"给力"文化强省——问世,我们几乎天天可以在各类报刊上见到"给力""不给力"。有人说,"给力"原是网络流行词,其网络属性与《人民日报》严谨平实的风格产生了很大的反差,非常抓人眼球。也有人说,党报调整语言风格,用民众喜闻乐见的词语来表达,体现了亲民性,能提高传播的有效度。还有人说,"给力"被《人民日报》接受,也就有了"身份证",不再是"野词"了。

编者：《人民日报》第一次在新闻标题中使用"给力",虽说让人感到意外,却是十分慎重的,力求词义明确,不至于产生误解或歧义。这篇新闻约3200字,正文中并没有出现"给力"字样,因此编辑在主标题"江苏'给力'文化强省"的上面特意设置了一个引题:"改革攻坚迸发动力,政策创新激发活力,厚积薄发释放能力"。广大读者读完这个引题,对陌生的新词"给力"的理解也就八九不离十了。在这个语境中,"给力"大概就是"迸发动力+激发活力+释放能力"吧。

读者："给力"这个词是从哪里来的?是汉语某种方言固有的词吗?网络上众说纷纭。一说是北方土话,二说是东北方言词,三说来自闽南话,四说出自海南话。

编者：我们也注意到这四种不同的说法,竟然从东北到海南,地域跨度很大。但是查遍我们可能找到的已经出版的各种方言词典,都没有发现"给力"的踪影。因而我们倾向于把"给力"看作新造的词。

读者：就算是新造词,谁造的?什么时候造的?网络上有两种看法。有的认为源头是给力网(全名为"雷人给力网"),有的认为源头是日本动漫的中文配音。

编者：根据已经了解到的情况和线索，我们梳理了一下。"给力"从诞生到流行，大致可分为四个阶段。

第一阶段，北京少数大学生开始使用"给力"。因为是"少数"，所以还称不上大学的"校园语言"，只是一种"寝室语言"。据中国传媒大学南广学院2006级动漫配音小组成员说，为了自娱自乐，他们在201寝室里经常使用一些新造的词语，其中"给力"从大一一直说到大四。（参看《新闻晨报》2010年12月10日）可见"给力"这个词，2006年就有了。

第二阶段，几个学文学的大学生于2009年12月创立了一个"给力网"，其宗旨是倡导"雷人文化，给力生活"，希望大众能拥有激情、震撼和刺激的人生。他们用"给力""不给力"两个词来评判文学作品精彩与否。到2010年1月，给力网注册会员超过了2000人，于是这两个词就在这个小范围里流传着、应用着。

第三阶段，2010年4月，中国传媒大学CVCN201配音小组（由播音与主持艺术专业201寝室四个80后男生组成），在日本漫画家增田幸助创作的《搞笑漫画日和》中精选了六集，采用他们寝室里惯用的富有感染力和幽默感的语词进行中文配音。"给力"一词就出现在其中一集《西游记：旅程的终点》中。故事一开始，唐僧师徒历经磨难到达天竺，却发现所谓的天竺只有一面小旗子，上书"天竺"二字，师徒都愣了神，悟空抱怨道："这就是天竺吗？不给力啊！"该动画视频挂到网上，点击量迅速超过百万，不经意间"给力""不给力"成了网上流行词。紧接着是5月份南非世界杯期间，网友们频繁使用"给力"和"不给力"来抒发看球赛时的情绪。如"西班牙太给力了！""法国不给力！"尽管此后有一些纸质媒体（像《解放日报》《中国青年报》《京华时报》《长江日报》等）也偶尔用过，但还只能看作是网络热词。例如2010年8月31日的《解放日报》就有这样的句子："遗憾的是，中国足协针对球场暴力的整治始终不温不火，用时下流行的网络语言形容就是一点也不'给力'。"

第四阶段，2010年11月10日，"给力"出现在《人民日报》头版头条文章标题上,这是一个转折点。"给力""不给力"这两个网络热词华丽转身,从此成为流行在各类媒体上的热词了。

读者:听说有人向《人民日报》编辑部质疑:"给力"在网络流行时,分明是个形容词,可是在《人民日报》那个标题中怎么变成动词了?

编者:大凡热词,往往是人见人爱的。由于使用的人数多,使用的频率高,在使用的过程中必定会不断创新,不断变异,因此许多热词的意义和用法演变得很快,有的迅速变成多义词和多功能词,"给力"也不例外。从目前语言应用实际情况来看,"给力"已经兼有形容词和动词两种语法功能,并且都具有多义性。

在"真给力""很给力""太给力了"中,"给力"是形容词,可表示"牛""棒""酷""爽""精彩""出色"等多种意思。而"不给力"则表示"失望""遗憾"等。

"给力"从构词上看,是动宾结构,其字面意义可以理解为"给予力量",所以用作动词也是十分自然的。动词"给力"可表示"给予力量""给予支持""加油""加一把力"等意思。

读者:报上说,"给力"业已走出国门,美国的《纽约时报》也在关注中国新词"给力",用的是汉语拼音"Gei Li"。

编者:不久前,《生活周刊》在其微博中声称:"又一个英语新单词诞生了ungeiliable(不给力)!"该微博在短短几小时内被转发了上万次。这个ungeiliable 是典型的中西合璧的"中式英语"词。词首的 un 在英语中表示否定,able 在英语中是形容词后缀,而中间的 geili 则是地道的汉语拼音。(参看《文汇报》2010 年 11 月 27 日)如此"中式英语",其实大可不必。外国人若仅仅是为了介绍中国这一语言现象,径用"Gei Li"就行;若真正要介绍"给力"的多种词义,那还不如用意译法更为妥当,也更为方便。

(《语文学习》2011 年第 2 期)

"围观"即共同关注

《文汇报》2011年1月26日刊载了一篇文章《春晚,别成为逐年变"小"的套娃》。文中有一句话,如果写在两年前,恐怕没有人看得懂:

(1) 热推荐与冷围观的对比,将办了20多年的央视春晚,推到了不得不变的拐点。

什么叫"热推荐与冷围观的对比"?"热推荐"可以理解,就是热情地推荐;而"冷围观"却似乎无法"破译"。

"围观"本是常见的词,只有一个义项,就是许多人围起来观看。这个义项至今仍在应用。例如:年初,苏州发生一起"人跪狗"事件,两名男子选择给狗的尸体下跪,"当时,附近聚集了七八十名围观的群众"。(参见新华社2011年1月15日电讯稿)可是例(1)的"围观"用的是词典上尚未收录的近年问世的新义:关注。

临近春节,一方面央视春晚不再闭门彩排,"官方"不断"泄密"排练的进度,连央视新闻频道的滚动新闻,也到了天天报道的地步,这便是所谓的"热推荐";另一方面,观众看不看春晚的态度,已经从往年"为什么看",变成了今年"凭什么看",也就是说,人们不再热情地关注春晚,而是显得较为冷淡,这便是所谓的"冷围观"。

"围观"怎么会从原义"许多人围起来观看"演变出新义"关注"来呢?

据说,南方有一家报纸的国际版曾经开辟了一个栏目,取名"围观中国",该栏目专门刊登外国作者撰写的"如何看待中国"的文章。众所周知,改革开放之后,中国是世界各国政府和人民十分关注的对象。因此"围观中国"也包含了"关注中国"的意思。

还有,2010年人称中国微博元年。微博的特点是集成化和开放性,时效性强,一经在网络上发出,很快就会引来上百人,上千人,乃至上万人的观看和关注,有人就把这么多人的观看和关注称作"围观"。

以上两方面原因导致"围观"衍生出新义:"关注"。准确地说,"围观"的新义应该表述为"一起关注""共同关注"。

今天,"围观就是力量,关注就是力量"逐渐成为人们的共识。有人认为:

(2) 以最大多数普通人的力量,从日常生活中,围观善也围观恶,鞭挞恶更奖掖善、传播善和践行善,这就是中国围观时代的至高主题。(《东方早报》2010年12月27日)

一位多次被评为上海市徐汇区"先进个体劳动者"的修鞋老人,年过八旬,仍在风雪中为上海市民修鞋。他的故事被传上微博后,立即受到网民们的围观。网友纷纷表示钦佩和敬意,并且为老人捐款,去住处看望老人,帮助老人过一个温暖的春节。——这就是"围观善""奖掖善"的实例。(详见新华社2011年1月25日电讯稿)

温州市鹿城区原区委书记"裸官"杨湘洪出逃(以出国考察为名滞留国外)的消息被网站爆出,马上受到网民们的围观。最终杨湘洪被双开。——这就是"围观恶""鞭挞恶"的实例。(参见《环球人物》2010年第21期)

《南方周末》2010年1月13日评论员文章是如此评价"围观"的:"一个公共舆论场早已经在中国着陆,汇聚着巨量的民间意见,整合着巨量的智力资源,实际是一个可以让亿万人同时围观,让亿万人同时参与,让亿万人默默地做出判断和选择的空间,即一个可以让良知默默地、和平地、渐渐地起作用的空间。每次鼠标点击都是一个响亮的鼓点,这鼓点正从四面八方传来,汇成我们时代最壮观的交响。"本文谨借用这段话作为结束语。

(《咬文嚼字》2011年第3期)

围观"围脖"

"围观"与"围脖"原本是毫不相干的两个词,但是在今天却可以组合成动宾短语,表示动作行为和对象的语义关系。这一变化的起因是"围观"与"围脖"这两个常用词在2010年分别产生了新义。

"围观"的本义是许多人围起来观看。这种现象在社会生活中并不罕见。无论是城市还是乡镇,只要街头巷尾发生了突发事、新鲜事或者怪异事,很快就会出现"许多人围起来观看"的现象。人们为什么要观看?大多出于对突发事、新鲜事或者怪异事的关注。因此,"围观"引申出来的新义正是"关注",准确地说,即一起关注,一齐关注,共同关注。本义"围观"的对象都是围观者面前的具体事物,比如围观耍把戏的小猴,比如围观被大卡车碾轧过的自行车等。新义"围观"的对象不一定在面前,也不限于具体事物。比如围观"打拐"(指随手拍照解救被拐儿童这一微博话题),比如围观全国两会议题。

"围脖"的本义是围在脖子上保暖或作装饰用的针织品、纺织品。也叫围巾。"围脖"的新义指微博,这是由于读音相近而形成的谐音修辞现象。微博是微型博客的简称。如今,微博逐渐成为许多年轻人生活中不可或缺的必需品,他们通过微博这个工具互通信息,互致问候,互送温暖。所以戏称"微博"为"围脖",不仅仅是由于谐音,而且二者还都有"给人温暖"这一特点。不称"微博"而称"围脖",既亲切又有趣。于是"写微博"变成"织围脖",写微博的男男女女,也就成"织男""织女"了。

明白了"围观"与"围脖"的本义和新义,也就不难理解下边两个新闻标题了:

(1)贾平凹小说《古炉》数字版权纠纷遭"围观"引出新话题——数字时

代,作家也需经纪人(《解放日报》2011年1月27日)

(2) 人大新闻专业将微博表现与成绩挂钩——"织围脖"能力成课程考核标准(《文汇报》2011年3月3日)

例(1),作家贾平凹与人民文学出版社为小说《古炉》签了出版合同,此合同实际上包含了纸质出版和数字出版。贾平凹"因为不懂",又将数字版权以较低的价格卖给了网易,这就引出了"一女二嫁"的争论,引起了出版业内外的共同关注。

例(2),中国人民大学2008级数字新闻传播专业有一门《网络互动管理》课程,任课教师要求每个学生开出自己的微博,并且将他们在微博上的表现作为这门课的考核内容之一。

行文至此,我们不妨回过头来重读本文标题——围观"围脖",这个标题可以"读作""大家一起来关注微博"。为什么要关注微博?我们打算分别从社会角度和语文角度加以说明。

先从社会角度来看。

2010年,人称中国微博元年,微博开始井喷式发展。截至10月,全国微博用户已经超过1.25亿。有"元年",必有二年、三年……微博前程无量。微博为公民的网络表达提供了新渠道,让"沉默的大多数"找到了展示自己的舞台。而在各类事件发生之际,微博又成了最便捷的发布手段,像"我爸是李刚"事件、江西宜黄拆迁事件、上海胶州路11·15大火事件等都借助微博得以"实时"发布。又如甘肃舟曲特大山洪泥石流灾害发生后,19岁男孩王凯第一时间在微博上发布灾情,被媒体称为"一个人的通讯社"。(参看《人民政协报》2010年12月31日)

微博是个全新的社会化媒体,简便易用,随时随地都可以上手。一些政府部门已经敏锐地察觉到微博可能带来的巨大效应,因而都十分重视微博。例如公安部就要求各地公安派出所利用微博搭建警民互动平台。

微博的兴起将群众监督发挥到了极致,反腐败也把微博当作新的载体和舞台。(参看《倡廉文摘》2011年第3期)因为在现实生活中,每个人的社会影响力都有差异,话语权的大小各不相同,但是在微博上,几乎都被拉到了同

一起跑线。在无数次的链接、转发后,最弱小的声音也能汇聚成社会的共鸣。(参看《新民晚报》2010年12月23日)

再从语文角度来看。

每条微博不能超过140个字。如何用好这140个字,大有学问。这就促使人们要用简短精炼的语言准确而清晰地写微博。比如应聘者写"微简历",在140个字里介绍自己、展示自己,既要突出重点,又要处处"出彩",这比写常规的简历更能考量应聘者的文字功力。

文学体裁中的大户是小说。按篇幅长短,小说有长篇小说、中篇小说、短篇小说之分。后来异军突起,出现一种小小说,字数在1500字以内,这似乎是小说篇幅的极限了。如今有了微博,便有了依附于微博的微小说,成了文学的新品种。《文汇报》2011年1月14日用"微小说,挑战你的写作极限"为题,刊登了征稿启事,希望来稿"在140字之内要有悬念、有转折、有意外,能触动人心"。不久,该报又在2月11日刊登整整一大版微小说,其中不乏佳作。

这里请允许我抄录2011年3月4日《新民晚报》上的一篇微小说《蜜月》:

儿子问妈妈什么叫"蜜月",妈妈说就是新婚旅游。儿子又问,当初你和爸爸去新婚旅游我去了吗?妈妈回答:带你去了。去的时候你和爸爸在一起,回来的时候你和妈妈在一起。

不满一百字(含标点符号)的微小说《蜜月》,充分展现了作者的幽默和睿智,表达了作者的感悟和情趣。简直是一曲惜字如金的欢歌!

由于微博的崛起,汉语词库中又增添一批"微××"新词。2010年12月20日,国家语言资源监测与研究中心等六单位联合发布"2010年度中国媒体十大流行语",在"社会生活类"中就有一个"微××",后边括号中列举了"微时代、微新闻、微情书、微投诉"。其实何止这四个!就拿《新闻晨报》来说吧,今年1月,新辟了整版的"微博"专栏,几乎天天见报。头两个月中,先后亮相的小栏目就有微新闻、微关注、微话题、微图片、微小说,还有微祝福(考研时)、微情书(情人节那天)、微拜年(春节),等等。这些都是缩略式造词,例如将"微博拜年"缩略成"微拜年"。

社会学家邓伟志先生把以短胜长的微博比喻为"没有红灯的山间小路""比高铁还要快的'秒互动'""无障碍的任鸟齐飞的开放的天空"。他还写了一首诗歌《微友颂》,这儿且摘引第一小节,以飨读者:"咱们微友有力量,百字框里出华章。字字珠玑算不上,经典见了直发慌。"(摘自《新民晚报》2011年2月19日)

(《语文学习》2011年第4期)

不拘一格降"达人"

热词"达人"已经"热"了好多年了。2010 年由于东方卫视举办"中国达人秀"（第一季）活动，"达人"就"热"上加"热"，几乎人人皆知，达到了"普及"的程度。

在现有的古代文献中，"达人"最早见于《论语·雍也》："己欲立而立人，己欲达而达人。"意思是：自己要立身修德，也要使别人能立身修德；自己要通达事理，也要使别人能通达事理。显然，这里的"达人"是动宾结构（使动用法），还不是名词。名词"达人"首先出现在《左传·昭公七年》："圣人有明德者，若不当世，其后必有达人。"其中的"达人"是指通达事理的人。所谓通达事理，就是见多识广，对各种事情理解得又深又透。通达事理的人往往也是心胸豁达的人，同时又是能够审时度势、安于天命的人。安于天命这一点在唐代王勃的《滕王阁序》中说得很清楚："君子见机，达人知命。"——君子能看到事情发展变化的关键因素，达人知道天命。（"君子"与"达人"，在这儿似应看作互文。）

后来，汉语的"达人"被日语借去，成为日语的"汉字词"（用汉字书写的词）。词义也有了变化。日语中的"达人"专指在某一领域通过经年累月的磨炼，终于获得该领域真谛而出类拔萃的人。通俗地说，"达人"是某领域中非常专业的人，是"高手中的高手"。十多年前，此"达人"又从日语回来，回归汉语，回归故乡。此后流行的"达人"大多采用这个义项，泛指精通某种技艺或学术的人。比如"旅游达人""针灸达人""书法达人""数学达人"等。《咬文嚼字》编辑部配合"我爱低碳生活"徐汇杯咬文嚼字大赛，编写了一本书，书名就是——"谁是低碳达人"。

2010 年，东方卫视举办了收视率居全国选秀节目之冠的"中国达人秀"，这个节目是购买了洋节目"英国达人"的版权之后"拷贝"而成的。于是就有了第三个"达人"——译自英语的talent。从talent到"达人",是音义兼顾的巧译、妙译。英语talent指"有才能的人",含"天才"之意,跟汉语原来的"达人"在词义上相通;而talent与"达人"在语音上又有相谐关系。因此,这一新"达人"迅速融入汉语,为人们所认可。

"中国达人秀"虽说是"拷贝""英国达人"的,却也进行了"本土改造"。中国化的"达人秀",是从草根大众中海选出有绝活的人和天才来。荣获第一名的无臂钢琴王子刘伟,用双脚在钢琴上弹奏出美妙乐曲,便是举世无双的绝活。他不仅获得了中国观众的激赏,还到维也纳的金色大厅演奏,赢得了世界的瞩目。

"达人"的新义,不妨概括为:有着特殊才艺的普通人。"时尚七太"跳肚皮舞,六旬老汉反串跳"喜儿"(芭蕾舞),肢体残缺的青年男女跳出高难度的双人舞,一群来自西藏的盲童唱出扣人心弦的天籁……这一切,无不属于普通人在展示惊人的才艺。

如今,热词"达人"在媒体上遍地开花,它的词义和用法还在演变中。《新闻晨报》2010年12月27日发布"娱乐圈2010达人",我们摘引其中数例,可见"达人"演变之一斑。喜欢写微博的影视明星姚晨被评为"微博达人",新婚并捐献全部礼金的海派清口演员周立波被评为"婚姻达人",甚至票房破纪录的进口大片《阿凡达》(不是"人",但其主人公是"人")竟被称为"吸金达人"。看来,"达人"的未来真值得我们关注啊!

(《咬文嚼字》2011年第4期)

语言小品

"富二代"引领的"×二代"

这两年,"×二代"在媒体上风光无限,引人注目。它们的带头大哥,则非"富二代"莫属。

"代"指世系相传的辈分,"祖孙三代""传宗接代"的"代"便是这个意思。新词"富二代"译自英语 Rich 2G(原义为富有的第二代)。在我国大众媒体上,据说是《鲁豫有约》这档节目最早使用新词"富二代"。主持人鲁豫把改革开放以来第一代民营企业家的子女(他们继承家产,拥有丰厚财富)称为"富二代"。

今天的"富二代"大多是1980年代出生的富家子女。据调查,"富二代"分四类:第一类为知识成功型,第二类为纨绔子弟败家型,第三类为顺其自然型,第四类为父衰子落型(详见《文汇报》2009年11月2日)。由此可见,"富二代"原本是中性词,不带或褒或贬的感情色彩。

不过,由于"富二代"中有一部分(即第二类)是开名车、穿名牌、戴名表、吃喝玩乐、声色犬马、举止张狂、挥霍无度的纨绔子弟,败坏了整个"富二代"的名声,因此社会上很多人一说及"富二代"三字,就带有"羡慕嫉妒恨"的味道。人们自然而然地想到一句民间俗话"富不过三代"——已经到了"二代",离"三代"不远了!言外之意不言而喻。

事实上,还有很多"富二代"愿意做自食其力的普通人。《中华工商时报》2011年1月19日刊登了中国首善陈光标的大儿子陈环境《写给未来的一封信》。这个还只是中学生的"富二代",袒露了他对父亲裸捐和自己未来的真实想法:"其实,父亲是非常爱我们的,他一开始想捐95%财产,给我和弟弟留5%。最后是我们全家的态度,特别是我和弟弟的良好表现让父亲下定决心:捐出全部财产。……当父亲宣布'裸捐'后,我将告别'富二代'身份了。……未来,如果我成为一个富翁,我会和父亲一样从事慈善事业,做一个'善二代';如果我成为一个自食其力的普通人,我也会做力所能及的善事,让自己生活得充实而富有爱心。"读了这封信,人们无不赞叹。

新词"富二代"问世后,次生新词"×二代"一个接一个冒出来。公众最为关注的当推"官二代"(或称"权二代"),就是那些官员的子女。按说,跟"富二代"一样,"官二代"也应该是中性词。可是在实际使用中"官二代"似乎都带有(或略带)贬义,而表示褒义的则改称"红二代"。

2010年12月13日,中央人民广播电台"中国之声"频率"央广新闻"节目的一则报道中,引用了几句令人难堪的流行语:"在幼儿园抢凳子,有人说'我爸是科长';在小学欺负同学,有人说'我爸是主任';在中学抢女同学,有人说'我爸是处长'。"流行语将社会转型期的"官二代"问题展示在公众面前。

更令人叫绝的是2010年底有网友推出的一副对联:上联是"恨爹不成刚",下联是"恨娘非兰玉"。10个字,概括了年内两大热点事件——"官二代"李启铭在河北大学校园飙车撞死人,却狂妄地喊出"我爸是李刚",后查明李刚是保定市某公安分局副局长;"官二代"马晶晶涉嫌在宁夏公务员考试中作弊,却使举报人王鹏以诽谤罪的名义遭遇"跨省追捕",后查明马晶晶之母丁兰玉时任宁夏吴忠市委常委。

与"富二代""官二代"相对的,是"穷二代""贫二代""民二代"(农民工子女)。如今媒体上谈论得较多的还有"文二代""星二代"和"独二代"。"文二代"指作家的子女从事文学创作的,如赵长天之子那多,莫言之女管笑笑,叶兆言之女叶子等。"星二代"指影视明星的子女也当影视演员的,最有名的便是葛存壮的儿子葛优,陈强的儿子陈佩斯,还有成龙的儿子房祖名,宋丹丹的儿子英巴图等。"独二代"则是指独生子女的子女,前一阵子也成为媒体关注的热门话题。

另外还有一批临时造词"×二代",使用得巧妙也别有情趣。例如总政歌舞团的四幕民族歌剧《木兰诗篇》原来由彭丽媛、戴玉强主演,曾在欧美巡演并获得高度评价;去年又启动国内百场巡演计划,改由青年演员谭晶、雷佳主演。《新民晚报》2010年7月13日报道这则新闻时,标题是——"'花二代'撑起一部'中国歌剧'"。"花"者,花木兰也。又如《中国青年报》2009年9月4日有一篇文章写道:在我们身处的这个还不完美的社会里,成不了"富二代"还不如想方设法地努力成为"拼二代"。这个"拼二代"是"努力拼搏的第二代"的简称。

最后,让我们借用《新华每日电讯》2010年12月30日的几句话作为本文的结束语:"转型期中国社会流动性的凝滞倾向,造成'富二代'世袭财富、'官二代'世袭权位和'穷二代'世袭贫困的畸形格局有扩大之势。……'阶层固化'所导致的严峻社会现实已经摆在我们面前,再不可漠视。"

(《咬文嚼字》2011年第5期)

"穿越"在不同的时空中

现今,中外文艺界盛行"穿越"题材,创作了一大批穿越剧、穿越电影、穿越小说等。因而"穿越"也就成了流行语。比方说,2010年上海世博会期间,上海木偶剧团在世博园里演出皮影戏《三国演义》:诸葛亮夜坐船头钓起一个海宝,海宝就从21世纪"穿越"到三国时代了,并且耍起了"海派清口"。周瑜问诸葛亮:"大江之上,两军交战,最适合用什么兵器?"海宝抢答:"高速水下潜射导弹!嗖——咣!"除此之外,还有诸葛亮会唱RAP,鲁肃会打"110",《空城计》中的老兵唱起了流行歌曲《一无所有》,等等。(参见《文汇报》2010年7月12日)

这儿的"穿越"是"穿越时间和空间"的简称,指文艺作品中的人物从一个时空穿越到另一时空。

"穿越"原来就是汉语中的常用词,它的本义是穿过、通过某种空间。这个义项现在仍然在使用。例如:

(1) 上海轨交10号线全线穿越闵行、长宁、徐汇、卢湾、黄浦、闸北、虹口、杨浦等8个区。(《文汇报》2010年4月9日)

(2) 闵行2000余名小学师生昨进行紧急疏散演练,学生穿越烟雾,体验真实火情。(《新闻晨报》2010年5月13日)

流行语"穿越"的词义已经从"穿越空间"演变成"穿越时空"了。比如青年导演陆川执拍了上海世博会中国馆里的8分钟主题片《历程》,他坚持把汶川大地震中的一些场景加入片中。他说:"汶川地震是个象征,我想借此强调'穿越'的民族精神——中华民族正是在过去数千年中穿越了一次次灾难,才成就了中华民族的伟大。"(参见《人民日报》2010年5月26日)

"穿越"词义演变的起因就在于当前流行的穿越文学,以及穿越剧、穿越电影等。这种穿越文学的鼻祖当推一百多年前的美国作家马克·吐温。他的长篇小说《康州美国佬在亚瑟王朝》(1889年出版)无疑是世上第一部穿越小说。19世纪一个康州美国佬,被手下打破脑袋,昏昏沉沉之中,倒退1300年,只身闯进6世纪的英国。作为现代人的美国佬相信平等和自由,但是在亚瑟王朝,他却看到了没落的王权、残忍的贵族、愚昧的骑士和阴险的封建教会。美国佬充分利用自己在文化、教育、科技等方面领先了1300年的优势,从死囚犯一步跨上亚瑟王朝的首相宝座。他要大刀阔斧地改变现状,于是引发了中世纪封建教会与现代共和制度的大决战……

在我国,早在20世纪50年代,相声表演艺术家侯宝林的著名段子《关公战秦琼》,让相隔几百年属于不同朝代的两员武将面对面"作战"。由于时空错位,既有戏剧性,又有穿越感。

目前"穿越"作品的类型是多种多样的。比较常见的是从现代穿越到古代,正在流行的"清穿""明穿"和"架空穿"分别指现代人通过不同方式回到清代、明代和"不存在的时代"。例如今年热播的电视剧《宫》里,古董店继承人晴川为了追逐一幅被风吹走的清装美人图,跑进一片神秘的树林;美人图到手的刹那间,她脚下踩空,跌入时空隧道,便穿越到清朝。凭借聪明才智和历史知识,晴川顺利进入皇宫,遇到了太子、四阿哥、八阿哥等,引发了一场曲折离奇的爱恨纠葛,最后她带着八阿哥又反穿越到现代。

2010年美国电影大片《盗梦空间》在中国放映,让我们见识了另一种"穿越"。影片的主角柯布是一个能控制别人梦境,并在睡梦者潜意识中盗取经济秘密的窃贼。影片设计了精密复杂的三层迷宫式梦境结构,睡梦者从梦中"醒来",发现自己仍处于梦中,这就是"梦中梦"。影片中的人物在一层"梦"、二层"梦中梦"、三层"梦中梦内梦"之间来回穿越,观众也就在一种紧张而迷离的气氛中,完成了一次穿越层层梦境的奇妙之旅。

上海的"现代戏剧谷"尝试过多剧种之间的"穿越",推出一台"星·杂剧"。舞台上"穿越"了越、沪、淮、川、锡、滑稽等六个剧种,赵志刚、茅善玉、梁伟平、杨俊、周东亮等各路明星同台演出,新鲜有趣,且又酣畅淋漓。观众在"穿越"中欣赏,在欣赏中"穿越",真是琳琅满目,美不胜收!(参见《文汇

报》2010年3月19日）

"穿越"，不仅可以穿越到过去，也可以穿越到未来，这叫做"超前穿越"。2010年12月国产电影贺岁档排片的先后顺序是：《大笑江湖》——《赵氏孤儿》——《让子弹飞》——《非诚勿扰2》。谁料想领先上映的《大笑江湖》影片一开头就出现穿越性台词："赵氏孤儿抢先看，非1非2飞子弹。"这不是"超前"了吗？上文提到的皮影戏《三国演义》中诸葛亮唱RAP，鲁肃打"110"，西城老兵能唱《一无所有》，也都是"超前穿越"。

"穿越"的用法还在扩展中，"穿越人"便是一例。2010年江苏省高考语文卷，有一道题是以"绿色生活"命题的作文，来自江苏如皋中学的一名考生用通篇骈体古文的方式完成。阅卷组组长、古典文献学专家在看完全篇后，仅对文章的注释就写了4页纸。阅卷老师对文章赞不绝口，并打了高分。在网上，此文被多家媒体及网友追捧，有网友笑称作者为"穿越人"。（参见《东方早报》2010年6月28日）

（《咬文嚼字》2011第6期）

从"亲爱的"的泛用到"亲"的超泛用

"亲爱的"是现代汉语的常用词,可以用作形容词,也可以用作名词。主要用于三种称呼语:一是夫妻之间、恋人之间;二是亲属之间,如"亲爱的奶奶""亲爱的女儿""亲爱的姐姐";三是亲戚之间,如"亲爱的姑姑""亲爱的小外甥""亲爱的干妈"。按照中国传统习俗,这些称呼语通常都出现在书面语言(比如书信等),较少出现在口头语言。即使夫妻之间,绝大多数人都不习惯当面直呼"亲爱的"。口头称呼"亲爱的",好像只有在汉语翻译的外国影片、电视片中才常常听得到,中国话剧中偶尔也会有。

究其原因,这个"亲爱的"并非古代汉语固有的词,它应该是一百年前为了翻译西方语言而"新"造的词,它大体上跟英语的 dear 和 darling 相对应。不过,"亲爱的"的使用范围要比 dear、darling 狭窄。在英语中,称"亲爱的朋友""亲爱的先生",是极其平常的,而汉语书面语中若称"亲爱的先生",有时会带有一点讽刺或取笑的意味。在中国,把教师称作"亲爱的老师"大概只限于儿童和少年,高中生、大学生则往往改称"敬爱的老师"了。

但是,近年来汉语的"亲爱的"变了,大大地变了,它的用途比以往宽泛得多了。

2007年秋天,因为参与一项临时性工作,我与一位资深的小学语文教师共事两天。休息时,她说:"在我们办公室里,平常都不称王老师、李老师了,而是互称'亲爱的'……"这番话让我这个退休十来年的老教师大吃一惊,却又大开眼界。诚然,互称"亲爱的"主要流行于女教师之间。不过,据说中老年女教师对年轻男教师也会毫无顾忌地面称"亲爱的"。这个事实至少反映了该小学的教研组或年级组富有凝聚力和亲和力,同事之间亲如一家,十分团结,十分和谐。

后来我把这"新鲜事"告诉身边的年轻人,他们反倒说我少见多怪,这种语言现象已经不稀罕了。果然,在前不久热播的电视连续剧《漂亮主妇》中得到了印证。该剧以四位闺蜜主妇的生活为核心,展现了当今社会中年夫妇间的种种家庭问题。剧中,四位闺蜜无话不谈,相互之间就常以"亲爱的"相称。由此可见一斑。

这就是"亲爱的"的泛用。但有一点可以肯定,这些互称"亲爱的"的人,同事也好,闺蜜也好,毕竟是以亲密无间为前提的。2011年,"亲爱的"进一步由三个字紧缩为一个字:"亲"。这个"亲",真是匪夷所思,从它诞生之日起,就可以用于陌生人身上——没有一点"亲"的基础。岂不是超泛用了吗?

据说,这个"亲"最早的源头是淘宝网交易中卖家对买家的称呼。"亲,快来抢购哦!""亲,包邮啦!"一口一个"亲"。来而不往,非礼也。于是,买家对卖家也称起"亲"来了,其实,买家与卖家根本不认识,可是你一个"亲",我一个"亲",无形之中拉近了距离,驱散了陌生感,营造出一种亲亲热热的交易氛围。第一个创造性地使用"亲"的人,真是聪明啊!

如今,在网络上,"亲"和"亲们"迅速传播,遍地开花。不仅对人可以称"亲",甚至对物也可以称"亲"。比如,新版《水浒传》电视剧第一集中,观众看到了一片金灿灿的玉米地。宋朝哪来玉米啊?玉米从美洲传到中国,那是明朝的事儿。好家伙,穿越了几百年!一位网友惊叹:"亲,原来你早已在这里!"

"亲"的超泛用,有利也有弊。

今年高考之后,南京理工大学的一则录取短信用了许多"亲":"亲,祝贺你哦!你被我们学校录取了哦!亲,9月2日报到哦!录取通知书明天'发货'哦!亲,全5分哦!给好评哦!"大学考生都是年轻人,遇到录取的大好事,又听到如此亲切的称呼,应当会乐于接受"亲"啊"亲"的。

但是,据《法制日报》2011年7月22日报道,某地公安局对逃犯发布的"通缉令"也用"亲"来称呼,那就不妥了。"亲,被通缉的逃犯们……'清网行动'大优惠开始啦!亲,现在拨打24小时客服热线……或110,就可以预订'包运输、包食宿、包就医'优惠套餐……亲,告别日日逃、分分慌、秒秒惊的痛苦吧,赶紧预订喔!"通缉令乃是国家法律文书,务必符合文体和格式的规范,务必保持不可或缺的严肃性。怎能如此随意和搞笑?

"亲爱的"的泛用和"亲"的超泛用,是适应社会交际的需要,是汉语发展中的新气象。一方面,我们应当欢迎,应当以宽容的心态去接纳,不能一笔抹杀。另一方面,我们又不可滥用,一定要慎用"亲爱的"和"亲",要正确地使用,要用得恰如其分、恰到好处。

(《语文学习》2011 年第 12 期)

话说"低碳"

2010年1月25日的《新闻晨报》上,打出一条横跨两个版面(A12、13)的通栏大标题:"低碳、宜居、人性化 上海版图将崛起嘉定、南桥、青浦三大新城"。据报道,那儿将成为上海人买房安家的新选择,三座新城规划人口合计将达到200万。

"低碳、宜居、人性化"七个字是新城规划所坚持的理念。有了"低碳",才有"宜居"的环境,而"宜居"又是"人性化"的必备条件之一。显而易见,"低碳"是第一位的,"低碳"成了新城建设链中的首要环节。今天,"低碳"不仅是上海人关注的话题,而且是全世界各国人民共同关心的重大话题。

"低碳"译自英语"low carbon",这是1997年12月诞生的新词。当时,《联合国气候变化框架公约》的缔结方,149个国家和地区的代表在日本京都开会,通过了旨在限制发达国家温室气体排放量以抑制全球变暖的《京都议定书》。议定书文本中,首次使用了"low carbon"这个新词。

所谓"低碳",就是降低二氧化碳排放。二氧化碳是温室气体中的主要组成部分,它是全球变暖的罪魁祸首。气候变暖,已经危及人类生存环境,威胁人类社会可持续发展,因此倡导"低碳",践行"低碳",人人有责。

2009年12月哥本哈根联合国气候变化大会前后,在世界范围内又一次掀起了"低碳"的浪潮,"低碳"成了全世界的流行语。从某种意义上说,"低碳"意味着"环保",体现了"绿色、健康"。

我们要发展低碳经济,推广低碳技术,打造低碳城市,体验低碳生活。例如:

(1)"发展低碳经济"是正在举行的重庆市政协全会的热门话题。(《人民政协报》2010年1月25日)

（2）气候变化是全球性问题,这意味着一项有效的低碳技术可以在世界各国推广应用,新技术在广泛应用的过程中将获得较高盈利。(《文汇报》2009年7月2日)

（3）住宅"零排放",公交"零换乘",杭州率先打造"低碳城市"。(《新民晚报》2009年11月24日)

（4）在哥本哈根,"低碳生活"体现在生活的方方面面,渗透进市民的骨髓。(《人民日报》2009年10月16日)

2010年是中国"世博年",我们要让低碳思维、低碳理论渗透世博会,将"低碳"作为世博主题"城市,让生活更美好"的核心内容。上海世博会将成为倡导"低碳"的阵地,践行"低碳"的样板。让我们一起期待吧。

(《咬文嚼字》2010年第3期)

"蜗居":新都市人关注的热点

2月27日,温家宝总理做客中国政府网和新华网,与网友进行在线交流。有一位网友提出"房价涨得离谱"的问题,温总理说:"我也知道所谓'蜗居'的滋味。因为我从小学到离开家的时候,全家五口人只有9平方米的住房……"

"蜗居",这个2009年的热词,出现在温总理的网聊中,又贴心又自然。

"蜗居"并非新造词。它的本义是蜗牛的居住处,也就是蜗牛壳。以往人们通常借用来谦称自己的住所,这种用法由来已久。如今成了流行语,它的含义更加丰富了,用法也多起来了。

2009年,"蜗居"一词流行的直接原因是电视剧《蜗居》的热播和同名小说的热销。电视剧《蜗居》的收视率一度跃居全国首位,小说《蜗居》在2009年12月的全国图书零售市场排行榜上也高居榜首。(参看《东方早报》2010年2月28日)在房价节节攀升的大背景下,《蜗居》以年轻夫妇为买房而沦为房奴的故事,将国人关注的热点话题解剖式地展示在观众和读者面前,引发了极其广泛的共鸣和极其强烈的反响。正如编剧(亦即小说作者)六六所说:"每一个写字楼里拥有1平方米隔间、月月还房贷、出门坐公交、中午吃盒饭的人,都能从剧中找到自己的影子。"(《文汇报》2009年12月7日)因此人们看了电视剧或者读了小说,都会对"蜗居"一词产生深刻的印象。一时间"蜗居"奇迹般地成了街谈巷议的首选内容。

"蜗居"一词流行的另一原因在于它是一个借喻,并且是一个妙喻,把狭小的居住空间比作"蜗居",也就是比作蜗牛壳。蜗牛壳的特征,一是小,二是逼仄,三是不牢固。采用"蜗居"来描述新都市人,尤其是80后的年轻人居住状况,的确十分形象十分贴切。

目前,"蜗居"这个词主要有两种用法。一是作名词,义为狭小的住房。例如:

(1) 在许多现实难题的纠结中,许多人最终选择了"蜗居"(购买市中心的小面积二手房),也有人选择了"偏居"(购买市郊大面积的新房)。(《新闻晨报》2009年12月20日)

(2) 从"闪婚"到"闪离"仅2个月,只为一套11平方米的"蜗居"。(《新闻晨报》2010年1月11日)

二是作动词,义为居住在狭小的房子里。例如:

(3) 他们中的大多数,蜗居在县城窄小的出租房内,梦想着改变未来。(《中国青年报》2009年12月4日)

(4) 如果一座城市年轻人的精力都集中在买房供房上,成为"蜗居"的"蚁族",那么这座城市将失去多少创造力和生命力,这样的代价是否太沉重了?(《联合时报》2010年1月27日)

大凡流行语,在流行和使用的过程中,常常会突破使用的范围。"蜗居"也不例外。我们发现,"蜗居"以它的引申义还出现在其他领域。比方说,《新民晚报》2009年12月20日有一篇文章的标题是:"古典音乐只能'蜗居'在剧场内吗?"显而易见,这里的"蜗居"已经不是什么住房问题了。

从温总理到80后的年轻人,举国上下都在关注"蜗居"现象。我们相信,总有一天,中国人会从"蜗居"中走出来。

(《咬文嚼字》2010年第4期)

走进"蚁族"

"被遗忘在世界角落,不是我的错;虽被埋没,绝不蹉跎。住在洞穴的我,每天忙忙碌碌奔波,不在乎别人怎么说。蚂蚁虽小,但胸怀广阔,坚持做自我……"2010年全国两会期间,北京唐家岭的"蚁族"唱的这首《蚁族之歌》让三位前来看望和调研的政协委员听得泪流满面。

"蚁族"是一个新造词,并不是借自生物学中现成的特指某种昆虫族群的专业术语。它来源于青年学者廉思主编的《蚁族——大学毕业生聚居村实录》一书。该书讲述了一个群体的真实生存状态。把这一群体命名为"蚁族",是因为和蚂蚁有许多相似的特点:高智、弱小、强者、群居。

为什么要以蚂蚁为喻体呢?第一,民间故事中,蚂蚁具有较高的智商。相关研究表明,蚂蚁有25万个脑细胞,在昆虫中,属于最聪明的物种。第二,在不少童话中,蚂蚁又勇敢又勤劳,乃是"弱小的强者"。第三,蚂蚁属群居动物,一个蚁穴里常常有成千上万只蚂蚁。具有这三个特征的蚂蚁,用来比喻上述高学历低收入聚居群体,不但贴切,而且形象。

"蚁族"这个名称是对该群体的典型概括:受过高等教育,主要从事保险推销、电子器材销售、广告营销、餐饮服务等临时性工作,有的甚至处于失业半失业状态;平均月收入低于两千元,大多没有"三险"和劳动合同;年龄集中在二十二岁到二十九岁之间,九成属于"80后"一代;聚居在大城市的边缘地区和近郊农村。有人用四句话来描绘他们的生活状态:"赚微薄薪水,吃低价快餐,住群居小屋,离单位很远。"

"蚁族"的悄然出现以及他们眼下的艰苦奋斗,背后隐藏着许多不可回避的现实因素。比如,城乡之间、大小城市之间发展不平衡,很多优势资源集中在大城市,使他们坚信"宁要大城市里的一张床,不要别处的一套房","宁在大城市做'蚁族',不愿在家乡当'贵族'"。

调查显示,北京、上海、广州、武汉、西安等高校云集的大中城市存在大量"蚁族",据估算,全国"蚁族"规模在一百万以上。如今,"蚁族"现象已经引起全社会的关注和重视。

不过,我们应当看到,"蚁族"又是强者——"弱小的强者"。"这些住的房子很小,搭乘的公交很挤,每月的薪水很低的年轻人,除了偶尔一声叹息外,表现出来的更多是韧性和乐观。"他们胸怀理想,充满智慧和活力,具有挑战意识;他们相信自己的选择,愿意从底层做起,在漫长的沉潜和积累中,期盼着未来的爆发。

实事求是地说,"蚁族"是好样的。在同龄人当中,他们比"啃老族"更有志气,比"月光族"更会生活,比"赖校族"更有闯劲,比"毕婚族"(一毕业就嫁个有钱的老公)更有独立的人格。

正如《蚁族之歌》所唱的:"我们虽然没有什么,可是我们依然有坚强;我们虽然没有什么,可是我们依然还在幻想;我们虽然没有什么,可是我们依然有力量……"

(《咬文嚼字》2010年第5期)

异类"躲猫猫"

"躲猫猫"原本是一种儿童游戏的名称,书面用语叫"捉迷藏",各地方言中还有种种别名。"躲猫猫"一般有两种玩法。一种是在房屋内玩,一个人用手帕把眼睛蒙上,缓缓地从一数到十,玩伴们各寻一个隐蔽处躲藏起来,然后那个人取下手帕,把隐藏的玩伴逐个找出来。另一种玩法是在场地上玩,一个人蒙上眼睛,在原地转三圈,有点晕头转向,接着玩伴们在前后左右呼叫蒙眼人,诱使他来捕捉。

不过,本文所说的"躲猫猫"是个异类。缘起于2009年2月云南省晋宁县看守所里发生的所谓"躲猫猫"事件。《云南信息报》2009年2月13日刊登的报道说,24岁的男子李荞明因盗伐林木被关入看守所后死去,警方称他是在与狱友玩"躲猫猫"时不慎头部撞墙受伤而死去的。但是2月27日云南省检察机关和公安机关公布的侦查结果为,李荞明系被牢头狱霸殴打致死。此后,三名打人的牢头狱霸和两名玩忽职守的民警分别被判刑。

"躲猫猫"事件引起了全国人民热切的关注和强烈的愤慨。与此同时,"躲猫猫"不仅成了网络和报刊上的流行语,而且出现了多种新义新用法。请看以下用例:

(1) 招商网"坑人",大腕"躲猫猫"——范伟王刚张铁林等代言明星躲避推诿(《新闻晨报》2009年4月22日)

(2) 新国际博览中心内一餐厅面对监管人员"躲猫猫",6000多份无证盒饭堆放男厕所。(《新民晚报》2009年9月10日)

(3) 更改训练场地,更改训练时间,回避媒体采访——输球后,国奥玩"躲猫猫"。(《新闻晨报》2009年12月8日)

(4) 去年贵州瓮安"6.28"群体性事件中,因对事件处置不当被撤职的原县委书记王勤已经"复出",调任黔南布依族苗族自治州财政局副局长一职,在不公开、不透明、不知情下"静悄悄"上任,与公众玩起了"躲猫猫"。(《文汇报》2009年3月30日)

　　从引用的语言实例中,异类"躲猫猫"可概括出三项新义:一为隐瞒事实,掩盖真相,搪塞敷衍,混淆视听;二为逃避群众监督,躲避执法人员执法;三为办事偷偷摸摸,暗箱操作,不让人知情。

　　2010年1月15日《新闻晨报》上,出现一条"雷人"的新闻标题:"猫猫'躲'进汉英大词典"。原来,上海译文出版社近日推出《汉英大词典》第3版,该版的一大亮点便是收纳了一批流行新词。其中就有一个"躲猫猫"(hide-and-seek)。"躲猫猫"的走红,由此可见一斑。

(《咬文嚼字》2010年第5期)

"秒杀"和"秒"

2010年央视春晚节目中,出现许多植入式广告,引发了广大观众的不满与批评。魔术表演者不但喝了一口"汇源果汁",而且特意介绍:"这是汇源果汁!"小品《五十块钱》里,包子铺两口子围裙上的"鲁花"二字十分抢眼。小品《捐助》有特写镜头"国窖1573"酒,演员还把这几个字清晰地念上一遍;并且一而再、再而三地宣传"搜狐"。五个小时的晚会中,诸如此类的广告居然多达两位数。因此,虎年春晚刚刚降下帷幕,许多报纸就相继刊登"质问"文章。《文汇报》2010年2月15日(正月初二)也发表了一篇,文中尖锐地问道:"一个个损害表演效果、影响观众心情的植入式广告,是否在'秒杀'一年一次看上去很隆重的央视春晚?"

为什么说"秒杀"?"秒杀"的含义是什么?

"秒杀"这个新词,早在2007年8月教育部发布的《中国语言生活状况报告(2006)》中就露面了,它是171个汉语新词语之一。那时,大多数人对"秒杀"感到陌生,因为它起先只是网络游戏的一个专用词,仅在游戏玩家圈子里使用,一般人并不熟悉。

"秒杀"译自英语的seckill,是瞬间致死的意思。在网络游戏中,指的是玩家瞬间被PK出局或者瞬间将对手击倒(或杀死)。"秒杀"的"秒"不一定是严格意义的一秒钟,而是指极短的时间,也即一瞬间。

直到2009年,"秒杀"才成为社会流行语,因为它走出了游戏圈,进入了商业圈。9月份,有一家购物网站举行周年庆,推出了"秒杀"活动:在网络拍卖开始后第一个确认购买的网络买家,可以按照远低于成本价的秒杀价买到指定商品。秒杀价大多只有市场价的一半,最低的只要一元钱,被称为"一元秒杀"。最为匪夷所思的,竟然会有"一元秒杀汽车"(原价6万元),这就产生了无与伦比的诱惑力。于是"秒杀客""秒杀族"应运而生,越来越多的人加入"秒杀"的行列。

至此,"秒杀"的意义已经演化为"以最快的速度做成功一件事"。而在上文引用的《文汇报》那个疑问句中的"秒杀",似应解释为"以最快的速度打压某事物"。"秒杀"的"杀"表意渐渐弱化、虚化。所以,在"秒杀族"中,有人干脆把"秒杀"简化成一个"秒"字,他们之间常说"我秒到了""你秒了吗?"一类的话。

"秒杀"有了新义,就迅速蔓延到其他领域。

在篮球赛场上,两支球队旗鼓相当,你进一球,我进一球,比分交替上升,"咬"得很紧。临近终场时,双方还是相持着,不分上下,眼看就要打成平局,不得不进入加时赛了。就在最后一两秒钟的时候,其中一方有位高手远投中的,最终以3分的微弱优势战胜了对方。这最后一投,一般称"绝杀",现在也称之为"秒杀"。

在股市,也有类似情况。某某股票原本走势平稳,突然遭受负面"消息"的刺激,股价在很短时间内迅速跳水,直至跌停。股民们把这种现象也叫做"秒杀"。

"秒杀"概念还走进了新闻圈。在以往,不管是日报晚报,充其量一天也就出版一次,不可能再快。如今有了"微博",就能让"每日新闻"变成"每秒新闻"。《新民晚报》2010年1月27日发表的介绍"微博"的文章,第一个小标题就是:新闻进入"秒"时代。微博,就是微型博客。有什么新闻,有什么消息,有什么突发事件(如地震、海啸等),可以立即写成不超过140个字的报道,发到微博网页上,与网友分享。这也叫"秒杀"。微博成了"秒杀"的有效手段。

21世纪是一个快节奏时代,繁花似锦,欣欣向荣。"秒杀"似可看作快节奏时代中的一朵小花。

(《咬文嚼字》2010年第5期)

"裸",堂而皇之地走进新闻标题

"裸"的本义是不穿衣服。"裸",以及采用"裸"的本义所构成的"裸×"(如裸体、裸露、裸奔、裸泳等),从感情色彩来讲,无疑都是中性词,不含贬义;可是从风格色彩来讲,由于受中国传统文化观念的影响,似乎都不雅(至少是不够雅)。因此过去在新闻标题中,很少用到"裸"和"裸×"。只有在报道西方国家的事物时,才会明明白白地出现"裸"的字样,比如某某足球场上的"裸奔",某某露天游泳池里的"裸泳"。不过,在报道中国新闻时,则尽量回避"裸"。比如不称"裸体画",而称"人体画";不称"裸照门",而称"艳照门";北京民间,不称"半裸男",而称"膀爷"。

谁也没想到,如今"裸"字竟然堂而皇之地走进了新闻标题。请看:

(1) 将裸婚进行到底(《新民晚报》2010年2月3日)

(2) 要监管好"裸官",关键要官"裸"(《新华每日电讯》2010年2月28日)

(3) (世博会)比利时欧盟馆现场可买裸钻(《东方早报》2010年2月26日)

有人惊呼:时下流行"裸"文化了!其实,"裸婚""裸官""裸钻"中的"裸",跟不穿衣服、光着身子的"裸"不是一回事,而是采用它的比喻引申义——即只有事物本身,而没有任何附加物或附加条件。

先以"裸婚"为例。前一阵子,一些网络和报刊都在讨论一个话题:"新结婚时代,你会选择'奢婚'还是'裸婚'?"不少年轻人选择"奢婚"乃是迫于无奈,为了家庭的面子和本人的风光,不得不背负钱财上和精神上的双重压力。据上海市婚姻登记部门和婚庆行业协会调查,举行一次婚礼,平均要花费13万元(不包括买婚房、买汽车等费用)。(参见《文汇报》2010年2月11

日）如果没有父母支撑，仅靠自己，许多人都办不起体面的婚礼。压力之下，也有一些年轻人改弦更张，选择了"裸婚"，他们表示要自力更生，不"啃老"。什么叫"裸婚"？就是不买房，不买车，不戴婚戒，不办婚礼，不度蜜月，只去婚姻登记部门领取结婚证书。"裸婚"，俨然成了当下结婚的新风尚。

再说说"裸官"。2009年11月，深圳市发布官员监督和问责新规，其中有一项是，配偶和子女非因工作需要而均在境外定居（或者加入外国国籍或者取得国外永久居留权）的公职人员，不得担任党政正职和重要部门领导班子成员。此举被舆论简化概括为："裸官"不得担任一把手。（参看《国际先驱导报》2009年12月1日）可见，配偶、孩子、存款全在国外，一个人留在国内做官的，都可称为"裸官"。然而，网络上不少网民却对此项新规不以为然。诚如上引第（2）例提及的《要监管好"裸官"，关键要官"裸"》一文所说，治"裸官"，只需官"裸"即可，就是让官员的权力"裸"起来，官员的财产"裸"起来，官员的行迹"裸"起来。（参看《新华每日电讯》2010年2月28日）阳光是最好的"防腐剂"，让官员手中的权力在阳光下透明地运行，"官"未必不可"裸"着做。

与此相关的，有一个词叫"裸退"。记得几年前，党中央和国务院"换届"，时任中共中央政治局委员和国务院副总理的吴仪事前表态，一旦退休，不再担任政府的和非政府的一切职务。这一被称为"裸退"的表态，一经媒体报道，立即赢得全国人民交口称赞。

至于"裸考"，现在已经有了两种含义。其一，在高考时，省市级的三好学生、优秀学生干部、优秀团干部以及科技发明创造奖获得者、单科竞赛优胜者等考生，都可以按政策加分。相对而言，不能享受加分政策，仅凭考试成绩参与高考竞争的普通考生，就被称作"裸考"生了。"裸考"所得的分数，因没有加分而被称作"裸分"。其二，面对大学英语四、六级考试或者大学期末考试，有些大学生一点不复习、不准备就去碰碰运气，也叫做"裸考"；如果稍加复习、稍作准备，则戏称"比基尼考"。（参看《文汇报》2010年2月2日）

除此以外，像第（3）例所说的"裸钻"，是指光溜溜的钻石（尚未镶嵌到戒指、项链、头冠等饰物上）。还有"裸捐"，是将自己的资产全部捐献给慈善事业。2009年的"裸捐"典型人物是陈发树,他捐出个人持有的紫金矿业、青岛啤酒、云南白药的全部股票(市值约83亿元),成立新华都慈善基金会。(参看《新闻晨报》2009年12月26日)

由于比喻引申义的"裸×"风行,原本受到冷落的本义"裸×"也跟风而上。例如,"14国赴美旅客须全身'裸扫'"(《东方早报》2010年1月5日)。所谓"裸扫",是指对民航旅客实行全身扫描安检,"裸扫"可以显示人的"裸体"轮廓,并提供可疑部位的细节照片。另外,像某大学生"裸奔"、某网站"裸聊"等事件也先后被媒体曝光。这几个"裸"用的都是本义。

可以预测,"裸×"的新组合还会继续产生,成为现代汉语词汇库的一个又一个新成员。

(《语文学习》2010年第5期)

"钓鱼"种种

　　谁都知道"钓鱼"是怎么一回事。用钓具(包括钓竿、钓线、钓钩等)和钓饵捕鱼就叫"钓鱼"。"钓鱼"是一种健康的休闲方式,是格调高雅、有益身心的文体活动。古今中外,无数钓鱼爱好者都陶醉于这项活动,钓鱼过程中,充满了智慧、活力和情趣。

　　关于"钓鱼",我国有不少千古流传的民间传说和脍炙人口的诗篇。最出名的当数"姜太公钓鱼,愿者上钩"。传说姜太公(姜子牙)为人公正,心地善良,他钓鱼时,钓钩离水面三尺,鱼若从水中跳高三尺去吞食鱼饵,那是鱼自己的过错,所以叫做"愿者上钩"。唐代白居易《渭上偶钓》诗记载了姜太公的故事:"昔日白头人,亦钓此渭阳。钓人不钓鱼,七十得文王。"周文王遇姜太公于渭阳。七十岁的姜子牙从此放下钓竿,辅佐周文王和周武王,打败了商纣王,成为历史上有名的大功臣。

　　在词典中,"钓鱼"除了第一义项"用钓具和钓饵捕鱼"之外,还有第二义项"比喻诱使别人上当"(参看《现代汉语规范词典》)。这个义项也是固有的,但人们较少使用。由于2009年先后发生在上海闵行和浦东的两起交通行政执法事件被定性为"执法取证不正当",使得"钓鱼"的第二义项被"激活"了。于是"钓鱼"这个词在媒体上使用频繁,成了年度十大流行语之一。

　　就以浦东的事件为例:2009年10月14日晚,刚到浦东开了两天车的司机孙某,同意一个衣着单薄、自行拉开车门跳上车的男子搭便车。开出一段路,搭车者竟一边给钱一边拔车钥匙一边踩刹车。就在此时执法大队的人"从天而降"一哄而上,扣了孙某的车。执法人认定孙某驾驶的是"黑车",要处罚。事后经过调查,浦东新区区长表示,确实存在使用不正当取证手段,为此公开道歉,并妥善处理了这"钓鱼"事件。

此处所谓"钓鱼",完整的说法为"钓鱼执法"。这是一种执法欺骗行为,执法者设好圈套让当事人往里钻,然后抓住"现行"予以处罚。"钓鱼执法"在英美等国称为"执法圈套"(entrapment),专指当事人原本没有违法意图,在执法人员的引诱之下,才"违法"了。国家当然不应该惩罚这种"违法"行为。

自从上海两起"钓鱼执法"事件大白于天下之后,新闻媒体上又出现多种"钓鱼××"。

首先是"钓鱼网站"。例如真正的中国工商银行网站为 icbc.com.cn,而"钓鱼网站"为 1cbc.com.cn,二者的差别仅仅是小写字母 i 和数字 1 的不同;真正的中国银行网站为:bank-of-china.com,而"钓鱼网站"为 bank-off-china.com,二者的差别,仅仅是假的比真的多了一个 f。(参看《文汇报》2010年1月17日)诈骗者利用这种障眼法,欺骗用户输入自己的账户密码。这是当前"网络钓鱼"的典型手段之一。

与此相关的是"钓鱼网店"。有的人网购名牌产品,拿到的却是山寨货、假名牌。有的人更惨,转了账,却一无所获,财物两空。

其次是"钓鱼维权"。据《东方早报》2010年1月12日报道,宁波有一位打工者方某,2004年开始,专挑"问题企业"(本来就有违法行为的企业)务工,他先后把工作过的13家企业全部告上了法庭,并且基本胜诉。几年来,他为自己和工友们向工厂要回了被克扣的或被拖欠的加班工资、违约金、经济补偿金,以及冷饮费等,数额十分可观。

由此联想到多年前那一位"知假买假"的王海,他的所作所为,似乎也可称之为"钓鱼打假"。

还有"钓鱼义诊"。近年来,社会上有些不良之徒打着"慈善义诊""免费治疗"等幌子,肆意推销形形色色所谓"保健品",这等害人坑人事件,屡屡被媒体曝光。"义诊"是诱饵,"钓鱼"的目的是骗人钱财。(参看《文汇报》2009年12月20日)

从已经出现的种种"钓鱼"来看,"钓鱼执法""钓鱼网站""钓鱼义诊"中的"钓鱼"都符合第二义项即"比喻诱使别人上当",带有欺骗性。可是"钓鱼维权""钓鱼打假"中的"钓鱼"却没有欺骗性。看来词义又有新变化,还得增添一个第三义项,即"比喻明知对方违法再通过某种手段证明对方违法"。

(《咬文嚼字》2010 年第 6 期)

"不差钱"的语用特征

年年有春晚,年年的春晚总会有几个词语成为当年的流行词语,比如"忽悠""为什么呢""常回家看看"等。2009年春晚后迅速流行的,当首推"不差钱"。"不差钱"是赵本山等演出的小品《不差钱》的剧名。《不差钱》的核心情节是拉关系——寡廉鲜耻地攀附"毕姥爷"。观众对此有截然不同的评议,褒贬不一,有的说是"讽刺"拉关系,有的说是"炫耀"拉关系。本文不是讨论这个问题,就不展开了。不过,有一点无可否认,即《不差钱》在春晚演出现场产生了强烈的"笑果"。这个小品的客观效应是,不仅推出了新人小沈阳,也推出了方言词"不差钱"。

"不差钱"是东北方言的说法,转换为普通话,一般说"不缺钱"。这儿可以举出一个现成的用例作证:《新闻晨报》2009年12月5日有一篇文章,标题用"不差钱",正文用"不缺钱",表达的是同一意思。

(1) A. 中资行称"银根紧张" 其实"不差钱"(标题)

B. "银行其实不缺钱……"……负责人道出了中资行"银根紧张"的秘密。(正文)

由此可见,"不差钱"和"不缺钱"之间是可以画上等号的。"不差钱"的准确含义,便是"有足够的钱(可以支付某个款项)"。

一年来,社会流行语"不差钱"在语用上有如下几个特征:

其一,"不差钱"大量出现在新闻标题中,新颖别致,吸引眼球。如果换成"不缺钱",就显得平淡,没有新鲜感。例如:

(2) "不差钱"需多方使劲(关于中小企业融资问题的文章标题)(《人民日报》2009年5月18日)

(3) 艺术品"拍卖":内地富豪"不差钱"(《上海金融报》2009年12月8

日)

其二,"不差钱"用的是否定形式,已经让人耳熟能详,有时干脆以肯定形式"差钱"亮相,出奇制胜。例如:

(4) 在死虎问题上,沈阳冰川动物园一直声称"差钱",不但缩减动物的"口粮",还拖欠员工的工资。(《东方早报》2010年3月14日)

(5)《差钱了,爱情就AA吧》(京城小剧场话剧)(《文汇报》2009年6月7日)

其三,有了"不差钱",又仿拟出一批"不差×",由此及彼,趣味横生。例如:

(6) "不差钱"未必能够"不差才"(《新民晚报》2009年12月28日)

(7) 寒假"巧进补",开学"不差分"(《新闻晨报》2010年1月19日)

其四,"不差钱"与相关词语形成鲜明对比,说理深刻,言简意赅。例如:

(8) 2009年的春晚是"不差钱",而2009年赛季的中甲却是"就差钱"。(《新闻晨报》2009年3月31日)

(9) "不花钱的节能"遭遇了"不差钱的业主",在节能理念和心态上,许多人停留在"十分初级的阶段"。(《文汇报》2009年7月18日)

你看,"不差钱"的语用效果真"不差"啊!"不差钱"在言语交际中走红的原因正在于此吧。

(《咬文嚼字》2010年第6期)

谁是"宅男""宅女"

日语中有个新词叫"御宅族"。这个词流传到中国后,演化成为"宅男""宅女",统称"宅人"。例如:

(1) 日本的"新人类"——"御宅族"成了秋叶原的新宠。(《国际先驱导报》2008年6月13日)(按,秋叶原是日本东京主要销售电脑、手机以及因特网相关产品的"IT中心区")

(2) "宅男宅女"深居简出、闭门自乐。(《新民晚报》2008年6月24日)

"御宅族"的"宅"与"宅男""宅女"的"宅"是同一个汉字,意思是"住宅,家庭居住的房子"。像上海的石库门建筑,同一个门牌号的房子里往往住着几户人家,门上几个信箱分别写着"朱宅""杨宅""程宅",那就代表"朱家""杨家""程家"。

"御宅"(日语罗马字写作OTAKU),本义相当于汉语的敬辞"府上",通俗地说,就是"你家"。如今的新义专指足不出户,对动漫和电子游戏着迷的年轻人。"御宅"后边加个"族",表示群体。

汉语的第二人称不用"御",于是就化出了"宅男""宅女""宅人"等名称。简单地解释,"宅男"就是窝在家里的男人,"宅女"就是窝在家里的女人。"宅男"与"宅女"合在一起便是"宅人"。

"宅人"大多是15~35岁的青年(其中,20~30岁是主体)。他们喜欢待在家里做自己喜欢的事,大门不出,二门不迈。

"宅男""宅女"的主要特征如下:

第一,一般都是独身者。有了配偶,有了孩子,就很难"宅"下去。

第二,十分依赖电脑,依赖网络。

第三，痴迷于某事、某物或某人，痴迷到不能"自拔"的地步。比如收集、收藏一些奇奇怪怪的东西。

第四，一个人躲在屋子里，不喜欢外出，不喜欢交际，尤其不喜欢接触陌生人。

第五，为人低调、内敛，甚至封闭、孤僻。自我感觉却是自由自在，可以自得其乐。

"宅男""宅女"并非铁板一块，并非都像从一个模子里制造出来的，而是个性十足的。比方说，有人懒散，有人勤奋；有人"啃老"，衣来伸手，饭来张口，有人经济独立，自食其力；有人喜欢在电脑等虚拟世界里寻找寄托，有人喜欢跟与众不同的宠物（鼠、猪类）周旋，求得乐趣……

据"宅男宅女论坛"（www.znanznv.com）披露，要当"宅男"，也有一条底线，就是六个"一"：一间房（有水有电），一根能连接上互联网的网线，一台无故障的电脑，一个小厕所，一张床，一堆喜欢吃的食物或零食或烟酒。这些条件若能满足，就"宅"下去；若不能满足，就想尽办法创造条件。

因此，多数"宅男宅女"也是上班族。白天或工作日，他们精明能干或绞尽脑汁或疲于奔命；夜晚或节假日，他们则关进小屋成一统，独享"宅人"的小天地。有人说，这是现代人要把压力屏蔽在"宅"外的一种生活方式，也是自我调节的一种手段。

最初，日语的"御宅族"是个贬义词，因为日本人不喜欢OTAKU这种"次文化"现象。现在，汉语的"宅男""宅女"渐渐趋于中性，甚至有人津津乐道"宅人""宅事"，有两首港台歌曲为证：一是罗志祥演唱的《让我们宅一块》，一是周杰伦演唱的《快乐宅男》。

不过，我们的国家正在建设中国特色社会主义，更加希望年轻人积极投身社会，融入社会，不要自恋自闭，应当与人和谐相处。上文提到的国内第一家"宅男宅女论坛"，正致力于为"宅男""宅女"们"脱宅"提供一个平台，让大家交流"脱宅"的经验和方法，让众多的"宅男""宅女"从"宅"里走出来！

(《咬文嚼字》2008年第8期)

"双赢"译得巧，用得妙

1999年11月15日这一天，现代汉语词汇中又"诞生"了一名新成员，那就是"双赢"。

这一天，中国政府和美国政府发表了两国政府关于签署中国加入世界贸易组织问题双边协议的新闻公报。

这一天，新华社的电讯稿中，多次使用了"双赢"这个新词。例如：

江泽民说，正是由于双方从大局着眼，本着平等互利、互谅互让、求同存异的精神，作出了不懈的努力，才克服了各种困难，妥善处理和解决了彼此的分歧，取得了"双赢"的结果。

石广生（外经贸部部长）说，我们经过六天的夜以继日的艰苦工作，认真谈判，本着互谅互让、平等协商的精神，以双赢的原则，终于达成了双方满意的协议。

这一天之后，新闻媒体上频频出现"双赢"字样，如"双赢的好事""双赢的协议"等等。

新词"双赢"的意思明白易懂，就是你也赢，我也赢，双方都赢。这种情况在许多体育项目中似乎是不存在的，比方说，两支足球队比赛，肯定不会两队都赢，要么一赢一输，要么打个平局。然而在其他领域中，双方都赢的情况并非绝对不可能。比方说，两家超市开展竞争，各自通过调整进货渠道、减少中间环节、降低经营成本、改善服务质量等手段，使营业额大幅度提升，利润明显增长，结果双方都成了赢家。

在国际贸易中，国与国之间优势互补，关税互利，也可以做到你赢我赢，大家都赢。上述中美《新闻公报》说："双方认为，这一协议对中美两国都有利。"克林顿也说："签署协议为中国加入世贸组织扫清了道路，……对美、中以及世界经济均有益。"(《文汇报》1999年11月16日)。这两句话中的"都有利"和"均有益"就是双方都赢的最好注解。

"双赢"这个新词是怎样造出来的呢？原来，"双赢"译自英语,在英语中相对应的词是win-win(据英国路透社电讯稿)。如果直译,便是"赢—赢"。但是这样的直译,既不符合汉语的构词法,又不能明确表示双方都赢的意思。如今译成"双赢"是十分巧妙的,用的是汉语现成的语素,现成的构词方式,表意也明晰。因此,这样的新词很容易被使用汉语的人所接纳。

一年来的语言运用的事实,证明新词"双赢"已经在汉语中扎下了根,很受人们的欢迎。在笔者的笔记本中,就积累了"双赢"的用例一百多个。

由于"双赢"的频繁使用,渐渐地,在用法上又出现新的变异:

第一,"双赢"不但适用于甲乙双方,而且适用于"单方"。前者如"朝韩举行首脑会谈是一项双赢的决定,对双方都有利"(《文汇报》2000年4月11日),"享受国家西部大开发战略优惠政策,沪桂联手谋双赢"(《上海经济报》2000年8月9日);后者如"北京建基公司花800万元投资的《周恩来外交风云》","做到社会效益、经济效益双赢"(《文汇报》2000年2月25日),"超常规思路,超常规措施,超常规发展,富成经济区开发经营'质''量'双赢"(《上海经济报》1999年12月28日)。后边两例中的用法值得注意:取得"社会效益、经济效益双赢"的是同一个公司,取得"'质''量'双赢"的是同一个经济区。

第二,不但有适用于甲乙双方的"双赢",而且有适用于甲乙丙三方的"三赢",甚至还有"多赢""共赢"。这是修辞上的仿词手段的妙用。例如:上海高速公路网项目国际招商信息会上,让各方看到"三赢"的曙光:"政府得大头,企业得小头,百姓得实惠"(《新民晚报》2000年4月1日);申城新千年之夜,"金茂凯悦大酒店、香格里拉大酒店、和平饭店与上海大厦实现了'共赢'"(《文汇报》1999年12月5日);涉外法律服务的合资经营,"使法律服务的市场份额得到最大幅度的占据和控制;实现合并双方和多方的双赢和多赢"(《新闻报·晨刊》1999年11月22日)。世界上的事情是复杂的、多样的,所以除了"双赢"之外,"三赢""共赢""多赢"等仿词的出现,都有客观存在的理据。

第三,不但有"双赢",而且有"双赔""双输"。例如:"大学以收费为目的而盲目开设'热门专业',既误人子弟,又损害学校专业学科优势,'双赔'在所难免。"(《服务导报》2000年8月10日)又如:"它才是最大的赢家,你俩是'双输'!"(《新民晚报》2000年5月2日)"赔"和"输"都是"赢"的反义词。社会生活中,对立的双方如果两败俱伤,不就是"双赔"或"双输"了吗?因而仿照"双赢"造出"双赔""双输"来,也十分自然,也合乎生活逻辑。

语言不是一汪死水,而是一泓清泉,它充满了生命的活力。语言的变异乃是语言发展的一种具体表现。汉语中多了个新词"双赢",只是一个小小的"变异",兴许不足为奇;但是仅仅在一年之中它又不断地"变异"再"变异",这就值得我们关注了。以小见大,我们不难从"双赢"一例看到汉语在发展在演变,真可谓日新月异啊!

(附言:广东外语外贸大学何自然教授经过调查后告诉笔者,win-win在英语中也是个新词。)

(《语文学习》2000年第12期)

不要"零和"要双赢

翻开报纸杂志,或打开网页,会见到一个新名词"零和"。"零和"的意义从字面上就可以揭示:两数相加,其"和"为"零"。比方说,甲乙两人下棋,甲赢了,得 1 分,乙输了,得 -1 分。那么甲乙双方这盘棋的结局是 1+(-1)=0。这便是"零和"。

"零和"这个词经常跟"游戏""博弈"搭配使用。例如:

(1) 股市绝不是零和游戏(《中国证券报》2007 年 6 月 13 日)

(2) 政府施政不能搞零和博弈(《南方日报》2007 年 7 月 12 日)

"零和博弈"即"零和游戏",又常常简称"零和",所以三者指的是同一个概念。这个概念出自博弈论(博弈论的英文名称为 game theory,直译就是"游戏理论")。博弈论是研究具有斗争和竞争性质的现象的理论和方法。

"零和博弈"(zero sum game),指参与博弈(游戏)的各方,通过竞争,一方的收益必然意味着另一方的损失,博弈各方的收益与损失相加永远是"零"。

"零和"这个词的流行,是由于在社会生活中,充满着与"零和游戏"相类似的现象,有大的,也有小的。比如:人类开采了一万吨石油,地球的石油储藏量就减少了一万吨。超市免费供应塑料袋,方便了顾客,却增加了白色污染。排队购买火车票,有人插队,他一个人节省了时间,而后面排队的人都多花了时间。诸如此类,举不胜举。

从个人到国家,从政治到经济,似乎无不验证了世界是一个巨大的"零和游戏"场。有一种"零和"理论认为,世界是一个封闭的系统,财富、资源、机遇都是有限的,个别人、个别地区和国家财富的增加必然意味着对其他人、其他地区和国家的掠夺。这是一种"弱肉强食"的理论。但是,在人类经历了两次世界大战,经历了经济的高速发展、科技进步、全球化以及日益严重的环境污染之后,"零和"观念正逐渐被"双赢"观念所取代。(参看《环球时报》2005年8月31日)

人们开始认识到,"利己"不一定要建立在"损人"的基础上,通过有效合作,皆大欢喜的结局是可能出现的。渐渐地,人们悟出一个道理:不要"零和"要双赢。从上文所引的(1)(2)两例中,我们发现,"零和"都出现在否定句式中:"股市绝不是零和游戏","政府施政不能搞零和博弈"。由此可见一斑。

特别是在国际事务中,现在的发展趋势更是不要"零和"要双赢。双赢是互利互惠的"正和博弈"。所谓"正和",就是1加1大于2。例如:

(3) 中国常驻联合国代表王光亚于2006年4月29日在芝加哥大学"中国与世界未来"研讨会上发表主旨演讲。他强调,中国需要并正在致力于走和平发展之路,中国的发展对世界是机遇而不是威胁。他说:"中国在发展过程中,不会也不可能重复以往大国崛起的'零和'道路。"(据新华社芝加哥2006年4月29日电讯稿)

此后,大量事实证明了这条非"零和"的和平发展之路是可行的、有效的。例如:中日双方"就东海问题达成原则共识并就共同开发第一步达成谅解",是"通过平等协商达成的互利双赢的成果"。(《文汇报》2008年6月19日)又如:"中美能源合作是共赢选择。"(《文汇报》2008年6月18日)

不要"零和"而要双赢、共赢,才是可持续发展的康庄大道。

(《咬文嚼字》2008年第10期)

"问题"的新用法

姑且假定在二十年前,当人们要用"问题"这个词来说明某一方面的问题时,通常会采用"某某+问题"的词语组合形式,比如"升学问题""就业问题"或者"交通问题""婚姻问题"等。可是到了今天,人们常常在媒体上看到另一种词语组合形式——"问题+某某",比如"问题交通""问题婚姻"。

汉语中的"问题"原本是个名词。只要是上过学的,都知道"问题"的用法:学生可以向老师提"问题",老师也可以用"问题"问学生。这个"问题"的意义就是"要求回答或解释的题目"。"问题"的第二个意义是"需要研究解决的矛盾"。这个义项则适用于"交通问题""婚姻问题"中的"问题"。不过,无论是前者还是后者,都解释不了"问题交通""问题婚姻"中的"问题"。我们就将它看作"问题"的新用法吧。

"问题"的新用法从何而来?其源头在英语。英语中与"问题"相对应的词是problem。汉语的"问题"是地道的名词,而英语的problem却又是名词又是形容词。当problem用作形容词,它的意义就变为"成问题的""容易引起麻烦的""难以管教(或难以对付)的"。只是它在英语中的使用范围比较狭小,主要用于"问题儿童"(a problem child)"问题学生""问题少年"等,用于其他方面的很少,如"问题牙齿"(a problem tooth,即病牙)。

近年来,在"英译汉"的过程中,翻译界直接引进了problem的形容词用法,也就是说,直接译为"问题",而不再译成"成问题的""容易引起麻烦的"或"难以管教的""难以对付的",于是"问题交通""问题婚姻"之类登堂入室成为汉语里新的词语组合。同时,problem的形容词义项也被全部吸收进来,为我所用。例如《青年报》2002年6月6日载文说,日本当红女影星广末凉子被日本影坛称为"问题少女",其理由是"此女性格古怪,行为怪异。什么公开痛哭、当街脱衣、向路人借钱、胡乱交友、在酒吧挑逗陌生男子、当早稻田大学逃课妹等等新闻层出不穷"。

汉语自从流行"问题+某某"之后，不仅将英语 problem 的形容词词义照单全收，而且大大拓宽了使用范围。如今能受"问题"修饰的名词越来越多：指物品的有"问题家具""问题手机""问题辞书""问题化妆品"，指食品的有"问题奶粉""问题肉松""问题蟹""问题猪"，指机构的有"问题公司""问题网吧""问题小区"，指人的有"问题作家""问题明星""问题小子"以及人身上的"问题皮肤""问题血（输血的'血'）"。长江文艺出版社还出版了一本专门揭示和分析男人、女人缺点的书《问题男女》。

看来，"问题+某某"的词语组合新品种已经在汉语的土地上扎根开花了。

（《语文学习》2006年第2期，与高丕永合写）

"无厘头"有来头

说到"无厘头",人们总会想到《大话西游》里周星驰的经典演绎。"无厘头"已经成为一种时尚青年的文化现象,它的确起始于周星驰主演的"无厘头系列电影"。上世纪90年代,那"大话"式语言在青少年中间曾经风靡一时,并且至今仍在流行着。

什么叫"无厘头"?最简单或者说最浅层的解释就是搞笑。怎样搞笑呢?故意将一些毫无关联的事物或现象进行随心所欲的组合和莫名其妙的串联,以达到搞笑的目的。比如,有人把男女之间的爱情比作动物的本能需求,于是就有了"我爱你,就像老鼠爱大米"的歌词。这就是"无厘头"。有人戏说成语,把"画饼充饥、望梅止渴"解释成"现时最受淑女们欢迎的减肥法"(《上海老年报》2001年10月26日)。这也是"无厘头"。王小山的作品《亲爱的死鬼》中,还有更为离奇的"无厘头":吕布死后五百年转世变为白龙马,林黛玉是林冲的女儿,武大郎做了贾府的邻居……其实这种搞笑方式在北方的相声和上海的独角戏中也是常用的(只是不叫"无厘头"而已)。例如被称为"草根艺人"的相声演员郭德纲有一次出场的第一个"包袱"就是:"床前明月光,疑是地上霜,举头望明月(啪!醒木一敲),我叫郭德纲。"(全场响起一片叫好声)(参看《新闻晨报》2006年3月1日)

"无厘头"风格的电影最初出自周星驰之手,但是"无厘头"这个词并非周星驰的"原创"。"无厘头"本是粤方言词。它的来源至少有两说:一说"无厘头"即"无来头",因为粤语中"厘"和"来"同音;一说"厘头"指准则,"无厘头"即无准则、无分寸,由此引申出戏说、搞笑等义。

据说周星驰本人很反感他的喜剧被称为"无厘头",因为这个词叫人联想到的是"不用脑,不用花心思"。事实上他们拍片时经常为喜剧效果煞费心机,为了一个出彩的镜头,剧中的每个演员通常都要 NG(重来)超过 15 次。

"无厘头"影片,包含了对传统文化的调侃与批判,是后现代的一种文本,蕴涵着后现代思潮的特质。这样的文化内涵,是切合大众娱乐心理的。

"无厘头"是方言词进入普通话的又一个典型,使用率很高。在人们的心目中,在语言实践中,毫无疑问,"无厘头"已经不再是一个贬义词了。请看:

(1) 李咏不仅将诙谐、辛辣、火爆的主持风格发挥得淋漓尽致,更以"无厘头"的脱口秀引领电视节目主持的新风范。(《人民日报》2006年2月13日)

(2) "我拍戏很传统,因为我觉得戏是需要有根的,但是张默非常无厘头。"张国立认为,这是现在娱乐趋势发生变化的结果。(《北京娱乐信报》2006年2月5日)

(《咬文嚼字》2006年第7期,与毛伟敏合写)

花花绿绿的"包装"

包装，原是生活中的寻常事。把商品用纸包起来、用绳扎起来，或者装进盒子里、瓶子里，就是包装。为什么要包装？主要目的是防止污损，便于携带；后来有了真空包装，则是为了延长商品的保存期或保质期。如果是礼品，包装还有另一个要求：美观大方。比如牙膏，原来用铝管包装，现在改为复合软管包装，干净而美观；外边再加个纸盒包装，以免压坏或变形。

现在市场上有一些盲目追求"豪华"的过度包装让人大跌眼镜。"某品牌的礼品装洋参胶囊，包装重量是商品净重量的约45倍，外包装的纸板箱体积估计在胶囊总体积的100倍以上！""月饼盒从原来单一的纸盒变为塑料盒、金属盒、竹盒、锦盒、漆盒……外包装及附带物的成本，竟占了总成本的七成！"(《新民晚报》2001年5月8日)这种华而不实的包装，使消费者掏了冤枉钱，使环卫工人增加了负担，还浪费了资源，污染了环境，有害无益。这是"包装"在目的上的异化。更值得注意的是"包装"词义的异化。

不知道从什么时候开始，"包装"的对象，不再限于食品、日用品之类了。什么东西都可以"包装"，戏剧、电影、出版物等文化产品要"包装"，房产、企业、学校、种种招标的项目也要"包装"；甚至连人都可以"包装"，像演员、歌星、作家、应聘的大学生等也成了"包装"的对象。例如：

(1)《申江服务导报》最初的成功，很大程度上也得益于形式的包装：封面大照片、大标题、大提要，具有视觉冲击力，所谓"三大一冲"；内页中英文版头，版式设计新潮，具有全彩效果；按性质相关分成四叠，后又推出铜版纸豪华版。(《新闻记者》2001年第6期)

(2) 一台全新包装、布景盛大、群星荟萃的新版越剧《红楼梦》将呈现在广大观众面前。(《文汇报》1999年8月6日)

(3) 当被"包装"过的歌手再现于舞台上时,不仅发型衣着变了,相貌肤色变了,甚至表情腔调也变了,变得弱不禁风地、扭扭捏捏地、半遮半掩欲嗔还喜气喘吁吁嗲声嗲气地说:"我好想好想你们哦……"听得人汗毛阵阵起伏。(《文汇报》1999年7月4日)

例(1)是"包装"一份新出版的报纸。例(2)是通过"在表演、布置、灯光、服装造型等方面寻找新的突破点","把现代科技手段用于戏曲表演"来"包装"新版越剧《红楼梦》。(参看《新民晚报》1999年7月18日)例(3)则是"包装"歌手。

"包装"词义的异化,用法的扩大化,其发源地是在我国大陆之外的华语圈(包括新加坡、马来西亚、我国的港台地区等)。《咬文嚼字》的特约编委汪惠迪先生编著的《新加坡特有词语词典》为"包装"立了词条:"动词。对人或事物从形式上加以美化,使更具吸引力或商业价值。"上文所举的(1)(2)(3)例中的"包装"正是这个意思。

更为令人不安的"包装",是某医药公司的药品供货目录:"天亮前、红杏春、美人鱼、黑蝴蝶、黑寡妇、心上人;一帖灵、一搽灵、一擦净、一日清、一点红;再生人、俏佳人、更娇丽……"(引自《新民晚报》2002年4月2日)如此"包装"怎不叫自行购药的病家堕入五里雾中!

最后用两句俗话和一个成语来结束本文。第一句俗话是"人要衣装,佛要金装",说明中国人历来是看重包装的。第二句俗话是"绣花枕头一包草",旨在抨击以花哨的包装掩盖内在低劣质量的欺骗行为。成语"买椟还珠"则嘲讽了包装过度、本末倒置的蠢事。

(《咬文嚼字》2003年第2期)

不尽"物流"滚滚来

"物流"是个新词。不过,在今日新闻媒体上,"物流"已经可算作常用词了。然而,《现代汉语词典》不仅1996年版的修订本没有收为词条,连增收了"新词新义"1200余条的2002年增补本也未收录。是不是因为"物流"很好懂,所以不必立词条呢?不得而知。

我曾经随机口头调查了老中青三位男士:什么是"物流"?他们都不假思索,脱口而出:物资流通呗!我还在马路边请教过"××物流公司"厢式货车的一位驾驶员,他的回答也挺干脆:"物流"就是货物流通嘛!

如果请专家打分,这两种答案至多只能打50分。

现代物流是一个蓬勃兴起的新行业。据《新民晚报》2001年8月3日报道,仅香港一地,就"拥有物流公司近六百家"。

现代物流又是一个蓬勃兴起的新专业。许多高校都增设了物流专业,不但要培养专科生、本科生,而且要培养硕士和博士。据《青年报》2002年8月19日报道:"物流人才,上海缺二十万。"

如果"物流"仅仅是"物资流通"或者"货物流通"的话,要那么多物流公司干吗?要那么多物流人才干吗?

现今有一种"伪物流"。不少所谓物流企业是由原先一些运输车队直接"翻牌"而成。"你找我托运,我帮你拉货",走的是"靠力气吃饭"的老路。——这至少是误解了"物流"的概念。

现代物流是一种优质高效的服务。比如,占全国音像制品市场20%份额的上海音像制品公司"往往是上午接到订单,白天生产,晚八九点交货",由第三方物流企业"连夜装车,第二天中午这些音像制品就能上北京、广州等中心城市的货架"。(据《新闻晨报》1999年11月22日报道)如此惊人的速度,靠的就是社会化、专业化的第三方(交易双方之外的第三方)"物流"企业。

现代物流产业是利用信息和网络技术,运用现代组织和管理方式,对运输、仓储、装卸、分类、包装、加工、配送等物流环节进行一体化经营,组织产品从生产地到消费地之间的整个供应链的新兴产业。(参看《新民晚报》2001年2月8日)

过去,我国大部分生产企业,自己出资出人搞仓储、管运输等,不但费力费时,而且把成本"摊"大了。这样的物流成本约占商品价格的40%。而世界平均水平是15%至20%。(参看《文汇报》2002年4月17日)因此,"专家认为,物流是继劳动力、自然资源之后的第三利润源"。(《文汇报》2001年5月20日)我国加入世界贸易组织之后,假如不在现代物流方面迎头赶上,就无法与国际接轨,无法参与国际上的竞争。

物流是一种融合商流、实物流、资金流、信息流等子系统的一体化系统。(参看《新民晚报》2002年3月24日)为了发展现代物流,除了先进的物流技术和设备外,我国急需新一代的"物流人"。这些"物流人"必须了解、掌握现代物流、国际物流、第三方物流、供应链管理、电子商务与物流,以及运筹学、商品检验与养护、数理统计、市场调查等方面的知识、理念和操作技能。

"物流"已经成为全球最热门的新兴产业,并且必将成为我国21世纪的"朝阳产业""黄金产业"。新编的词典似乎没有理由不收"物流"词条,但愿"未收"只是一个疏漏。

(《咬文嚼字》2003年第2期)

[补注:《现代汉语词典》2005年第5版、2012年第6版均收录了"物流"词目。]

"攻略"的来龙去脉

2000年春天,上海等地放映香港演员刘德华和日本演员藤原纪香主演的影片《东京攻略》。许多观众看完电影,还闹不清片名中的"攻略"是什么意思,因为汉语中没有"攻略"这个词。于是引出《新民晚报》三篇讨论文章(分别刊于当年3月4日、3月11日、5月7日),第一篇是"质疑",第二篇是"辟疑",第三篇则是日本朋友的议论。

有意思的是,自此之后"攻略"渐渐融入汉语,成为新闻媒体的新"宠儿"。报纸纷纷用它作栏目名,如《上海经济报》的"商场攻略"、《劳动报》的"律师攻略"、《青年报》的"口语攻略"。接着新闻标题也群起仿效,如"中国枪手悉尼攻略"(《解放日报》2000年8月10日)、"家庭投资基本攻略"(《文汇报》2001年6月16日)。如今"攻略"已堂而皇之地走进人们的生活中。例如:

(1) 时尚是不分年龄的,我爸就是个生动的例子。……我爸的全套攻略如下:……(《新民晚报》2002年8月5日)

(2) 我先生实在不忍心看我整天气急败坏的样子,只好改变攻略,外面吃饭,保姆持家了。(《生活周刊》2002年6月20日)

"攻略"一词来自日语。可是,我们即便查阅日本语辞典,也解释不了《东京攻略》中的"攻略"二字。这是什么缘故呢?说来话长。

按照语言谱系学的说法,汉语和日语分属两大语系。不过,由于中国和日本是一衣带水的邻邦,从古到今各方面的交往十分密切,语言上的交流自然频繁。一方面,汉语的大量词语直接变成日语词汇中的成员。只消举一例即可见一斑:樱花是日本的国花,1982年4月,笔者在大阪的日本造币局观赏樱花,发现每株樱花树上都挂有名牌,名牌上的名字大多与汉语有关,有的是汉语成语(如"千娇百媚""姹紫嫣红"),有的是中国古代美女名(如"王昭君""杨玉环")。另一方面,汉语的外来语中,有相当大的一部分借自日语,像"漫画""派出所""支部书记"等都是。

"攻略"一词其实是源自汉语、生长在日本、再流向汉语的一个典型个例。大家知道,汉语有个成语叫"攻城略地",《汉语大词典》的解释是"攻占城池,夺取土地。指征战。"日语的"攻略"正是由汉语的"攻城略地"缩略而成。

在撰写本文之前,笔者特意请教了一位曾在中国度过少年时代的日本朋友。他查阅了多种日本语词典,归纳出"攻略"的三个义项(并说明相当于汉语的什么词):

本义:攻打敌人并夺取阵地。相当于汉语的"攻下""攻陷"。

引申义:在竞争或比赛中赢了对方。相当于汉语的"击败"。

比喻义:说服对方使其改变意见。相当于汉语的"说服""劝导"。

显而易见,"攻略"的本义就是汉语"攻城略地"的意思。可是,这个本义,连同引申义、比喻义,跟《东京攻略》中的"攻略"义似乎还不能完全对上号。原来,日语的"攻略"又有了新义,新的引申义。这就是用于电子游戏、电脑游戏中的"攻略"义。

有些游戏,内容繁杂,设置了许多机关(包括解谜、暗道等),很难打通。为了帮助玩家识破机关、熟悉打法、迅速通关,就将其中的奥妙一一罗列出来,这就是所谓"攻略"。电影《东京攻略》,故事扑朔迷离,情节跌宕起伏,如同玩游戏一般,颇有"攻略"的味道。

最近几年流入汉语的"攻略"正与游戏有关。因此,媒体上流行的"攻略"其释义似可概括为:通盘的计划、策略和做法。比如前边举例中的《家庭投资基本攻略》一文的"攻略"便是这个意思,该文所讲的"用闲余资金投资""切勿过量投资""摒弃幻想""不妨观望一下""忍耐也是投资"等内容,都离不开策略和做法。

就汉语来说,表示"通盘的计划和策略"义的,原本已经有一个词:"方略"。由于"方略"比较文气,比较庄重,一般交际中很少使用,眼前倒让新词"攻略"占了上风。

(《咬文嚼字》2003年第3期)

语言小品

新成语"与时俱进"

众所周知,大多数成语都是千百年间积淀下来的固定短语。近年来,只有少量的四字格短语由于在一段时间里使用的人特别多,使用频率特别高,渐渐变成了新成语,如"保驾护航""严防死守""一头雾水""浮出水面""尘埃落地"等。其中"与时俱进"可看作新成语的典型。

《汉语大词典》收有"与时消息""与时偕行"两个成语,都出自《周易》。《周易·丰》:"日中则昃,月盈则食,天地盈虚,与时消息。"《周易·损》:"损益盈虚,与时偕行。"大体意思是,自然界(天地日月)在不断变化,人应当遵循"天道",以变应变,才能趋利避害。这体现了中国古代的一种"天人合一"的思想。这两个成语大概可以看作"与时俱进"的源头。

此后的从战国《吕氏春秋》到晚清著作中,我们查到许多"与时俱□"的四字格短语,如:与时俱化、与时俱背、与时俱息、与时俱亡、与时俱新、与时俱昂,等等。这些都算不得成语,"与时俱□"是一个短语框架,"□"中可以填入不同的动词、形容词,表示随着时间的推移而出现种种变化。其间也出现过"与时俱进"(在当时,同样算不得成语)。例如:

(1) 然先生殊不以所能自足,十余年来先生之造与时俱进。(清·姚鼐《谢蕴山诗集序》)

跟"与时俱进"意义相近的,另有一个"资深"成语"与日俱增",一般成语词典都立了条目,意思是"随着时间的推移而不断增长或增加"。例如:

(2) 疾疹交作,眊然瞻视……涉冬浸剧,与日俱增。(宋·吕祖谦《为梁参政作乞解罢政事表二首(其颐)》)

"与日俱增"这个成语,只能表示数量上的增长、增加,却不能表示质量上的发展、进步。为了填补表意手段中的空白,非成语的"与时俱进"也时而有人使用。比如 1917 年 10 月 10 日(中华民国第六个国庆日),李大钊在致《太平洋》杂志记者的短札《此日》中写道:"月异岁新,与时俱进,页页联缀,永续无穷。"(转引自《党史纵横》2003 年第 7 期)又如:

(3) 先生的一生,是为祖国、为人民不懈奋斗的一生,是追求真理、与时俱进的一生。(《人民日报》1995 年 10 月 8 日)

(4) 汉语应与时俱进(《光明日报》2001 年 6 月 14 日一篇报道的标题)

2001 年 7 月 1 日,可以看作"与时俱进"从非成语到成语的转折点。那一天,江泽民同志发表了"七一"重要讲话。讲话中赋予了这个短语崭新的含义:运用马克思主义的立场、方法,准确把握时代特征,以创新精神研究新情况、解决新问题并开创新局面。那一天起,全党全民认真学习"七一"讲话;那一天起,"与时俱进"这个短语也就深入人心。

《现代汉语词典》2002 年增补本也不失时机地将"与时俱进"收为新词条。作为一个新成语,它的意义被词典概括为:"随着时间的推移而不断发展、前进。"

(《咬文嚼字》2003 年第 11 期)

另一种"黑名单"

"黑名单"这个词在新中国成立前使用较多,就是警察抓人的名单。新中国成立后这个词使用频率大大降低,似乎成了一个历史名词。

《现代汉语词典》《新华词典》等常用工具书,对"黑名单"的解释大同小异,概括起来便是:反动统治者为了进行政治迫害而开列的革命者和进步人士的名单。这个义项,并未过时。《人民文学》2001年第3期光未然《在浪潮中》一文中就有一例:"1941年初,周恩来派他的文化秘书张颖来通知我,南方局得到确实情报,并已获得一份国民党特务机构准备下毒手的黑名单,光未然名字下写着'捕杀'二字。"

然而,近年来流行的"黑名单"则是另外一个意思。请看用例:

(1) (银行)助学贷款出"杀手锏":不还款就登报……学生也不敢轻易违约而上"黑名单"了。(《劳动报》2001年8月9日)

(2) 麦当劳、肯德基、必胜客的奶昔、冰淇淋竟然不过关,三家知名快餐店上了市卫生监督所的"黑名单"。(《青年报》2001年7月9日)

(3) 浙江省工商局宣布本月开始一场"整顿大会战",主要目标就是全省制假售假猖獗的八大市场和七个县市区。排出这样的"黑名单"在以往的行动中尚不多见。(《都市快报》2001年4月10日)

这三例中的"黑名单",跟几本词典的解释格格不入。第一,开列"黑名单"者不是"反动统治者",而是"银行""市卫生监督所""浙江省工商局"。第二,被列入"黑名单"者不是"革命者和进步人士",而是"学生""快餐店""大市场"和"县市区"。第三,开"黑名单"的目的不是"为了进行政治迫害",而是要加强管理,制止违法违规违约。

"黑名单"是一个意译外来词,译自英语的 blacklist。最初也有译作"黑册子"(见鲁迅《我的种痘》)和"黑单"(见邹韬奋《患难余生记》)的。

汉语中的外来词有两种不同类型。一种是科技方面的专用名词,进入汉语后,大多保持原义,如"基因""纳米""艾滋病";另一种是普通名词,进入汉语后,常常会"汉化",会"走样",为我所用。"黑名单"就属后一种,它没有原封不动地照搬blacklist的原义,却变化为上述词典中诠释的词义。

但是在英语世界中,blacklist仍然保持着它的原义。比如新加坡是以英语、华语为主要语言的国家。新加坡,人称花园国度,是世界旅游的热点。海外游客一下飞机,马上会收到一张"黑名单",这是新加坡旅游促进会精心设计的。名单上列举了新加坡所有的不合格商店,旅客购物就不必担心会买到假冒商品,也不必担心会挨宰了。显而易见,这张新加坡"黑名单",其含义跟我们今天流行的"黑名单"是相同的。

我们建议汉语词典的编纂者为"黑名单"增补一个义项:各种国际组织、各级政府机关、各行各业的管理机构开列的违法者、违规者或违约者的名单。

所谓"违法者、违规者或违约者",不限于人,可以指国家或地区,可以指企业或商店,也可以指产品或商品。只是有一个限制条件,即这些违法、违规、违约者必须有名称,无"名"则上不了"黑名单"。下边句子中的"教师忌语"是无"名"可称的,因此说成"黑名单"就不妥当:

(4)"你怎么这么笨?""你一点都不乖""给我抄10遍"……这样的话难免会经常从恨铁不成钢的老师口中说出来。不过,四川师大附小的老师们今后都不能说这些话了,因为这些话已经上了该校的教师忌语"黑名单"。(《文汇报》2001年1月4日)

顺便说一下,与"黑名单"相对的"白名单"(whitelist)也已成为我们汉语词汇中的新成员:

(5)经国际海事组织(IMO)第73届海上安全委员会会议通过,中国进入了"白名单"。今后,中国海事主管机构签发的海船船员适任证书及专业或特殊培训合格证将在国际航运界通行无阻。(《上海经济报》2000年12月19日)

按《新英汉词典》的注解,"白名单"(whitelist)指守法人士、合法机构、可上演节目等的名单。依我看,"白名单"也可以作为词条编入汉语词典。为了与国际接轨,这一类新词必将层出不穷,我们的词典也得力求跟上时代的节拍。

(《咬文嚼字》2002 年第 1 期)

说"Q"道"蔻"

自从鲁迅先生写了《阿Q正传》之后,外文字母"Q"正式在汉语中扎了根,落了户。不过,除了"阿Q"这个词,再没有别的"~Q"式或"Q~"式的词了。

谁知到了20世纪90年代中期,"Q"突然大大地活跃起来。最早进入媒体的,记得是一种儿童食品的广告语:"QQ清凉,QQ滑爽,QQ快乐,QQ健康,好Q好Q哦!"读者和听众好生纳闷:其一,说"清凉""滑爽""快乐""健康"都好懂,为什么要加上"QQ"呢("QQ"并不是该食品的品牌名)?其二,"好Q好Q哦"无疑是一句赞美辞,可它"赞"的是什么"美"呢?真是一头雾水。随之而来的,是都市街头的"QQ屋"(店面小巧,如同亭子一般,卖的是珍珠奶茶、椰汁西米露一类饮料),还有超市里的"皮Q"汤圆、"QQ"方便面等。东一个Q,西一个Q,一时间,令人陷入了莫名的困惑之中。

后来,熟悉英语的人终于"悟"出来了,"Q"就是英语cute的代称。"Q"读作[kju:],cute读作[kju:t],两音相近。英语cute翻译成汉语就是漂亮的,可爱的,招人喜欢的。

以"Q"代cute,发源于日本,后来流入港台,进而流入内地。其间,人们又将"Q"音译为"蔻"。"蔻"一般不单独使用,只能组合成"豆蔻""蔻丹"等词。"豆蔻"是一种草本植物。唐代诗人杜牧的《赠别》诗中有:"娉娉袅袅十三余,豆蔻梢头二月初。"后人就用"豆蔻年华"指称十三四岁的女子。由此看来,选用"蔻"字去音译"Q"(cute),还是很巧妙的。一来"蔻"不是常用字,一般又不单独使用,因此一旦赋予新义,在表意上绝无混淆的可能;二来尽管是音译外来词,但使用者却能从成语"豆蔻年华"中多少引出些联想义来。

时尚词"蔻",跟时尚词"酷"一样,主要用于人。怎样的人可以用"蔻"来形容呢?概括起来四个字:扮小装嫩。比方说,年过30的大龄女郎像青春少女那样包装:头上扎起俏皮的豆角辫、马尾辫,身穿露脐装、低胸露背衫,牛仔裤上绣几朵娇艳的花,脚登松糕鞋、搭襻鞋、大头大脑宝宝鞋;唇膏与指甲油像果冻一般透明水嫩,手表是透明塑料的;最抢眼的是斜挎绣花包,包上挂着凯蒂猫、米老鼠、卡通娃;说起话来奶声奶气,动不动还要惊呼一声"哇"。有一句大家熟知的广告语也许可作为"蔻"字的形象化注脚:"今年20,明年18。"有人调侃说:"蔻"的流行,不妨叫做"成人世界卡通化","成人进入后儿童时代"。

那么,为什么要扮小装嫩呢?这恐怕与现代化的社会有关。在快节奏、强压力的工作氛围中,每个人务必兢兢业业,严肃认真,一丝不苟;八小时之外,则要去追求鲜亮、清爽、轻松、欢快,淡化衰老,回归青春,尽情享受生活甜美。犹如《还珠格格》的插曲所唱:"有一些任性,还有一些疯狂","嘻嘻哈哈,见到风儿就起浪"。

笔者曾向一部分女大学生做过调查:谁是你们心目中"蔻"的代表?有的说,电视连续剧《还珠格格》中那个淘气姑娘的扮演者赵薇;有的说,湖南电视台聪明伶俐、快言快语的主持人李湘;有的说,在国际电影节上以大红肚兜与雪白肌肤闪亮登场的章子怡……这么一说,"蔻"的形象便具体化、立体化了。

"蔻"是一种流行时尚,或者说是一部分社会群体的时尚。"蔻"也不限于女性,一些30岁40岁的大男人还自称"男生""男孩"呢!既然是时尚,自然就会有人不喜欢某种时尚。影视演员王姬就曾公开表示:"我不装嫩。"她不喜欢"大变小",而是常常"挑一些30来岁的女性人物"来演。她认为这样的角色"更有成熟女性的风韵,其情怀更为动人"。有人爱"蔻",有人不爱"蔻",这便是社会时尚的辩证法。

(《咬文嚼字》2002年第1期)

绿茵场上话"德比"

今年第一季度,有一个新词"德比"几乎天天见报。"德比之战""德比大战""快乐德比"一类说法层出不穷。比如:

(1) 上海滩德比之战将提前上演。(《新民晚报》2002 年 1 月 22 日)

(2) 中国足坛第一次真正的德比大战提前到来。(《青年报》2002 年 1 月 23 日)

中国并不是足球强国,只是由于打入了世界杯,俨然成了足球大国,足球迷众多,数以亿计。一时间酒楼茶坊、街头巷尾,人们都在谈论"德比"。

众所周知,这个"德比之战",指的是 2002 年甲 A 联赛的揭幕战——上海同城兄弟申花队和中远队的赛事。申花队是甲 A 老牌劲旅,中远队则是刚从甲 B 跃上甲 A 的升班马。新赛季到来之前,两队各自招兵买马,又换帅又换将,实力雄厚,气度不凡。究竟谁强谁弱,是全国球迷关注的热点。为了打造火爆的球市,中国足协应赞助商的要求,特意把申花队与中远队的比赛提前到首轮,安排在 3 月 9 日的联赛开幕式上。

可见,所谓"德比"之战,就是同城两支球队之间的对阵。为什么要将同城兄弟球队的比赛称为"德比"之战呢?"德比"这个新词从何而来?

"德比"译自英语的 Derby,第一个字母大写,显然是个专有名词。在英国地图上,可以找到一个德比郡(地处伦敦市的西北,郡名曾译作"德尔比")。据说德比郡盛产优良的英国纯种马。我们从许多文学作品中了解到,欧洲历来盛行赛马。到后来,在各国赛马场上,几乎都是德比郡的良马在竞争,在角逐。于是,欧洲人就把这种赛马活动称为"德比之战";此后,人们又以此为喻,用来称说同一个城市两支球队之间的比赛。

"德比"这个外来词,以前在汉语中少见,由于特殊的机遇,今年突然红火起来。目前,不仅足球赛事的报道大谈"德比",如"尤文图斯和都灵的德比大战从来都是意大利最具水准的德比"(《青年报》2002年2月23日);就连其他球赛的报道也借了光,凡是涉及同城球队的都挂上了"德比"的牌子。像男子篮球联赛中,首钢队与奥神队都是北京的球队,《新民晚报》2002年2月25日有一则新闻的标题便是:"德比大战,首钢力压奥神"。

(《咬文嚼字》2002年第7期)

五花八门的"排行榜"

时下什么都兴"排行榜",五花八门,目不暇接。什么"金曲排行榜""歌星排行榜""小说排行榜""影片上座率排行榜""电视收视率排行榜""畅销图书排行榜"……林林总总,不一而足。最为离谱和无聊的当属某报炮制的"明星离异排行榜"(《新民晚报》2001年8月22日曾载文批评)。

就音乐、影视、图书这一类大众文化消费热点来说,适当搞一些排行榜,对于传播信息、推介精品、引导流行时尚、繁荣文化市场,都有一定的好处。

回想起来,我们国内的排行榜,最早是从流行歌曲排行榜发端的。1980年,大陆歌坛将欧美歌坛的billboard引进,称为"排行榜"。那时候,只有广州、北京、上海的少数几家电台创设了"流行歌曲排行榜",可如今已推广到全国各省市约100多家电台(据《劳动报》2001年10月25日发布的统计数字)。它的显著作用在于促使听众(特别是歌迷)积极参与,有效地提升收听率,所以许多电台都热衷于开展这项活动。

为什么要把英语的billboard译为"排行榜"呢?可以说,这是巧妙地利用汉语固有的语素构造新词的"佳作"。"榜"就是公布的名单。例如有个成语叫"金榜题名",所谓"金榜",指的是科举时代在黄榜上公布殿试(最高一级考试)录取的名单。"排行",作为动词,即依次排列成行。合在一起,"排行榜"就是根据某种统计数字排列次序的名单。

"排行"作为名词,还有两种专门用法。第一种用法,指兄弟姐妹按长幼排列的次序。比如《水浒传》第二十三回:"姓武,名松,排行第二。"这是小排行,只包括同父的兄弟姐妹。若是大排行,可以扩大到同祖父或同曾祖父的兄弟姐妹,像唐代诗人白居易排行二十二,高适排行三十五,便是如此排序的结果。第二种用法,指家谱、族谱中的字辈谱所排定的辈分。同辈的人,在他们的名字中都有一个相同的字,用以记载宗族世系人名的排行。比如湖南《韶山毛氏族谱》的字辈谱(即排行谱)共四十字"立先荣朝士,文方运济祥。祖恩贻泽远,世代永承昌。孝友传家本,忠良振国光。起元敦圣学,风雅列明章。"毛泽东属"泽"字辈,其父毛贻昌属"贻"字辈,其祖父毛恩谱属"恩"字辈。

　　类似"排行榜"的东西在我国古代早就存在了。十分典型的是《水浒传》第七十一回"忠义堂石碣受天文,梁山泊英雄排座次"。一百零八条好汉,从"呼保义宋江、玉麒麟卢俊义、智多星吴用"开始,到"白日鼠白胜、鼓上蚤时迁、金毛犬段景住"为止,三十六天罡星,七十二地煞星,依次排列,井然有序。

　　"排行榜"的另一名称叫"排名榜"。"排名榜"常常用于竞赛性的体育项目。在足球界,国际足联定期公布最新世界排名榜,例如2000年10月的排名榜上,巴西、法国、阿根廷位居前三名。(参见《新民晚报》2000年10月12日)在羽毛球界,"国际羽联最新公布的世界排名榜上,男单第一至第四位全都是中国选手,这在中国队的历史上几乎是前所未有的"(《新民晚报》2002年5月8日)。

　　"排行榜"也好,"排名榜"也好,要真正发挥其积极作用,关键在于公正、客观和准确。唯有科学管理,正规运作,才能使"排行榜""排名榜"健康发展,青春常驻。

(《咬文嚼字》2002年第9期)

"隐私"和"隐私权"

"隐私"并不是新词,早先也算不上常用词。近十年来,"隐私"渐渐成了人们的热门话题之一。我们读报纸、杂志,或是看电视、电影,常常会碰到"隐私"这个词。比方说,医院的注射室,男女共用,在众目睽睽之下宽衣解带,虽然尴尬,却是历来如此;近传杭州市三医院将注射室一分为二,男女患者分门而入,各得其所,这是"尊重患者的隐私权"。(参看《文汇报》2002年7月27日)广州部分医院出现了"床头卡"风波,有些病人屡屡撕掉或者藏起自己的床头卡,因为床头卡内容过于详细,"泄露了病人隐私"。(参看《新民晚报》2002年8月14日)在广州,为了"保护当事人隐私",离婚判决书上隐去了离婚原因。(参看《青年报》2002年6月17日)在文艺界,还冒出一种"隐私小说",大多以描写个人的隐私生活为主,特别是在男女关系上大写特写,这种小说极尽暴露隐私之能事,简直没有什么不可以启齿和展示的。

营造私密性,大概是人类的天性。从原始人的进洞而居到后来的筑巢为屋,人类一直在设法维护自己的安全和隐秘。然而,人类提出"隐私"和"隐私权"这两个概念却比较晚。1890年,美国学者S·瓦伦和L·勃兰迪发表论文,指责黄色新闻侵犯了"个人私生活的神圣界限",提出了一种新的"不被了解的权利",即隐私权;此后,美国纽约州、佐治亚州先后承认了"隐私权"。(参看林琳《网络时代与隐私权》,《新闻记者》2001年第5期)

20世纪上半叶,我国就引进了"隐私"这个概念,将英语的"privacy"译成"隐私"或者"私隐",两种译法一度并存(《汉语大词典》分别举出书证:洪深的《少奶奶的扇子》用过"隐私",王西彦的《古屋》用过"私隐")。现在大陆已经一律写作"隐私";而香港还保留两种名称,既有"香港私隐专员公署",又有"《个人资料隐私条例》"(均引自《新民晚报》1999年10月25日)。

语言小品

　　什么叫"隐私"？是指个人的与社会公共生活无关的，且不愿为他人知悉或受他人干预的私事。通俗地说，"隐私"就是只属于个人的秘密，不愿意向社会向他人公开的秘密。比如银行存折的密码，又如信件、日记、个人收入、个人财产、夫妻生活、生理缺陷……

　　为了保护"隐私"，就要尊重人的"隐私权"。"所谓隐私权，是指自然人享有的对其个人与公共利益无关的个人信息、私人活动和私有领域进行支配的具体人格权。"（引自王利明、杨立新合编教材《侵权行为法》）公民的"隐私权"受法律保护。如果公开宣扬、报道、谈论某人的隐私，或秘密传播、扩散某人的隐私，就构成对某人隐私权的侵犯，情节严重的要承担法律责任。自由的可贵就在于人可以拥有隐私、维护隐私。生活在自由天地里的人们不但要捍卫自己的"隐私"，而且决不能侵犯别人的"隐私"。

（《咬文嚼字》2002 年第 11 期）

"物业"浅释

　　大抵在1995年之后,全国各大城市居民区里的"房管所"改成了"物业公司"。有人说这只是"翻牌"而已,其实不然。这件事充分反映了我国住房制度深化改革的成效。原先,城市居民的住房,大部分是公房。房管所是房地产管理局(上海已改称房屋土地资源管理局)的派出机构,负责公房的租赁和维修。现今,大多数城市居民自己购买了住房,成了房屋的业主。物业公司的职责不仅是房屋的维修,而且包括居民区的保安、绿化、卫生等。不妨说,房管所代表政府行为,物业公司代表企业行为。

　　本文关注的是:"物业"这个词是怎么来的?为什么要称作"物业"?

　　在我国内地,人们对"物业"这个词是很陌生的,连新版《现代汉语词典》也没有收录。不过,《汉语大词典》倒是收了,注释很简要,只有"产业"二字。所引书证有宋代的、元代的,最晚的一条是1903年(清代光绪二十九年)的。看来,近百年间"物业"一词已经逐渐被"产业"取代了。如今重新起用"物业",是受香港社区语言的影响,因为香港一直在使用"物业"一词。

　　从构词的语素来看,"物业"的"业"不难理解。"业"就是产业,指土地、房屋、工厂等财产(多指私有的)。可"物"作何解释呢?不久前,笔者在广州特意向熟悉香港生活的著名语用学家何自然先生请教。据何先生回忆,他童年在香港时就听说过"物业","物业"的本义正是"物"与"业"之和。比方说,一位老人立下遗嘱:在香港的全部物业归大儿子继承,在海外的全部物业归小儿子继承。遗嘱中的"物业"不只限于房屋、土地,也包括房屋中一切物品(如家具、电器、古董、书画等),还包括股票、债券之类。又比方说,一位老板将自己的工厂卖给另一位老板,契约中写明厂内物业完全转让。这个"物业"当然也不止于厂房,还应包含机器设备、生活设施、现存的原材料和产品,甚至包含品牌商标等。以上两例中的"物业"都是名副其实的"物+业"。

目前,我国高等学校物业管理专业所用的教材中对"物业"的涵义大多作如下的表述:物业是指已建成并交付使用的住宅和工业厂房、商业用房等建筑物及其附属的设施、设备和相关场地。(笔者查阅了几种教材,对"物业"的解释大体相同。)这就表明:"物业"既指建筑物,也指建筑物中的设施、设备。可以认为,教材中"物业"的涵义同香港的"物业"是一致的。

自从大陆重新起用"物业"一词之后,在使用的过程中,特别是用于"物业公司""物业管理"等短语中,"物业"的词义(与香港相比)有所变化,有所偏移。比如"物业公司受居民小区业主委员会的委托对物业的共同部分及其共同事务进行物业管理"。在这句话中,所谓"共同部分",就是房屋及周围场地;所谓"共同事务",就是治安、绿化和卫生等;这些都是物业管理的对象。至于房屋中的"财物",物业公司显然是不予"管理"的。

(《咬文嚼字》2001年第1期,与童丽云合写)

[补注:《现代汉语词典》2005年第5版、2012年第6版均收录了"物业"词目。]

自摆乌龙·梅开二度·帽子戏法

中国的"足球热"已经持续了好多年,球迷越来越多,球市越来越旺。有几个常用于足球赛的形象化词语,球迷们经常在电视直播的解说中听到,经常在报刊的足球赛报道中看到。那就是:自摆乌龙、梅开二度、帽子戏法。请看用例:

(1) 皇家马德里队队长希耶罗不慎自摆乌龙,基辅队以2比1反超。(《新民晚报》2000年3月15日)

(2) 又是他,迎得右侧开来的任意球,在人丛中高高跃起,一记"狮子甩头",梅开二度。(《文汇报》1999年12月13日)

(3) 谢晖在最近一轮德乙赛中,一人独中三元……创造了中国海外球员的第一个帽子戏法。(《新民晚报》2000年12月4日)

这三个词语是什么意思?几乎每一个球迷都知道:

自摆乌龙——本队球员在防守对方进攻时,不慎将球捅进自家大门,造成失分。

梅开二度——同一名球员在同一场球赛中打进第二个球。

帽子戏法——同一名球员在同一场球赛中一共打进三个球。

这些词语从何而来呢?且容我一一道来。

"自摆乌龙"的"乌龙",是英语 wrong 的音译词,义为"错误"。所谓"乌龙球",也就是"错误球"。本方球员把球打进自家球门,当然是一个"错误球"了。龙,乃是我国传说中的神异动物,可以上下左右摆动,故有"摆乌龙"的说法。又因为是自己动作失误而失了球,所以就叫"自摆乌龙"了。

作"错误"解的"乌龙",原是港台地区吸收的外来词。因此在港台,"摆乌龙"并不限于足球赛,也可以用于别的场合。据《海峡导报》2000年10月

14日报道,台湾陆军第八军团炮兵12日中午在彰化县田中乡进行榴弹炮实弹射击时,炮弹偏离目标三四公里,射中农田,把当地农民吓坏了。这则报道的标题便是"台湾军演摆乌龙,枪炮误射百姓惊"。

"梅开二度"来源于惜阴堂主人编辑的长篇小说《二度梅》(京剧、越剧等剧种均据此改编演出)。该书写的是唐朝梅良玉与陈杏元的爱情故事。其中有这样的情节:梅父遭宰相卢杞陷害,梅良玉在盛开的梅花被狂风全部吹落的当晚设祭,祝祷"梅花重开二度,父冤得以昭雪"。梅花果然二度怒放。梅、陈历经患难,终获得圆满结局。由于小说和戏曲的影响很大,所以"梅开二度"的故事也广为流传。

我们知道,实力相当的两支足球队进行比赛,通常每一方进球总数是不会太多的。如果同一名球员能打进第二个球,就属难得之举。以"梅开二度"作比,是一种赞美用语,说明该球员状态良好,球技不凡。

再说"帽子戏法"。戏法即魔术。中国人称"戏法",西方人称"魔术"。中国的古彩戏法,以藏挟见长;西方的魔术则较多借助于光学、化学手段和机械装置来表演人、动物或水火等的增减隐现变化。20世纪40年代,我国著名魔术师张慧冲先生从西方引进不少节目,其中有一套叫"帽子戏法"。表演时,演员身穿燕尾服,头戴卓别林式的大礼帽,手执不锈钢短棍(与乐队的指挥棒相似)。先摘下礼帽,向观众展示内中空无一物。重新戴上后又摘下,里边"变"出一只鸽子。如此一而再、再而三,先后"变"出三只鸽子(一般以三只为限)。

这一套"帽子戏法",后来经过不断加工成了魔术界十分出彩的保留节目之一。如今,这个魔术表演用语转移为足球比赛用语,倒也十分自然、贴切。因为足球比赛最为吸引人之处便是瞬息万变,变幻莫测。每一次进球,都是"说时迟,那时快"的。一名球员,能够在同一场球赛中连进三球,简直就跟魔术师"变戏法"差不离了,令人惊奇,令人赞叹不已!

(《咬文嚼字》2001年第5期)

从"楼花"说到"片花""警花""商花"

有人列举我国改革开放二十余年来人民生活的十大变化,第一项便是住房商品化,从福利分房转变为货币分房。城镇居民几乎家家户户都定位于买房(有的已经买房,有的准备买房)。就新中国而言,这是全新的事物。语言是社会的镜子,有新事物,必然伴随着新词语。在这方面,我们走了一条捷径,就是从香港社区语言"成套"地引进一系列带"楼"字的词语:"楼市、楼盘、楼宇、楼书、楼花……"

随着媒体的一再使用,加上广告中频繁亮相,人们对其中多数词语已经耳熟能详。"楼市"指房屋市场或房产交易。"楼盘"指投入市场销售的房产。"楼宇"泛指各种房屋、房产。至于"楼书",实为楼盘广告,或称售房说明书。其中,最难懂的要数"楼花"这个词。

2001年年初有一条新闻被大报小报、广播电视等诸多媒体炒得火热,那就是巨人集团总裁史玉柱在黄浦江畔第二次创业。这些新闻报道无一例外地都出现了"楼花"字样。例如:"史玉柱说:'还债计划一切正常进行。'据悉,巨人的债务主要由三部分组成:一是……二是香港销售的楼花如何兑现,三是国内老百姓花钱所买的楼花。"(《解放日报》2001年2月15日)

什么叫"楼花"?就是已动工而尚未建成的房屋。(参见《经济参考报》2000年4月25日)相应地,"卖楼花"是指预售未建成的房屋,"炒楼花"是指买卖未建成的房屋。那么,为什么要叫"楼花"呢?说穿了也挺简单:"花"者,正当"开花"而尚未"结果"也。

除了"楼花",还有三朵"花"——"片花""警花""商花",也是借自香港社区语言。

先说"片花"。"不少卖家利用今年各电视台国产剧片源普遍告急的心理玩起了种种手法哄抬价格,有的打'闷包',剪辑一些令人眼花缭乱的'片花'作吆喝,播出后才知实际质量相差甚远……"(《文汇报》2000年8月24日)"片花"就是电影或电视剧的预告片(广告片),由影视剧中的精彩镜头剪辑而成。那些镜头如同五光十色的花朵,琳琅满目,煞是好看,为的是激起人们观看全剧的兴致。

再说"警花"。《新民晚报》2001年4月25日刊登一则简讯:"圣彼得堡23岁女警察奥克莎娜夺得'2001年俄罗斯小姐'桂冠。"该报编辑为此所拟的标题为"警花夺魁"。由于工作需要,现今我国各大城市都配备了一批女警察,许多报纸报道相关消息时不约而同地称她们为"警花"。此类题材的影片也以"警花"命名。我国历来喜欢把年轻漂亮的女子比作花,如果排除内中的"大男子主义"因素,倒是一个充满赞美之意的比喻。因此,今日的女警察们也愿意接受这一生动形象的别称。

最后说"商花"。《新民晚报》2001年3月8日有一篇文章的标题为"南京路'商花'盛开"。那天正好是三八妇女节,文章内容是介绍众多商场女经理的先进事迹,她们在商业系统,工作十分出色,巾帼不让须眉。"商花"——女经理们犹如一朵朵鲜艳夺目的商业之花,这个比喻同样是贴切而得体的。

(《咬文嚼字》2001年第9期)

"黄金周"从何而来

自2000年起,我国对国定节假日作了调整,每年的春节、劳动节、国庆节均放假三天,再将前后相邻的双休日调在一起,每年就有三个七天的长假。这三次长假,人们喜称"黄金周"。每当节日来临(包括节前、节后),报纸上几乎天天打出"黄金周"字样的标题。例如:

(1)"黄金周"七天销售同比增幅14%,上海节日市场好热闹。(《上海经济报》2000年10月10日)

(2)黄金周凸现黄金效益。(《解放日报》2001年5月8日)

由于国务院办公厅在年初就发出通知,确定了三次长假的起讫日期,因此各行各业,特别是商业、金融业、旅游业、交通运输业等,均未雨绸缪。每逢黄金周,到处洋溢着欢乐的气氛。黄金周,实际上就是旅游周、购物周、婚庆周、敬老周……一言以蔽之,黄金周就是消费周。据《新民晚报》2001年5月9日报道:今年"五一"黄金周,全国共接待旅游者7376.6万人次,实现旅游收入288亿元;仅上海一地,178家大中型商业各门店实现零售总额11.10亿元。有鉴于此,该报道所拟的标题便是:"'黄金周'有真黄金"。

"黄金周"这个时尚用词来自何方?它既非古人所造,也非土生土长,它借自相隔"一衣带水"的邻邦日本。笔者1982年曾赴日本任教。4月10日开学,4月底5月初就遇到一个"黄金周"。大多数的日本人每年都早早盼望着、等待着"黄金周",到时候就去旅行,就去参加各种各样的文化娱乐活动。

按照日本政府的规定,4月29日是绿色的节日(过去是天皇的生日),5月3日是宪法纪念日,5月4日是特别休假日,5月5日是儿童节。这四天是国定节假日(遇上星期日可以补一天),另外加上两个星期日(日本人称作"日曜日"),共放假六天,合成一个"黄金周"。日本友人告诉笔者:第一,"黄金周"这个名称大约产生于20世纪60年代,一开始只是少数人说说,慢慢地就流行开了。第二,黄金是最宝贵的,而这样的连续放假,对日本人来说,一年只有一次,当然也是最宝贵的,所以叫做"黄金周"。

近二十年来,中国人去日本留学的、教书的、经商的、打工的,不计其数,来往频繁;而日本至今还使用着1850个"当用汉字",并且继续利用这些汉字创造新词。许多从日本归来的中国人往往喜欢把日本流行的新的"汉字词"带回来,在交际中用起来,久而久之,这些词就自然而然地融入了汉语,成了汉语词汇中的一员。"黄金周"也是其中一例。

(《咬文嚼字》2001年第9期)

另一个"出彩"

"出彩",原本算不上常用词,可是如今"见报率"迅速提升,十分抢眼。请看两例:

(1) 新版话剧《霓虹灯下的哨兵》在上海大剧院连演两天,场场爆满,……特别是黄豆豆,一场比一场演得出彩,观众称赞他"把一个刚入伍的上海兵演活了"。(《文汇报》2001年6月14日)

(2) 热播一个多月的《大宅门》……斯琴高娃的表演随着角色年龄的增长越来越出彩。(《文汇报》2001年5月30日)

这两句中的"出彩"该作什么解释?在现有的各种词典中绝对找不到一个满意的答案。怪不得本刊读者王女士(一位老编辑)特意给编辑部来函,询问像"鲜活出彩""影响文章出彩"中的"出彩"是什么意思,用得对不对。

原来,近年流行的"出彩"用的并不是它的原义;而词典上却只能查到它的原义。这便引起了一些读者的疑惑。

"出彩"本是戏曲界的行业语。《汉语词典》(原《国语词典》)的注释是:"旧剧表演杀伤之事,涂红色作流血状,谓之出彩。"有些剧种,利用特技,在舞台上当场见"红",故有"当场出彩"的说法。现在"当场出彩"已经作为成语被收入多种词典中,并注明了它的引申义:比喻在别人面前败露秘密,显出丑态。例如:"那个'老军医',自称包治百病,今天在记者面前,当场出彩了。""当场出彩"其实就是"当场出丑"。

无论是戏曲行业语的本义,还是"败露秘密,显出丑态"的引申义,都无法诠释今日流行的"出彩"。

严格地说,此"出彩"非彼"出彩",它实际上是一个新造词。这个"出彩"是形容词(原先那个则是动词),用以形容某些事物"令人惊喜、令人赞赏、令人叫好"的状态。这样的状态往往跟表演有关,上文两例说的就是黄豆豆、斯琴高娃在话剧中、电视剧中的精彩表演。

为什么叫"出彩"？其中的"彩",和"喝彩"的"彩"一样,都是精彩的意思。"喝彩"是欢呼精彩,"出彩"是展现精彩。京剧等传统戏曲的观众,遇到精彩处(不管是唱念做打),往往会情不自禁地大声叫"好",齐声叫"好",这便是"喝彩"。可以说,"出彩"就是拿出足以让人喝彩的精彩来。因此"出彩"倒是一个"土生土长"的新词。

时尚词语有一个共同的特点:一旦流行起来,它的使用范围常常会不断扩大,无法框定。"出彩"也不例外,它不再限于戏剧表演。某种事物,只要多少带有"表演"性或者技巧性,而且达到了"令人惊喜、令人赞赏、令人叫好"的水平,就都可以用"出彩"来形容。比如《新民晚报》2001年5月13日关于首届全国律师电视辩论赛总决赛的报道中说,上海代表团身穿黄衬衫(还有深色西服、灰领带)登场,黄颜色在舞台上一经灯光照射,相当"出彩"。又如《劳动报》2001年5月27日报道上海博物馆和西藏自治区文物局联合举办"西藏文物精华展"的文章,所拟的标题是"雪域珍宝沪上出彩"。

(《咬文嚼字》2001年第10期)

"可圈可点"的泛化

近年来,"可圈可点"这个词语见报率甚高,主要用于艺术类和体育类的新闻报道。凡是技艺精湛、表演不同凡响的,都可以用"可圈可点"来形容。比如:"(上海音乐学院)亮出新阵容新作品,'青春乐韵'可圈可点。"(《解放日报》2001年5月8日)"《红粉》《大红灯笼高高挂》中何赛飞的表演都可圈可点,给人留下了颇为深刻的印象。"(《服务导报》2000年5月26日)"孙雯表现可圈可点,尽显球星风范。"(《文汇报》2000年11月9日)

本以为"可圈可点"并非新造的词语,而是我们汉语词汇中固有的成员,可遗憾的是查检了手头二三十种大中小型的词典(包括多种成语词典、新词新语词典),均没有它的踪影。这倒引起我为它寻根究源的浓厚兴趣。

"可圈可点"系四字格形式,其结构与"可歌可泣""可喜可贺"相同。其中的"可"作"值得"解。需要探讨的是"圈"和"点"。

我国古代没有一整套的标点符号,只有"句读(音 dòu)"。"句读"也作"句逗"。文辞语意已尽处为"句",语意未尽而须停顿处为"读"。书面上用圈作为句号,用点(瓜子点,形似现今的顿号)作为读号。这样的"圈"和"点"大抵从汉朝一直使用到清末民初。

"圈"和"点"还有另一种用途,就是用连圈(。。。。。,又叫密圈)和连点(、、、、、,又叫密点)加在字句的旁边,表示精彩或重要。例如明代容与堂刻本施耐庵《水浒传》:"两个公人……且只得随顺他一处行路,正在途中被鲁智深要行便行,要歇便歇,那里敢扭他?好便骂,不好便打,两个公人不敢高声,更怕和尚发作。"加圈之处还有李卓吾的评语:"妙!"清代曾国藩(《〈经史百家简编〉序》):"试官评定甲乙,用朱墨旌别其旁,名曰'圈点'。"这一种"圈点",正是"可圈可点"中的"圈"和"点"。

在民间,家塾中的塾师给学童批阅文章时,总是在精彩语句旁打上连圈或连点,以资鼓励。今年4月,笔者参观乌镇茅盾故居,在陈列厅内看到茅盾13岁时(已就读于"新式学堂")的两本作文簿。他的老师似乎十分赞赏少年茅盾的文笔,几乎通篇予以加圈加点。

由此可见,"可圈可点"的本义就是值得欣赏、值得赞美。它原先只适用于文章的精彩处,如警句,如传神之笔,如画龙点睛的语句等。经过最近几年的流行,"可圈可点"的使用范围泛化了。评阅文章固然仍旧可用,报道艺术、体育方面具有观赏性的表演、比赛,也常常使用,现在进而扩大到其他领域。有人用于评点股市:"从同仁铝业、山东铝业、云铝股份等个股的走势看,均尚有可圈可点之处。"(《上海经济报》1999年10月9日)有人用于评点楼市:"处于杨浦区的'黄金市口'控江路双阳路一带,建筑规模、房型设计、配套设施,也'可圈可点'。"(《上海经济报》2000年3月8日)还有人用来评论外交活动,比如评美国国务卿奥尔布赖特的朝鲜之行:"能到朝鲜访问这一事实本身,也将会在她的从政史上留下可点可圈的一页。"(《文汇报》2000年10月26日)

(《咬文嚼字》2001年第10期)

从"大使"到"形象大使"

对于"大使"这个词,人们都不会陌生。"大使"是一个国家派往另一个国家的最高一级的外交代表。就现代汉语来说,"大使"总是指"国与国之间"的使节。比如中国驻法大使,法国驻华大使等。记得中美建交之前,在世界上传为美谈的乒乓外交中,中国和美国那几位乒坛国手,被誉为"民间大使"——这"大使"前面冠以"民间"二字,自然不同于一般"大使";即使如此,毕竟还是属于"国与国之间"的。

但是,今天我们可以从媒体上看到许许多多不涉及"国与国之间"的"大使"。

《南方周末》2001年4月19日有一篇文章的标题是"杨福家:诺丁汉的'形象大使'"。众所周知,"诺丁汉"不是国名,而是英国一所大学的校名;杨福家是一位科学家,曾任复旦大学校长。那么杨福家怎么会成为"大使"呢?原来,杨福家教授自2001年起荣任英国诺丁汉大学的校长。名为"校长",实为英语的 chancellor——名誉校长。所谓"名誉",就是不拿工资,不驻校办公,只一年一次出席结业式并颁发学位证书,还要为学校做形象大使。以前,诺丁汉大学都聘请有爵位的年高德劭的英国人担当校长;此番改从十三亿人口的中国选一位科学家来担任,其中包含着崭新的理念和深远的意义。目前中国内地留学生在诺大注册的就有四百多人,加上港澳台的,就更多了。如此巨大的教育市场被英国人看中了。诺大既然要向远东辐射,聘请中国著名科学家做它的形象大使,当然会让学校的魅力大增。

由此,我们不难揣摩出"形象大使"的涵义:能体现某事物本质属性和主要特征的形象化代表。杨福家恰好具备许多优选条件:第一,诺大校友;第二,著名科学家;第三,曾任中国一所名牌大学的校长;第四,东方人,等等。

现在,各种"形象大使"纷纷出台。横渡英吉利海峡的中国人张健成为2001年度《北京青年报》形象大使(见《新民晚报》2001年7月29日);浦东要做上海"形象大使",要成为"最能体现上海城市综合竞争力的标志"(见《文汇报》2001年8月11日)。

给我们印象更深的是申奥大使。2001年1月14日,北京奥申委宣布,聘请邓亚萍、巩俐、杨澜和桑兰为北京申奥大使。此后,又有刘璇、黄志红、王治郅、王楠、边建欣、张艺谋等加盟。申奥是以主办城市为单位的,申奥大使当然不属于国家派出的大使。其实申奥大使也是一种形象大使。他们代表北京申奥的形象,是北京申奥的代言人。

就我们所见,"××大使"名目繁多。诸如,靳羽西——联合国儿童大使,张国荣——音乐大使,成龙——拒烟大使,陈慧琳——禁毒大使,此外还有"亲善大使""环保大使"等。

这"形形色色"的大使,前几年常常称之为"形象代言人"。例如1999年夏天曾经轰动一时的"古今内衣公司形象代言人在淮海路古今内衣橱窗作内衣秀的时装表演"(《新民晚报》2001年7月30日)。这位"形象代言人"当时又被称作"青春大使"。

作为外交人员的"大使"和上述的"形象大使"有着本质的不同,但是也有相通之处,他们都是"代表",都是"代言人"。前者代表自己的国家,代表自己国家的元首;后者则代表某种事物(如城市、事业、企业、活动,以至产品等)。前者为自己的国家说话,后者则替某种事物充当代言人。"形象大使"就凭这点"相通"而获得了一个美好而动听的名称。

(《咬文嚼字》2001年第11期)

"倒计时"带来紧迫感

有一部外国影片,片名叫"倒计时",有一首香港流行歌曲,歌名也叫"倒计时"。在我们的社会生活中,"倒计时"已经不是什么稀罕字眼。报上常常出现含有"倒计时"字样的标题,比如"大型景观歌剧《阿依达》进入倒计时"(《文汇报》2000年11月2日),"又逢高考倒计时"(《生活周刊》2001年第24期),"三峡移民倒计时牌竖起"(《劳动报》2001年8月3日)。

有两种"倒计时"在我们中国是尽人皆知的:其一是1997年香港回归之前和1999年澳门回归之前,天安门广场的巨型倒计时牌;其二是在中央电视台一年一度的春节联欢晚会上,除夕二十四点(即大年初一零点)前十秒钟的时候,主持人和嘉宾们齐声欢呼"10、9、8……3、2、1",接着响起了新年的钟声。

什么叫做"倒计时"? 尽管大多数词典上查不到,但是人们的心中倒已经有了比较一致的理解:在科学实验、卫星发射或重大事件中常用的从大数到小数的逆序计时,其目的是强调某一既定时刻的逐渐逼近。

所谓"从大数到小数",相关的计时单位常见的有两类,春节联欢晚会上是以"秒"为倒计时单位,而天安门广场上的倒计时牌则是以"天"为单位。据《知音》杂志2001年第2期介绍,世界上居然还有一种以"年"为单位的"生命倒计时":非洲有一个民族,婴儿刚生下来就算60岁,以后逐年递减,直到0岁。人生大事都得在这60年内完成,以后的岁月便可颐养天年了。据说生命倒计年的好处在于,逐年减少的数字,会不断地提醒和敦促人们——来日不多,该做的事情得赶紧去做。

经我们初步查考,汉语中大约在1991年前后才开始使用"倒计时"这个词,它译自英语的 countdown(用作名词)和 count down(动词词组)。也有人译作"逆序计数""倒读秒"等。那么,就世界范围而言,第一次是在什么时候什么地方为了什么事情进行了"倒计时"呢?

1927年,德国要拍摄一部科幻电影《月里嫦娥》(译名),制片商制作了一枚模型火箭。在摄制过程中,为了发射这枚模型火箭,导演弗里茨·兰首创了倒计时的发射程序:"10分钟准备,5分钟准备……1分钟准备……(直到发射前10秒钟)10、9、8、7、6、5、4、3、2、1,发射!"

电影成为这种发射模式的先导。德国在20世纪30年代制造了第一枚试验火箭,此后又研制成"V-2"火箭等,都采用这种倒计时的发射程序。40年代美国和苏联研制火箭和导弹,发射时也都采用这种程序。

为什么现今的人们喜欢在科学实验、卫星发射和各种重大事件中采用倒计时的方式呢?为什么"倒计时"会成为语言(不仅仅是汉语)中的时尚用词呢?

答案只有一个。这种突破常规的、从大数到小数的逆序计时,会促使每一个从事某项工作或参与某项活动的人产生一种紧迫感,他们必须高度集中注意力,争分夺秒地严格按照时间程序进行操作,以确保万无一失。

(《咬文嚼字》2001年第11期)

由"浮出水面"说到潜艇

"浮出水面"本是一个极其普通的短语,不属固定短语,所以一般的成语词典、惯用语词典都不会收录。它的含义也极其浅显:在水中(或沉入水中)的物体漂浮到水面上,就叫做浮出水面,因此也无需词典专门给予解释。

但是今非昔比。近几年来"浮出水面"(或"浮出海面")成了一个十分流行的新闻用语,大报小报都争相把这四个字用于新闻标题,甚至某一天同一份报纸几个版面都有"浮出水面"。其中,仍旧保持原义的,也偶尔一见,如"两千万年前的古火山浮出海面……涨潮时分,走近隆教湾(在台湾海峡)海滨,只见海天茫茫,碧浪金沙,但不见古火山的踪迹;潮水落下,古火山慢慢从海底浮出水面……"(《文汇报》2000年7月13日)现在常见的用例中,绝大多数是用它的比喻义、引申义。

流行语,往往会在众人的口中、笔下渐渐演变成多义的词语。"浮出水面"也不例外,它也是多义的。

"浮出水面"可以表示新事物的诞生,即从无到有。例如:"《京华时报》浮出水面,京城报业再起硝烟。"(《中华读书报》2001年5月30日)

"浮出水面"可以表示新理念的亮相,这是另一种从无到有。例如"金融新营销浮出水面"(《上海经济报》2000年4月19日),所谓"新营销"指的是"网上银行、电话银行、手机银行、PC银行"等虚拟化的银行服务方式和理念。

"浮出水面"又表示本来存在的事物的公开露面或崭露头角,即由隐而显。例如:"直到8月初,《黑客攻击防范秘技》由北京腾图电子出版社出版,作者满舟这位年仅17岁的高桥中学高二学生才作为电脑网络奇才浮出水面。"(《解放日报》2000年8月17日)

"浮出水面"也表示本来隐藏的事物被挖掘、被曝光,这是另一种由隐而显。例如:"4年前,一个神秘的竞买人,在北京嘉德拍卖会上,以1380万元的价格买走了曾经悬挂在天安门城楼上的一对旧宫灯。他哪里会有这么多钱？……随着反腐败斗争的日益深入，一个名叫吴彪的金融蛀虫浮出海面。"(《劳动报》1999年8月27日)

"浮出水面"还表示通过比赛或通过评选，最后公布结果。例如："女性新主持人大赛全国总决赛冠军浮出水面，来自合肥的任良斌夺魁。"(《新民晚报》1999年10月5日)

一个普普通通的短语，发展到今天，已经是一语多义、一语多用了。试问，为什么"浮出水面"会受到各种媒体的如此青睐呢？

偶然之中有必然。要追根究源的话，这"浮出水面"(或"浮出海面")跟潜艇有关。

潜艇，也叫潜水艇，是一种既能在水面航行，又能潜伏于水中进行活动的军舰，是现代军舰中最神秘、最令人难以捉摸的一种。

1620年，荷兰物理学家科尼利斯·德雷布尔制造了人类历史上第一艘潜水船，这是潜艇的雏形。此后两百多年，美、德、法、英等国都研制过潜艇，但它的动力装置始终未能尽如人意。直到1897年，现代潜艇终于问世，它的创始人是"现代潜艇之父"爱尔兰人约翰·霍兰。"霍兰"号潜艇航行平稳，下潜迅速，综合性能良好，并装有鱼雷发射管和火炮。

潜艇大显神威是在第一次世界大战期间。1914年9月22日，英国皇家海军三艘万吨级的巡洋舰被德国海军U-9号潜艇在一个小时内用鱼雷击沉，1459名官兵阵亡。这个"一艇沉三舰"的战例震惊了世界。

潜艇的杀伤力之强是得益于它的隐蔽性，但它必须浮出水面，否则就无法补充兵力，补充给养，补充武器弹药。更重要的一点是，由于受到技术的限制，早期的潜艇要发射鱼雷攻击对方，必须浮出水面。因此，潜艇和"浮出水面"这个短语结下了不解之缘，你中有我，我中有你。潜艇的运作方式，让人自然而然地联想到从无到有，由隐而显，以及原形毕露，真相大白……

时尚词语"浮出水面"的种种比喻义、引申义，不是都跟潜艇有着或近或远的联系吗？

(《咬文嚼字》2001年第12期)

"泡沫"的比喻义

许多小气泡聚在一起,就是"泡沫"。我们在生活中常见的肥皂泡沫和啤酒泡沫,这是气体在液体中的泡沫。如今常用的泡沫塑料和泡沫玻璃,这种泡沫是指气体在固体中的泡沫。

"泡沫"这个词除了出现在"肥皂泡沫、泡沫塑料"等生活用语中外,有时也可以用作比喻中的喻体。因为泡沫中只有气体,因此给人一种华而不实、一戳即破的印象。例如:

(1) 简单是一种净化,肮脏的东西总是复杂的。简单是一种富足和从容,只有寒碜和自卑才需要泡沫的虚化和油彩的掩饰。(《劳动报》1999年8月8日)

句中的"泡沫的虚化"就是"像泡沫一样的虚化"。用"泡沫"作比,说明这种"虚化"是华而不实的,一戳即破的。"泡沫"的这种用法属于比喻用法,用的还是本义而不是比喻义。

"泡沫"的比喻义,是在引进"泡沫经济"这个概念(这个短语)之后,才逐渐形成的。

"泡沫经济"直接译自英语的 bubble economy。短语 bubble economy 最初也是一个比喻,即像 bubble(气泡)一样的 economy(经济);久而久之,短语的整体意义逐渐约定,专指过度投机造成经济过热的虚假繁荣的现象(比如,不求利润,只追求不切实际的指标,用无限投入换来的虚假繁荣,就是其表现之一)。

由于英语的 bubble economy 和汉语的"泡沫经济"在媒体上频频出现,又由于社会普遍地对经济现象十分关注,因此人们对"泡沫经济"这个短语已经非常熟悉。于是,渐渐地"泡沫"又进一步从"泡沫经济"中"独立"出来,运用于其他方面。这时"泡沫"才确立了新的义项，即比喻义"虚假"或"华而不实"。比喻义的"泡沫"不再黏附于"经济"上，可以自由运用了。例如：

（2）上海高校的外地学生说："只要有本事的，想留沪的都留了！"……有识人士断言："上海学生原有的户籍优势只是泡沫优势！"（《中国青年报》1999年7月16日）

过去，外地学生要在上海就业，先要取得一张"黄表"（代表留沪户口指标）。1999年上海取消了"黄表"，外地学生与上海学生终于有了平等竞争的机会。上海学生不能凭借户籍优势稳坐钓鱼台了。可见"泡沫优势"就是虚假的优势。

（3）美国人对网络新股的购买热情已经大不如前，因为今年上市的156支网络股中，最近已有37%股票的价格跌进了发行价。……这说明网络股的"泡沫"成分其实并不低。（《文汇报》1999年9月1日）

这里的"泡沫"成分也就是虚假成分或华而不实的成分。

在(2)(3)两例中，"泡沫"不再与"经济"搭配，而是与"优势""成分"组合在一起。此外，还有"泡沫政绩""泡沫现象""泡沫心理"等等。

更进一步，比喻义的"泡沫"还可以单独运用。

《新民晚报》1999年8月25日刊登了一篇文艺评论文章，对近期发生的两件事提出批评："一是第六届中国戏剧节上的二十四台参赛剧目全部获奖，且有一半以上荣获'最高奖'即'大奖'；二是第十七届中国电视金鹰奖颁发了一百二十五个奖，创下了发奖数量的新纪录。"文章经过分析，最后的结论是：

（4）或许一些地区和部门可以获奖之多，来证明"到处莺歌燕舞"，然而，当人们得知真相后，必会想起两个字：泡沫。

读者都明白：这"泡沫"二字是分量很重的批评。

语言是思想的直接现实。"泡沫"和"泡沫××"成为当今的流行词语，自有它深刻的社会原因。有鉴于此，我们更应当提倡解放思想、实事求是的精神，反对虚假浮夸、哗众取宠之风。

（《咬文嚼字》2000年第2期）

新意盎然的"绿色"

"绿"或"绿色"本来是语言中的基本词、常用词,可以说是用不着解释的词。一般人(包括小学生)大概不会因为不知"绿"是何义而去查词典的。难怪《现代汉语词典》的词条"绿"下面,第一句话只说"像草和树叶茂盛时的颜色",第二句话才说"蓝颜料和黄颜料混合即呈现这种颜色"。我们平时常说的"绿化、绿茶、绿豆、绿油油、绿生生、青山绿水、红灯绿灯、绿衣使者(指邮递员)"中间的"绿",都是这个意思。

可是,时尚词语"绿色"却另有所指。绿色食品、绿色餐具、绿色服装、绿色家具、绿色照明、绿色包装……连上海东方广播电台也在每晚19~20点开设了一挡"绿色音乐调频"节目,这些"绿色"作何解释呢?在《现代汉语词典》,或在目前常用的工具书上,恐怕是找不到现成答案的。据我们考察,"绿色"已经拥有了"健康""环保""安全""生命"这几个互有联系的引申义。

"绿色"表示健康。"绿色食品"就是健康食品。所谓"绿色食品"当然不能跟"绿颜色的蔬菜"划等号,它是指无污染、无公害的优质营养食品。绿色食品种类繁多,除了蔬菜、瓜果,还包括肉、奶、蛋、酒、饮料、调料、粮食等,甚至包括罐头食品。"绿色电视"在显像管中安装了防辐射装置,"绿色照明"能有效地保护视力,"绿色建材"和"绿色家具"要求无毒害、无放射性,都是为了人体的健康。

"绿色"表示环保。保护生态环境是现代社会关注的热点。"绿色交通工具"指的是在行驶中对环境不发生污染,或只发生微量污染的交通工具,如电车、地铁、轻轨铁路、液化石油气汽车、电力助动车等。《文汇报》1999年7月5日报道:"首批绿色环保车驶上申城街头,有害尾气排放量微乎其微。""绿色洗涤法"是使用臭氧的洗涤法,既清洁,又消毒,不会造成二次污染;不像使用含磷洗衣粉那样,其废水到处排放,污染环境,恶化水质,导致鱼虾死亡。

"绿色"表示安全。"绿色服装"采用"绿色面料",强调天然成分(纯棉、纯麻、真丝等),透气性能好,不刺激皮肤,又经过抗菌技术处理,安全卫生。"绿色疗法"是对高血压症采用无电、无磁、无药、无副作用的安全医疗方法。

"绿色"表示生命。健康、安全、环保,集结到一点,便是生命。据《文汇报》1999年7月21日报道,医院要为急诊病人开辟绿色通道,及时组织抢救。可见这儿的"绿色通道"就是生命通道。该报1999年7月26日另一则报道称,上海有999(谐音"救救救")家药店、药房挂起"绿十字"灯箱,这"绿十字"正是生命的象征。

"绿色"怎么会跟健康、环保、安全、生命这些意义挂起钩来呢?其源头还在英语。上海译文出版社《新英汉词典》第549页:"green revolution 绿色革命(指在农业生产方面的改革)"。很明显,"绿色革命"是直译,括号里的才是确切的含义。民以食为天。在生产力和科学技术空前发达的20世纪,困扰了人类几千年的饥荒问题本应得到解决。然而由于人口大幅度增长等多种原因,世界上许多国家和地区依然一再发生粮食危机,饥荒竟成为头号杀手,夺去了无数人的生命。于是就有了依托先进科学技术的"绿色革命"(green revolution)。从1960年代到1970年代,在亚洲、非洲和拉丁美洲的许多发展中国家,推广优质高产的水稻和小麦品种,产量平均提高60%,对于缓解粮食危机,起到了显著的作用。不言而喻,这一次"绿色革命",就是保障人类生命的革命,而增产粮食,如水稻、小麦等,都离不开"绿色"。这样,"绿色"与"生命"就紧紧地联结在一起了。

此外,类似"绿色革命"的直译还有很多。像"绿色食品"译自 green food;"绿色消费"译自 green consume;"绿色建材"译自 green building materials。如此等等,不一而足。这一语言现象正是全世界科学技术发展迅猛、交流频繁的必然产物。

(《咬文嚼字》2000年第3期)

话说"豆腐渣"

1998年夏天,长江上游中游一带,遭受百年未遇的大雨、暴雨,引起山洪暴发,水灾连连。长江两岸的大堤经受了严峻的考验。朱镕基总理亲临抗洪前线,面对九江大堤溃口,愤怒地痛斥"豆腐渣"工程。自此以后,举国上下对"豆腐渣"工程一片斥责声,新闻媒体披露了不少房屋、公路、桥梁等建设工程中的"豆腐渣"。例如,海南岛五条扶贫公路、陕西省某地的希望小学、湖北省嘉鱼县的移民基地,都成了"豆腐渣"工程的典型。

"豆腐渣"工程,是指那些在立项、设计、施工、监理等环节中因违法犯规操作而造成的劣质建筑工程。具体原因,无非是贪污腐败,克扣资金,多次转包,层层剥皮,偷工减料,短期行为,等等。1994年上海的锦普大厦就因为使用劣质水泥而被迫炸毁已建成的四个楼面,损失280万元(据《新民晚报》1999年7月8日)。这类工程危害人民群众的生命和财产安全,为老百姓所不齿。

为什么要把劣质工程称作"豆腐渣"工程呢?"豆腐渣"是个比喻,即像"豆腐渣"一样的工程。豆腐渣是做豆腐、豆浆的副产品,留下的渣滓,现在一般用来做家畜饲料或农作物肥料。生长在城市里的年轻人可能没见过豆腐渣。记得在1940年代、1950年代,上海和江浙一带的菜场或集市中,都有卖豆腐渣的摊贩,豆腐渣配上雪菜、肉丝、笋丝等辅料,可以做成香糯可口的美味菜肴。那时候,卖豆腐渣,像卖粢饭一样,都是捏成一团一团的。可是捏成团的豆腐渣,十分松软,一碰就散架。因此用豆腐渣作比,来形容劣质工程,是再恰当不过了,非常形象,非常生动。

其实"豆腐渣"不仅可以用来比喻劣质工程,还可以比喻其他事物。例如《军事史料》1999年第4期中有如下一段话:

最后,还是邓小平先开口:"……事虽不大,但军纪如山,动摇不得!尤其在目前情况下,纪律应该是铁、是钢,而不能是豆腐渣,不能一碰就碎!不能让人们说我们是虚张声势……"

——这里,邓小平用"豆腐渣"从反面设喻,表明坚决执行军事纪律的态度。

《新民晚报》1999年7月17日有篇报道,其"篇头语"是:"高新技术产品也会出现豆腐渣,各式各样的IC卡还会跟人捣乱,看来——"标题则是《磁卡上市需设"卡"》。该报道主要叙述"拉卡"人的烦恼——坏卡,并批评劣质磁卡充斥市场。在篇头语里的那个"豆腐渣"几乎就是"劣质"的同义词。

依我看,随着"豆腐渣"工程一类词语的流行,"豆腐渣"这个词说不定会产生出一个新的义项来,即比喻义"劣质"。

(《咬文嚼字》2000年第4期)

"主打歌"与"主打"的泛化

近年来文学类刊物竞争激烈,许多刊物不断使出新招数,以增强冲击力。据《新闻报·晚刊》2000年2月23日报道,《收获》杂志特地抽掉了其他稿子,换上了某一位作家的长篇小说《××》,作为新千年第一期的主打小说。

何谓"主打小说"？这"主打"来自何方？

"主打"与"小说"组合,乃是一种新的用法,是"借用"。"主打"最初只用于"主打歌"。汪惠迪编著的《时代新加坡特有词语词典》对"主打歌"作如下的解释:

主打歌 〈名词〉歌唱演员为自己的唱片或盒带等作宣传时所选的代表作。例如:要王馨平谈谈歌路,她说:"只要听听我的主打歌,你就很清楚了。"

"主打歌"这个词产生于台湾,后传入香港、澳门以及新加坡、马来西亚,现在中国大陆也频繁使用。歌手每推出一张唱碟,必定有一首主打歌。说得通俗一点,主打歌好像企业的拳头产品。"主打"的"主"就是主要的、为主的、着重的;"打"就是推出。因此"主打"便是主要推出、重点推出的意思。

汉语的"打"是典型的多义词(有人戏称为"万金油",一时找不到合适的动词,常常可以用"打"来"应付"),多义之中有一义就是"推出",比如"打旗号、打广告、打品牌"的"打"都有推出的意思。"主打"的"打"同此。其构词形式与"主攻(方向)、主创(人员)、主讲(教师)"等相同。

大凡一个新词,如果它的语素义是固有的,它的构词形式是现成的,那么它就很容易流行起来,为人们所接受。随着"主打歌"一词的流行,久而久之,"主打"的用法逐渐泛化。本文开头的"主打小说"便是一例。《新闻报·晨刊》1999年9月24日一篇报道的题目为"上海货,什么作'主打'?"文中列举了"海鸥"数码相机,"三枪"柔棉莱卡系列内衣,仪电控股集团的IC卡一条龙产品,等等。还有,《文汇报》1999年11月18日报道,吸引外地人到上海来旅游,观光与购物仍是"主打"项目。《文汇报》2000年2月7日报道,上海春节举行婚礼的许多新人一改白色婚纱,而以中式礼服为"主打"礼服。

从主打歌,到主打小说、主打产品、主打项目、主打礼服……"主打"的使用范围扩大了,泛化了,而其基本意义还是一脉相承的。

(《咬文嚼字》2000年第6期)

"游戏规则"：从狭义到广义

大多数游戏都是有一定规则的。比如下象棋："车"怎么行，"马"怎么跳，"炮"怎么打，都必须"循规蹈矩"。这是传统意义上的或者说是狭义的"游戏规则"。

作为时尚词语的"游戏规则"，它的适用范围则要宽泛得多。比如说，上海市福利彩票发行中心最近公开宣布修改"游戏规则"，电脑福利彩票由"37选7"改为"35选7"。（参见《文汇报》1999年11月30日）福利彩票也许是"小事"，像美国总统选举这样的"大事"同样可以讲"游戏规则"。《文汇报》2000年3月3日有个标题是："民主、共和两党议员制订的竞选游戏规则使小党成不了气候，第三党休想进白宫"。

时尚的"游戏规则"直接译自英语的 the rules of game。这个"游戏规则"泛指涉及公众的、具有可操作特点的各种事情的运作规则。如同我们汉语的谚语"没有规矩，不成方圆"那样，可以泛指做各种事情。

英语的 rule 有好几个义项：①规定、章程、条例；②习惯、通例；③规律、法则。因此汉语中，时尚词语"游戏规则"也相应地包括三种意思：

第一种"游戏规则"是指人们制定的法规、章程等。比如《新闻报·晨刊》1999年11月25日将《电信法》称为中国电信业的"游戏规则"，《新民晚报》1999年9月22日将《证券法》看作中国股市的"游戏规则"。《电信法》和《证券法》都是国家制定的法律。

第二种"游戏规则"是指社会生活中约定俗成的习惯、常规。比方说，上海市电影院放映影片，长期以来一向坚持分首轮、二轮、三轮的传统排片方式，1999年夏天，上海大光明电影院"突破轮次排映制"，自己决定影片的取舍，自己确定影片的映期，"此举在同行中激起波澜，有人认为违反了约定俗成的游戏规则"。(参见《文汇报》1999年8月20日)这儿所说的"违反了约定俗成的游戏规则",显然是指没有遵循长期形成的大家认可的常规方式来排片。

第三种"游戏规则"是指客观存在的非人为的规律、法则。例如,只有高科技才能在市场竞争中立于不败之地,依靠低层次的价格竞争不可能真正赢得市场,这就是现代商业的游戏规则。(参见《新闻报·晨刊》1999年6月19日)又如,商业竞争中,优胜劣汰也是市场经济的一条游戏规则。(参见《新闻报·午刊》1999年10月20日)这些规则都是不以人们的意志为转移的。

上述三种,可以用一句通俗的话来概括:所谓"游戏规则",即什么事情在什么情况下可以做,在什么情况下不能做的原则。这便是广义的"游戏规则"。

(《咬文嚼字》2000年第6期)

"阿诈里"一词调查记

"阿诈里"在媒体中用得相当多。请看几条标题:

(1) 彩票卖家请千万当心,"阿诈里"铆牢彩票摊。(《新闻报·晨刊》1999年1月30日)

(2) "空壳"公司害你没商量,莫让私营经济城变成"阿诈里"的安乐窝。(《文汇报》1999年7月3日)

(3) 上门安装"来电显示盒","阿诈里"又炮制新招数。(《新民晚报》1999年8月23日)

以上三个"阿诈里"均指骗子。为了弄清楚"阿诈里"的来历,我曾经随机调查了27人。他们的年龄、职业、文化层次差异很大,调查的结果却大体相同:

问:你知道"阿诈里"是什么意思吗?

答:骗子。

问:你怎么知道"阿诈里"就是骗子呢?

答:读报一看就明白。

问:为什么把骗子称作"阿诈里"呢?

答:不知道。

27个人,无一例外,都不知道"阿诈里"的来历。

当时,凭我的语言直觉(也许是莫名其妙的直觉),猜想这个词可能"借"自新疆哪一种民族语言。恰好有一位老同事说他的儿媳妇是新疆人,愿意代我去咨询。调查结果否定了我的猜测。

正当"山穷水尽疑无路"之时,忽见《文汇报》1999年11月6日有一篇介绍新书《中国阿诈里》的短文,文中最抢眼的是一行黑体字:"阿诈里"(上海话,意为"骗子")。奇怪,奇怪!我本人出生在上海,大半辈子从事语言教学与研究,现已年过花甲,却从未听说上海话里有这么一个词啊!再则,查遍《上海俗语图说》《上海话流行语辞典》《上海闲话》《当代流行语》《吴地俚言熟语》《简明吴方言词典》等书籍,都不见这个词的踪影。于是,赶紧去买《中国阿诈里》一书。

《中国阿诈里》是一本报告文学集,都是来自生活的真实故事。作者严德仁为了了解"阿诈里"一词的成因,曾询问了数百位被采访者。其结论是"阿诈里"这个叫法,大致起源于20世纪80年代末到90年代初这段时期。最初是在上海及江、浙一带叫开的,以后逐渐传向全国。"阿诈里"这个名词,顾名思义,即为:狡诈的狐狸。……所以"阿诈里"一词在有些报刊中出现时,又叫"阿诈狸"。

我十分怀疑这一结论。可疑之处有三:其一,这个新词显然是在口语中产生的,而后才进入书面语。"狡诈"是个书面语用词。按上海人的习惯,口语里可能说"狡猾的狐狸",却不太可能说"狡诈的狐狸"。其二,在我搜集到的语料中,写法一概是"阿诈里"三字,无一例写成"阿诈狸"。如果真的是"阿诈狸",又何必改写为"阿诈里"呢?其三,用严先生自己的话来说,这一说法乃是"顾名思义"思出来的结果,并非握有可靠的证据。

尽管我怀疑"阿诈里"即"狡诈的狐狸"的说法,但我倒愿意循着"阿诈里"是"上海话"这一路子继续调查。

终于,有一位熟悉切口的朋友告诉我:"阿诈里"跟上海话切口中的"诈米"有关。在切口中"米"就是钱、金钱;"诈米"就是用不正当的手段捞取钱财。《新民晚报》2000年1月20日就有这样一组标题:

肩题:摊贩上门送米来,其实只为诈"米"去

正题:"热心"原来是骗局

从正文可以了解:送米是送大米(短斤缺两),诈"米"则是骗钱(加倍收钱)。

切口中的"诈米"是个动词。那么名词"诈米的人"怎么称说?于是,便造了一个"阿诈里"。这儿必须讨论两个问题,方能排疑解惑。

第一,为什么要加"里"?上海话切口中,名词带后缀"里"的,不乏其例:1960年代初将人民币一角称为"一毛里";1960年代至今,将派出所的治安警察和户籍警察称为"老派里","派"即"派出所"之省;还有,将警察或便衣警察称为"条里",因为黑道中以"条子"暗指"枪",警察是持枪者。(以上三例均引自薛理勇《上海闲话》)

第二,为什么要加"阿"?上海话中指人的名词带前缀"阿"的,俯拾皆是:阿大、阿二、阿弟、阿姐、阿木林、阿土生、阿屈死……不胜枚举。连上海人译制的外国影片中的人物,也有取名"阿甘"的。

至此,对于"阿诈里"一词的调查暂告一个段落,这种讲法是否正确,尚希有识之士指教!

(《咬文嚼字》2000年第7期)

奥运"圣火"与中华"圣火"

第27届奥林匹克运动会将于今年9月15日在澳大利亚的悉尼市开幕。早在四个月之前,即5月10日,就在希腊奥林匹亚城遗址举行了奥运"圣火"采集仪式。一名希腊女演员扮演的"祭司"庄严地引燃了奥运会"圣火"火种,点燃了火炬,把它交给希腊跳高运动员帕帕戈斯塔斯。他高举着火炬,从曾在2700年前举行过古代奥林匹亚竞技会的体育场内跑出。本届悉尼奥运会火炬传递活动由此开始。

众所周知,除了奥运会,现今世界上还有许多国家的大型运动会都要举行类似的"圣火"火种采集和火炬传递活动。今年5月份在上海举办的第5届全国残疾人运动会也不例外。《新闻报》2000年5月1日"晨午晚合刊"残运会专栏的大红标题便是"圣火映红申城"六个大字。

"圣火"一词从何而来?火就是火,为什么要称作"圣火"?

据《简明不列颠百科全书》(中文版)的有关条目介绍:古代社会十分重视火的作用。有了火,人类才能取暖御寒;有了火,人类才能变生食为熟食。希腊神话中,普罗米修斯被描写成造福人类的神,原因是他曾经从天上盗取火种带到人间。因此古代的许多宗教都把火奉为"圣火",要高擎火把举行种种宗教仪式。奥林匹克运动会的发祥地奥林匹亚,是希腊古代宗教圣地。从公元前8世纪开始,那儿每四年举行一次宗教节,连同宗教仪式在内,前后一共七天,奥林匹亚竞技会是宗教节庆活动之一。竞技项目有赛跑、掷铁饼、赛马、角力等。正因为古代的体育竞技与宗教活动有不可分割的关系,所以体育运动就跟"圣火"结下了不解之缘。

现代奥林匹克运动会是1896年开始举行的,第1届会址也在希腊雅典。此后每四年一届。自1936年第11届奥运会起又恢复了古代奥林匹亚竞技会的传统,每届都要在奥林匹亚点燃"圣火",并通过火炬的接力传递,最终送到奥运会举办地。这一系列的运作程序,一直沿用至今。每逢四年一度的奥运年,"圣火"一词必然会红火一时。

在我国,还有一种中华"圣火"。首都北京的长安街西端,新建了一座气势恢弘的中华世纪坛。它是中国迎接新世纪和新千年唯一的标志性、纪念性建筑。建有一个下沉式的中华圣火广场,外圆内方的青铜圣火台位于正中央。圣火广场由960块花岗岩铺成,象征着中国960万平方公里的神圣版图。2000年1月1日零时整,国家主席江泽民走到中华世纪坛中央平台按动电钮,点燃了中华圣火。这簇圣火的火种采自北京房山区周口店龙骨山上的"北京人(原始人)遗址"。中华圣火的燃起,象征着中华民族的文明之火、进步之火将代代相传,永不熄灭。今年我国第5届残运会的圣火,其火种就采自中华世纪坛。

火,是物体燃烧时发出的光和焰;火,让人联想到热气腾腾、热火朝天;火,鼓舞人蓬勃向上、欣欣向荣。人们离不开火,喜欢火,更崇尚"圣火"。今天,"圣火"一词的运用,已经超出体育运动的范围。请看:

(1)'99上海旅游节第一天,市中心的复兴公园举办浪漫的大型玫瑰婚典,"新人们点燃爱情圣火,交换戴比尔斯婚戒,结下千禧姻缘"。(见《劳动报》1999年10月18日)

(2)'99世界精英模特大赛在法国尼斯落下帷幕,《上海时装报》1999年10月16日为此作了报道,醒目的标题是"用青春点燃时尚圣火"。

前一例的"圣火"尚属实有的"火",后一例的"圣火"则完全是比喻用法了。

(《咬文嚼字》2000年第8期)

从"凝聚力"到"亲和力"

"凝聚力"原本是化学术语。1978年12月版《现代汉语词典》中,"凝聚力"词条下,只有"见内聚力"四个字。按照该词典的体例,这种注释方式表明"内聚力"是主条,"凝聚力"仅仅是个副条。1996年7月版《现代汉语词典》就不同了,"凝聚力"词条是"①内聚力。②泛指使人或物聚集到一起的力量:加强社会和民族的~"。第②义项是新义,化学术语"凝聚力"以崭新的词义进入了汉语的通用词汇。

由于社会交际的需要,"凝聚力"一词在媒体上至今还是十分活跃,可谓"长盛不衰"。最近一两年,由于同样的社会需要,又一个化学术语"凝聚力"的姐妹词、近义词,正悄悄地流行起来,那便是"亲和力"。请看:

(1) 经常吵架、动武、威胁离婚或自述夫妻感情已淡漠、破裂的比重很低,这表明大多数婚姻具有较强的亲和力和稳定性。(《文汇报》1999年11月9日)

(2) 教师与学生同步作文,能刺激学生的兴奋点,形成课堂教学的亲和力。(《文汇报》1999年11月12日)

(3) 观众一进《实话实说》演播室,就被撩拨得想说话。……小崔(引者注,指崔永元)的亲和力不分男女老少。(《中华读书报》2000年3月8日)

从这三个例句中可以看到,夫妻之间、师生之间、主持人与观众之间都可以产生"亲和力"。

"亲和力"的原义为"两种或两种以上的物质结合成化合物时互相作用的力"(《现代汉语词典》)。这个词是染料化学的常用术语,而非普通语词,在一般社会生活交际中是用不上的。

"亲和力"的新义新用法,最早出现在台湾。上海辞书出版社1994年出版的《当代港台用语辞典》明确指出"亲和力"是台湾地区用语,意思是"与人亲切和谐的能力",如"直率的个性加上亲和力,前程颇被看好";并特地说明,大陆此词为"化学术语"。这一说明完全符合当时语言生活实际,直到1994年,"亲和力"在大陆确实还只是一个化学术语。

有人说"亲和力"来自日语。这一说法不无道理。在20世纪初叶,我国的数学、化学、物理学等学科的术语,曾经大量地采用借词的方式,直接从日语借用汉字词。"亲和力"也是其中之一。不妨说,日语是"亲和力"早先的源头,而"亲和力"的新义新用法,还是从台湾引入的。

"亲和力"的新用法,为什么一经引入便能迅速流行开来?我认为除了社会交际需要之外,主要有两个原因:

一是人们求新求异的心理取向。通常是,一有新词生成,摇笔杆子一族都跃跃欲试,先用为快。尽管"亲和力"和"凝聚力"不是等义词,但在有些上下文里,就允许用"亲和力"去取代"凝聚力"。上边例(3)的"小崔的亲和力不分男女老少",要是说成"小崔的凝聚力不分男女老少",大概也相差无几。

二是构成这个词的几个语素十分招人"喜欢","亲和力"得到不少人的"偏爱"。"亲和力"由"亲、和、力"三个语素构成,"亲"与"和"的语素义带有鲜明的"褒扬"感情色彩。"亲"含有"亲近、亲切、亲爱、亲热、亲亲密密"之意,"和"含有"和气、和蔼、和好、和谐、和睦、和和美美"之意,这些都是好字眼,中国人向来喜好"讨口彩",比起中性的"凝聚力"来,人们更乐于用"亲和力"。

(《咬文嚼字》2000年第8期)

少男少女爱说"酷"

《咬文嚼字》1997年第10期曾发表汪惠迪先生谈"酷"的文章,他说,"酷"在当时是港、台和新、马年轻人的流行语,而祖国大陆一般人还不明白"酷"是什么意思。事隔三年,情况大变。今天,华夏大地少男少女大多爱说"酷";老年人即使不说,也听得懂"酷"了。

这个"酷"跟我们原有的"酷"毫不相干。汉语的"酷"本来有两个含义:一是"酷刑、酷吏、酷虐"之"酷",义为残酷;二是"酷热、酷爱、酷似"之"酷",义为极其。

当下流行的"酷"是英语cool的音译词。根据几本权威的英汉词典,综合起来,cool这个词大致有如下几个义项:①凉爽的、凉快的;②冷静的、沉着的;③冷淡的、冷漠的;④厚颜无耻的;⑤很棒的、极妙的(美国俚语)。

汉语借用现成的"酷"字来音译cool,但并没有将cool的词义"忠实地"转载过来,好像cool原有的几个义项已经不能简单地跟汉语"酷"的新义项逐一对应起来。"酷"作为cool的载体进入汉语后,其内涵不断蜕变,渐渐成为一个蕴含很丰富的词。

"酷"最初的意思跟cool的②③义项有联系,即表面上是冷漠的(缺乏感情的),实质上是冷静而沉着的(富有理性的)。一般用来形容男子。日本影星硬朗刚毅的高仓健和美国影星威猛强健的史泰龙,曾被年青人奉为"酷"男的代表。他们是傲岸之中带一点冷峻,冷峻之中又含几分侠肝义胆。

此后,"酷"也可以形容女子了。那是比较侧重于服饰妆扮、言语举止的前卫、夸张、标新立异。比如一身黑色,超短裙,厚跟长靴,怪怪的发型,珠光的口红,等等。女歌星王菲、李玟们被年轻人视作"酷"女的典型。在她们身上,可能找不到传统女性的典雅、华丽、甜美、温馨、柔顺等特质,但她们集新潮、时尚、靓丽、出挑于一身。

由此再引申,一切有个性、有特色、与众不同的事和物全可以用"酷"来形容。从刚出炉的长棍面包到NBA篮球赛,都"酷"。不久前播放的电视连续剧《田教授家的28个保姆》,围绕着"为什么要请保姆,要不要请保姆"这一话题敷陈故事情节,《生命周刊》1999年12月3日的一篇文章将其评论为"题材十分酷"。甚至有人因为善于处理社会关系,左右逢源,也被冠之以"酷":"还有一位司机,车开得十分爽。'你怎么敢这样肆无忌惮,横冲直撞?'他知道我这是在夸他。'放心吧,老板,在市内对我来说就是一路绿灯,路口的摄像机把我录下来也不怕,交警全好使!'看来这又是一位关系玩得很酷的司机了!"(《南方周末》1999年12月3日)

前边提及英语cool的义项⑤是"很棒的、极妙的"(美国俚语)。美国原版电影中,就常用"Cool!""That's cool!"表示赞美。因此,现在"酷"的另一引申义就是"太棒了,太好了"。"酷"与"好"成了同义词。不再是局限于"长相好"的可称"酷",事实上,"酷"已经渗透到社会生活的方方面面:口才好,酷;英语会话好,酷;电脑操作好,酷;老师上课上得好,酷;球员踢球踢得好,酷……逢"好"必"酷",有"好"皆"酷"。

"酷",虽说是一个新语素,却已经具有很强的构词能力。比如"酷男、酷女、酷哥、酷妹、酷发、酷妆、酷评"和"玩酷、扮酷、比酷",还有令许多人不以为然的"酷呆、酷毙"等。

1999年春,上海人民广播电台"世界音乐星空"节目组搞了一次取名为"无所不在的酷——时尚大比拼"的评选活动。后来由《申江服务导报》于1999年7月7日公布了"最酷二十项评选结果",例如,最酷的女歌手,王菲、李玟;最酷的甲A球星,谢晖、吴承瑛;最酷的广告,百事可乐、Adidas;最酷的建筑物,金茂大厦、上海大剧院;最酷的时尚报刊,《申江服务导报》《HOW》;最酷的卡通片,《灌篮高手》;最酷的流行语,"酷"……

"酷"的覆盖面之广、渗透力之强,由此可见一斑。

(《咬文嚼字》2000年第9期,与戴梦霞合写)

慎用"顶级"

世上许多事物都是可以分级的,划分级别(或等级)的标准有好多种,如阶段、质量、水平等。比如,中学有高级中学与初级中学之分,高中与初中还分别包括一、二、三年级。宾馆有星级与非星级之分,星级宾馆又区分为一星级、二星级……五星级。我国的技术职称,系列多多,粗分之,则有高级职称、中级职称和初级职称。职称中,用数字标明的级,是从大到小还是从小到大,目前并不统一,演员中,一级演员为最高,技工中,却是八级技工为最高。

一般而言,称"高级",即可概括地表示级别之高,等级之高。比方说,军队中的上将、中将、少将,均可称为高级军官;星级宾馆可统称为高级宾馆。但是出于某些原因,有时,仅一个"高级",还满足不了言语交际的多样需求。例如中小学教师中的高级职称,叫"高级教师"。由于全国教师众多,高级教师的绝对数也是很大的,于是其中一些出类拔萃者又被评为特级教师。这样,特级教师就成了"高中之高"了。又如,为了宣传"包装",扩大影响,增加号召力,有人把全国性的模特比赛称为"中国超级模特大赛"(见《上海时装报》1999年8月28日),有人把上海昆剧团演出的新版全本《牡丹亭》称为"超级大戏"(见《劳动报》1999年8月30日)。"超"有超出一般的意思,这样,"超级"又成了凌驾于高级之上的"级"了。

从高级到特级到超级,似乎还是不能满足某些特殊的表达要求。由于求新趋奇心理的驱动,有一个新词"顶级"忽然变成近两年媒体上的流行语,挺红火!请看:

(1) 世界顶级影视制作目睹记(《新民晚报》1999年9月8日标题)

——为什么称"顶级"?当时世界上能制造出超视觉特技效果的机器仅有两台,其中一台正在上海演示。它能够超越"一个"人的视野,比一般人的眼睛看到的更多。

（2）"顶级"舞步再现古典芭蕾神韵,世界明星芭蕾舞团在沪献演经典芭蕾。(《文汇报》1999年8月7日)

——为什么称"顶级"？该芭蕾舞团由荣获国际大赛四连冠的格鲁吉亚演员尼娜·安娜尼雅什维莉领衔主演,并且拥有来自俄罗斯、丹麦、法兰西等国的十几位世界级的芭蕾舞演员。

此外,还有"(田径)顶级高手""顶级名厨""顶级公司""顶级高科技设备"等。《新闻报·晨刊》1999年5月16日仅一个版面就出现了"顶级大师""顶级品牌""顶级时装"等字样。

目前,"顶级"这个时尚词也有被滥用的现象。我们认为,被冠以"顶级"的事物,应该名副其实,应该"当之无愧"。

第一,顾名思义,称"顶级"的,就是到顶了,没有更高的了。虽然不必要求"空前绝后",但至少在当前是最高级的,无出其右的。

第二,称得上"顶级"的总是少数(例(1)中那种影视制作机器全世界总共只有两台),不可能很多很多。《文汇报》1999年8月26日的一则报道中,提到一个"欧洲14家顶级球队联盟——'G-14集团'"。好家伙！顶级球队居然有14家之多,这些"顶级"是否货真价实,就令人生疑了。

第三,在文艺作品中,"顶级"用于夸张,又当别论。《新民周刊》1999年总第27期有一篇报告文学,其肩题是"世界顶级吹牛大王",正题是"13岁骗倒全纽约"。这一个"顶级",作为修辞手段来用,夸张之中见幽默,尚属得体。可是在一般应用性文字中,务必慎用"顶级"。听说,沪上郊县有一家个体理发店,不知天高地厚,竟然挂出"顶级发屋"的招牌,如此自吹自擂,同行与顾客自然要嗤之以鼻了。(参看《新民晚报》"市井故事"第240期)

像"高级——特级——超级——顶级"那样,逐步"升级"的词汇现象并非"只此一家"。再举一组："精品——名品——极品"。先看"精品"和"名品":《新民晚报》1999年9月2日报道,复旦大学新校长提出要办"精品大学",《文汇报》1999年9月2日的旅游专栏把钱江潮称为旅游"名品"。这两个用例都很自然。若要使用"极品"一词,就得慎之又慎了。例如:

（3）客齐后因势利导发动各路神仙自己找感觉,争取喝XO,实在不行就上极品茅台。(徐贵祥《预约晚餐》,《清明》1999年第2期)

茅台,居中国十大名酒之冠,称之为"极品",可算是差强人意。如果把其他品牌的酒叫做"极品",恐怕就不妥了。

上文提及,"顶级"是个新词,而"极品"倒是个旧词。从前,我们在相关的商店里,常常可以看到"极品绿茶""极品羊毫"(一种毛笔)"极品人参"一类广告语。现在公布了《广告法》,可不能再妄自尊大,随便称"第一",称"极品"了。

在上海这个大都市里,曾经有过一家"精品商厦",后来又开出一家"名品商厦",但至今尚未听说哪儿有一家"极品商厦"(谁敢呢!)。这一语言现象值得我们参照,值得我们思考。

(《语文学习》2000年第11期)

话说"含金量"

在市场经济条件下,许多事情都要讲究"效益",因此"含金量"一词自然而然地成了人气挺旺的时尚用词。比如:

(1) 这简直是一块拥有巨大含金量的宝地,只要在黄浦江上架起桥梁,浦东的土地会升值。(《联合时报》2000年4月14日)

(2) 各类网站从去年起如雨后春笋涌现出来,在中国经营网站,含金量有多高?(《中华读书报》2000年1月19日)

(3) 经营者应保证足球比赛的含金量,其比赛要具有精彩性、真实性、客观性。(《劳动报》1999年11月11日)

以上三例中的"含金量",大而化之地说,就是"价值"的意思。这"价值",有较具体的,也有较抽象的;有显性的、直接的,也有隐性的、潜在的。例(1)"含金量"指的是"土地会升值"的"值"。例(2)"含金量"暗指"赚钱"的可能性,其下文紧接着叙述某某某建了一个网站,"总共投资了2000多元,经营10个月,净赚15万"。例(3)"含金量"喻指足球比赛的价值,具体地说,便是比赛的"精彩性、真实性、客观性"。

"含金量"的"金"指黄金,那么,"含金量"何以会有"价值"的涵义呢?据我们查考,"含金量"原本有两个,乃是一对同音同形异义词。一个"含金量"是国际金融行业用语,指欧美有些国家依法规定的本位货币的"金平价",比如,1美元的平价等于0.73662克黄金,1英镑的平价等于2.13281克黄金。另一个"含金量"是黄金首饰行业用语,俗称黄金的"成色",指黄金成品(包括金条、金块、金币和其他黄金制品)中所包含的黄金的数量。按行业习惯,含金量以K计算,14K含14/24,18K含18/24,24K含24/24(即100%)。但是俗话说得好:人无完人,金无足赤。世界上百分之百的纯金是不存在的。一般所谓的 24K 金,实际上是九九金(99%),成色高的也不过是九九九九金(99.99%)。

明乎此,就不难理解"含金量"的引申义"价值"是怎么产生的了。

由于"含金量"在媒体上频繁使用,"含×量"也逐渐成为一种构词框架。比方说,血液中的"含铁量",豆制品中的"含水量",羽绒服中的"含绒量",牛奶中的"含乳量",鸡蛋中的"含腆量"等。

值得注意的是"含铁量、含水量、含绒量、含乳量、含腆量"中的"铁、水、绒、乳、腆"都是单音节的。如果是双音节的,可就不能进入这个框架,说成"含××量"。我们一般不说"含科技量",而要改说"科技含量"。"含××量"变为"××含量"。这是什么缘故呢?

说起来也并不复杂。打个比方吧,上海有一条马路,叫做"复兴路",路很长,分成东中西三段,按理说,应该分别称作"东复兴路、中复兴路、西复兴路"才是,可是路牌上分明写着"复兴东路、复兴中路、复兴西路",把一个"复兴路"分割成两半,中间插入"东、中、西"。什么道理?原来,双音节化是汉语使用者的强势取向。从音节分布来看,"中复兴路"是一三配置,"复兴中路"是二二配置。人们宁可选用二二配置的"复兴—中路",不愿选用一三配置的"中—复兴路"(尽管"中—复兴路"符合实际,但是念起来不如"复兴—中路"协调、顺口)。"含××量"变为"××含量",正是这个道理。

(《咬文嚼字》2000 年第 11 期)

"作……状"：新兴流行语

汉语词汇中有大量古今通用词，如"车、刀、采、夸、宽、苦"；也有大量只用于古代汉语的词，我们称之为文言词，如"体、辰、泄、蕴、英、恬"。单音节的文言词是很难在现代汉语里自由运用的，一般只能作为语素出现在双音词或成语中，如"体：体育，四体不勤"；"泄：宣泄，水泄不通"；"恬：恬静，恬不知耻"。

"作"和"状"也属于这种单音节文言词。现代汉语中，单音节动词"做"已经取代了"作"："做衣服、做生意、做文章、做针线、做生日"是不能写成"作衣服、作生意、作文章、作针线、作生日"的。"作"只能作为语素构成"做作、运作、作案、作恶多端、作威作福、装腔作势"等双音词和成语。"状"也是如此，不能自由运用，只能作为语素构成"奖状、罪状、状况、奇形怪状、惊恐万状、不可名状"等双音词和成语（还有一个常用的"见状"比较特殊，有点像两个单音词构成的短语，实际上也已凝结成一个双音词了）。

语言规则是使用语言的人必须遵守的，但使用过程中常常会冒出例外现象，"作……状"就是一个典型例子，一个值得关注、值得探究的特例。两个本来不能自由运用的单音节文言词，一经"联手"，构成"作……状"的格式，就成了近年来十分活跃的语用手段，成了新兴的流行语。请看：

（1）新凤霞赶紧穿上藏族大袍子，跑到台上，站在总理和班禅面前。总理作生气状："你这个珠玛！太不懂礼貌！快拜见班禅！"她按照藏族礼节对班禅深深行佛礼，班禅微笑着赞许地双手合抱胸前。（《文汇报》1999年4月12日）

（2）原来做综艺节目时，我是主动制造快乐的人——不是夸夸其谈，就是作自我陶醉状。（《申江服务导报》1999年4月7日）

"作……状"的意思是故意做出某种样子(态度、表情)。例(1)是说周恩来总理招待班禅额尔德尼观看评剧《金沙江畔》,演出后,周总理召见饰演藏族姑娘珠玛的新凤霞。总理并没有真的生气,"作生气状"是故意做出生气的样子,体现了总理的幽默以及对青年演员的关爱。例(2)是袁鸣谈当主持人的体会,有时为了"制造快乐",她故意做出"自我陶醉"的样子。

正因为含有"故意"的意思,所以"作……状"也可以写成"故作……状"。《消费报》1998年11月22日有"故作深沉状"的用例,《中国证券报》1999年4月1日有"故作摇头晃脑状"的用例。

倘若不含有"故意"的意思,就不能用"作",要改为"显出""呈现"等。比如:

(3) 婴儿们开头还哭闹,渐渐显出舒服状,特别是摸到背部时变得又乖又安静。(《新闻报·午刊》1999年3月25日)

(4) 李开玲情绪好的时候,她的眼睛是一池柔和的碧水,反之颜色就会变深甚至呈现冰凌状。(池莉《小姐,你早》,《收获》1998年第4期)

例(3)说的是"婴儿们",当然是不可能"故意"做出什么样子来的;例(4)说眼睛的颜色变深,"呈现冰凌状",好像也不会是"故意"的。

"作"既然是"故意做出"的意思,就可以用同义的"装出"来替换。因此,有时为了行文的错综变化,就让"作……状"和"装出……的样子"两种同义格式并用、同现。请看例(5):

(5) 那些乖巧的孩子,尽管平日里十分骄横,一旦来客人,也会作听话懂礼貌状。同样,聪明的女人在外人面前,也一定会装出一切大事都是丈夫做主的样子……(《文汇报》1999年2月28日)

能够嵌入"作……状"的词语主要是动词、形容词、名词三类。在笔者手头用来考察分析的50余个例句中,嵌入动词的占45%,像"作投弹状、作沉思状、作认真记录状";嵌入形容词的占30%,像"作幸福状、作谦虚状、作十分痛苦状";嵌入名词的占25%,像"作淑女状、作坏人状、作'男生''女生'状"。

嵌入"作……状"的词语,字数都不多,在笔者收集的语料中,大部分是二至四个字,最少的只有一个字("作狗状""故作酷状")。

"作……状"格式和嵌入的词语,合在一起便是一个短语。整个短语,在句法上是动词性的,在表意上是描写性的,这两方面都无须细说。下边着重考察一下"作……状"短语的修辞作用和语用特点。

"作……状"短语的修辞作用是幽默诙谐,饶有风趣。

有时用于自我揶揄。像上文第(2)例,袁鸣说的"作自我陶醉状",就带有自嘲的意味。

有时用于讽刺奚落。下边的第(6)例,连用四个"作……状"短语,极尽嘲笑挖苦之能事:

(6) 现如今,一个个在文坛,作学者状,作泰斗状,作指点迷津状,在镜头前作搔首弄姿状……(《文艺报》1999年4月27日)

有时用于生动形象的描绘。滑稽演员严顺开在点评1999年春节联欢晚会的小品节目时说:

(7) 第二个是赵丽蓉、巩汉林、金珠的《老将出马》。它描写一个地方为了发展旅游事业,把一个会一点武功的老太太当成明星竭力宣传。一会儿,舞台上出现一张巨幅照片,上面是赵丽蓉与泰森比拳;一会儿,照片又换一张,上面是巩汉林、金珠夫妇站在船头,作"杰克""露丝"状,赵丽蓉则在一旁高唱《泰坦尼克号》的主题歌。(《新民晚报》1999年2月15日)

《泰坦尼克号》是近年来卖座率特别高的电影大片,杰克与露丝是该片的男女主角,影响很大。凡是看过电影的人,在报上一读到"作'杰克''露丝'状"这六个字,电影中两人站在船头的那一幕顿时呈现在眼前,具体而形象。短短的六个字,比说上许多话还顶用!

"作……状"短语的语用特点可以说是出乎人们意料之外的。按照好几种《现代汉语》教科书的说法,文言词可以吸收,但一般具有庄重、严肃的色彩,主要适用于书面语而不宜用于口语,比如"黎明、拨冗、拂晓、觊觎、铭记、志哀"等。而"作……状"却是"个性"独特,具有幽默诙谐的色彩,不适用于比较庄重严肃的文体,倒是常常出现在小说、散文、通讯报道、文艺性杂文和小品文中,更令人叫绝的是如今竟然已经渐渐进入大中学生和白领青年的口语中。这是怎么一回事呢?

现代语言学告诉我们,对于语言规则,不仅要描写"然",而且要解释"所以然"。"作……状"尽管是一个特例,但是它为什么如此独特,总有其道理吧。试作如下解释:

第一,"作……状"并非现今的创新,在古代的笔记小说、寓言小品中并不罕见。比如清代沈起凤《谐铎》的《缚虎和缚猫》一文中有这样的句子:"焦(焦奇)愈怒,张臂作搏缚状。"可见现代汉语"拿来"使用,实属老树开新花。怪不得一般知识分子乐意接纳它,使用它。

第二,"作……状"的意思是"故意做出某种样子",因此它不可能有庄重严肃的色彩,反倒有轻松活泼的意味。

第三,"作……状"短语精悍短小,大多只有四到六个字,容易上口,也容易听懂,因此不仅多用于文艺作品或通俗作品中,而且时常出现在知识分子的口语中。

(《语文学习》2000 年第 12 期)

例释"另类"

今日媒体上,有一个新词频频亮相,那就是"另类":另类音乐、另类电影、另类文字、另类读物、另类思维、另类服饰、另类形象、另类人士、另类女子……中国社会科学出版社还出版了一套"另类丛书";《新民晚报》在1998年11月19日预告:"明年元月正式亮相的《新民周刊》将辟有名曰'另类生意'的栏目。"人们不禁要问:这"另类"是什么意思?这"另类生意"又是什么"生意"?

让我们先用实例来形象地展示"另类"。

《新闻报·晨刊》1999年5月16日如此描写街头一批"个性人物"的打扮:"头发根根直立,如同刚刚被电击过;夸张的黑嘴唇,闪亮的眼影制造出金属一般的上眼皮;上装如同超短裙,短袖穿在长袖外,高高挽起的裤脚管下是一双厚底靴,名曰'恨天高';斜背一只背带又宽又长的大'面袋包',悠然垂于臀部以下。"而且"这些人最担心的是自己反复创意出的打扮,在人潮中被'克隆'"。记者把这些人的打扮称为"另类"打扮。

《文汇报》1999年5月10日有一篇评论文章将如下的小说归入"另类":"(小说中)多有'性感''酷''内裤''吸毒'等字眼,同时加上些英译单词、外国摇滚歌曲名,再掺进普鲁斯特,构成一个新、奇、怪的杂烩。通篇呓语般的笔调,仿佛是要将人拽进一个迷幻的状态。作者显然有意笔走偏锋,但太多的是展示和发泄(或唬人),不见有自省和思考,实际是在渲染和美化一种'非常'的人生。"

《上海时装报》1999年4月17日是从几个方面介绍令"王菲迷"们倾慕的歌星王菲的"另类"形象的:"那抹古怪的红色爬过鼻梁,直伸到两边脸颊的极酷的'晒伤妆'";"时长时短、色彩变化的另类发型";"时而纯黑眼盖,时而银色泪痕的另类妆容";"Jean Colonna 的独特演出服";还有"极酷的表情"。

《上海文化报》1999年1月8日刊出了一组"另类文化新闻"。总标题是"世纪末掠影",小标题有"书城让人省钱""广州小剧场更先锋""网络威胁唱片公司""中国电影找不到北"……

从以上这些具体的实例中,我们对"另类"是怎么一回事,已经有了初步的感性认识。"另类"的确切含义是"非传统的,反主流文化的",这是一个新词,译自英语的"alternative"。(请参看何伟渔、高丕永《关于时尚词语"另类"》一文,载《语文建设》1999年第1期。)alternative 的本义是"另一种(供选择的)的",我们汉语习惯上用短语"另一类"或"另一种"来表示,不必再造新词"另类"。现在同"另类"这个词相对应的乃是 alternative 的引申义,即"非传统的,反主流文化的"。上文引用的"另类打扮""另类小说""另类形象""另类文化新闻"大体上都可以用"非传统的,反主流文化的"这个义项来诠释。

因为是个新词,有些人尚未准确掌握"另类"的含义,所以误用"另类"的现象也时有出现。比如《上海经济报》1999年6月2日的一篇文章写道:"去年5月,市房改部门允许将列入'另类'的不可售公有住房归入'正册',上市出售交换。"句中的"不可售公有住房"似乎跟"非传统的,反主流文化的"的意思毫不相干,不宜称作"另类"。恐怕还是借用毛泽东同志在《湖南农民运动考察报告》中用过的"另册"为好。让"另册"与"正册"对举,名正而言顺。

(《咬文嚼字》1999年第10期)

"减肥"和"瘦身"

爱美是女人的天性。随着生活水平的提高,现代时髦女性十分关注四件事:祛痘(青春痘)、增高、健胸、减肥。怪不得许多报纸杂志大做特做这一类广告。四者之中,尤其是减肥,不仅女青年关心,连中老年妇女也重视,因而"减肥"自然而然地成了一个时尚用词。近年来,又悄悄地流行一个新词:"瘦身"。如今,"瘦身"使用频率越来越高,甚至有逐渐取代(或部分取代)"减肥"的趋势。

"减肥"和"瘦身"都是新词。语文出版社1993年出版的《新词新语词典》只收"减肥",没收"瘦身",可见在现代汉语里,"瘦身"比"减肥"更新。据我们调查,在上海,"瘦身"最早出现于1996年,那一年,淮海路上开出一家"香山瘦身店"。到1999年6月,香山瘦身公司已经拥有16家连锁店(连宁波也有连锁店)。另外,《申江服务导报》1999年6月2日在同一个版面上竟刊登了8家"瘦身"广告,其数量居各类广告之首。由此可见,"瘦身"一事已被人们接受,"瘦身"一词也已广为流行。

"减肥"与"瘦身"译自英语的 slim(动词,英语原义:运用节食、运动等方法使身体苗条;减轻体重)。《新词新语词典》中,"减肥"的第一个义项就是:用节食、锻炼和医药等方法……使胖人变瘦。如:"减肥体操,减肥茶。""减肥"这个词起初使用于香港。香港人说的是粤语(广州话),粤语称男胖子为"肥佬",女胖子为"肥婆",年轻的也可称"肥仔""肥妹"。既然说粤语的人不忌讳"肥"字,就把"使胖子变瘦"叫做"减肥"。但是普通话(以及汉语多数方言)一般是不把"肥"用于人的。《现代汉语词典》1978年第1版和1983年第2版都这样解释"肥":"含脂肪多(跟'瘦'相对,但通常不用来形容人):肥猪|肥肉|马不得夜草不肥。"直到1996年修订第3版才加了一句话:"除

'肥胖、减肥'外,一般不用于人。"看来,正是因为"减肥"一词已通行于全国的缘故才有意加上这么一句的。同时,第3版还相应地收了新词条"减肥"(第1版、第2版都没有)。这说明"减肥"业已成了普通话词汇中的一名正式成员了。

"瘦身"原是日语汉字词。后来,先在台湾亮相,接着,传到香港,然后波及大陆。

为什么已经有了"减肥"这个词,还要再"引进"一个新词"瘦身"呢?

瘦身,不仅仅指的是让肥胖者减去身上多余的脂肪,即便是身材和体重正常的人,也要借助各种手段保持体形匀称,力求更苗条、更结实、更健美。换句话说,减肥只是"少数人"关心的事情,而瘦身则应该是"大家"关心的事情。上海曾有一家部队医院开设过"减肥专科门诊",而经营"瘦身"的却都是非医疗机构。"瘦身",反映了现代社会人们追求更高生活质量的要求和趋势。

尽管"瘦身"和"减肥"的理性意义十分接近,但是两个词的附加色彩有明显的差异。"瘦身"比"减肥"高雅,"减肥"比"瘦身"俚俗。许多人(特别是女性)往往讳言"减肥",而乐于接受"瘦身"。这大概是心理因素在影响词语的选用吧。当然还有更高雅一点的词:"塑身"。据了解,台湾已经开出几家"塑身"公司了,上海的《申江服务导报》1999年6月2日也刊登了"美体塑身"的广告。"塑身"者,塑造身材也,不是比"瘦身"更雅更有品位吗?

有人说,"减肥"可看作医学用语,"瘦身"可看作美学用语。不过,依笔者之见,至少到目前为止,还不能这么说。在我们收集的语言材料中,"减肥"与"瘦身"常常是被相提并论的。例如:

(1) 近来,以习拳健腿、减肥瘦身为目的的跆拳道、女子拳击成为北京女孩的新时尚。(《人民日报》海外版1999年1月29日)

(2) 入浴除了出汗达到瘦身减肥之外,也能够达到精神安定的效果,让你放松心情消除紧张。(香港《女性杂志》1997年7月号)

事实上,不少文章中"减肥"与"瘦身"两个词随意混用的现象也并不罕见。例如:

（3）近来，在美国上市的一种高新科技减肥保健品——"肥克"引入了一个现代化减肥的新理念——以补瘦身，即以补充脑中枢的营养，恢复中枢神经化学递质的平衡而达到减肥的效果。（《市场报》1999年4月17日）

（4）尽管瘦身的方法每年都要花样翻新，但是专家告诫，合理的饮食与健康的生活习惯才是保持身材匀称苗条的根本途径，这一点已被无数减肥成功者所认可。（《文汇报》1998年9月5日）

似这种"你中有我，我中有你"的混用，应是新词推广、流行过程中不可避免的，属于正常现象。随着时间的推移，使用的频繁，将会逐渐形成规范。

经比较，"瘦身"似乎有后来居上的迹象。以"瘦身"为核心的新词语涌现出一大批来，营造了一个词语群。与"瘦身"相关的时髦说法越来越多，诸如瘦身概念、瘦身主义、瘦身运动、瘦身体操、瘦身中心、瘦身服务、瘦身理疗、瘦身偏方、瘦身秘诀、瘦身程式等。时髦的"瘦身产品"有瘦身卡、瘦身仪、瘦身脂肪运动机（即瘦身宝）、瘦身含片、瘦身沙拉酱、七日瘦身汤，日本还有瘦身衬衫、瘦身裤、瘦身腰带、瘦身鞋等。真是琳琅满目，不胜枚举。

（《咬文嚼字》1999年第11期，与高丕永合写）

"多多"的新老用法

"多"是个常用的形容词("多"也可作副词,本文不讨论),出现频率高,用法多。比如:猪多肥多粮多(作谓语),多角度多层面(作定语),多做实事少说空话(作状语),做得多说得少(作补语)。

"多多"是由"多"重叠而成的,却主要只有一种用法,作状语,而且常常是比较固定的组合关系。用得最多的是"多多指教、多多帮助、多多包涵",如今跟日本朋友交往频繁了,又"引进"一个"多多关照"(日本人喜欢说"初次见面,请多关照")。尽管还有一些变化形式,像"多多指点、多多教诲""多多协助、多多支持""多多原谅、多多宽恕""多多关心、多多照应"等,但是经常使用的仍是"多多指教、多多帮助、多多包涵、多多关照"这几个。我们还发现以上列举的变化形式几乎都跟这几个有同义(近义)关系。什么"缘故"呢?原来"多多"作状语,有若干使用条件:

第一,前边常常要加个"请"(或"希、望、希望、恳请、敬请"或"要"):请多多指教、希多多帮助、望多多包涵、要多多关照。

第二,后边的动词大都带有"给予"义(或"付出"义),"指教、帮助、关照"无一例外,"包涵"也有"给予理解和通融"的意思。

第三,主要用于祈使句。

前两个条件也可以说是由第三个条件派生出来的。当然,语言这东西是开放的,不是封闭的。只要符合这些使用条件,别的组合也能成立,像"请多多赐稿、请多多赞助、请多多出力"等。此外,也有用于非祈使句的,例如"我要多多努力""我要多多锻炼""我要多多练习"。不过,受"多多"修饰的只限于少数动词。

《汉语形容词用法辞典》(商务印书馆)说"多多"也可以作补语,例证是

"柴禾砍得多多的,作业留得多多的"。严格地说,这两个用例只能说明"多多的"充当补语,删掉"的"就站不住。

还有一个成语"多多益善",情况比较特殊。"多多益善"不是"状语+中心语"的组合,而是一种紧缩的复合结构。它表达的是"若多多则益善"的意思(《史记·淮阴侯列传》的原话是"臣多多而益善耳"),即越多越好。"多多"的这一用法,在现代汉语中不可能推而广之。

近年来,出现一种新兴用法,"多多"充当起谓语来了。先看两例:

(1) 奖学金多多　选你没商量　高校奖学金成为新生择校砝码(《文汇报》1997年8月19日新闻标题)

(2) 我们还应当看到这样一个事实……虽则成绩多多,但好多音乐工作室的所谓"成绩"无非就是上榜如何如何,得这个奖获那个奖……(《音像世界》1997年8月号)

充当谓语的"多多"与"很多"基本意义相同,但有细微差别:表达上"很多"偏于直陈,"多多"偏于描绘,试比较"好处很多"和"好处多多",感情色彩上"很多"属于中性,"多多"略带褒义,可以说"缺点很多",不说"缺点多多";语用上"很多"不受文体语体限制,"多多"则常用于散文、杂文、新闻报道,一般不用于庄重的文体,也不用于日常的谈话。

正因为有以上这么些差别,"多多"作谓语的新兴用法如同星星之火,大有"燎原"之势。它并不是取"很多"而代之,却自有其用武之地。去年夏天有一种饮料的电视广告语,竟一连用了三个"多多":"……奖品多多,……组合多多,机会多多。"

附言:不久前,在《文汇报》(1997年8月15日)发现一个"多多"充当定语的用例:"举办双休日寿险知识免费咨询活动,解答您购买保险时的各种疑问,届时并将有多多礼品送出……"手头只有这个"孤例",不足以说明什么。不过,一般规律是,能作定语的形容词不一定能作谓语,而能作谓语的形容词却大多也能作定语。如此看来,用作定语的"多多"说不定也会日渐站住脚的。

(《咬文嚼字》1998年第1期)

追踪"多多"

犹如医院里有随访制度,报纸上有跟踪新闻,我们对于一些时尚词语,也应该有追踪调查。

我喜欢使用"时尚词语"这个名称,所指的是一段时间(可能是几个月,可能是几年)内频频在新闻媒体上亮相的流行词语。比如"承诺、炒作、呵护、演绎、亮丽、窗口、一道风景线、××一族、××工程、很××(名词)"等便是当今的时尚词语。它们是合乎新潮的词语,但不一定是新词语,多数是"老翻新",所以称之为新词语或者老词语,都不妥当。这种时尚词语,由于来势汹涌,一个时期里使用得极其频繁(使用的人数多、次数多),因此词义的演变和用法的发展也异常迅捷。作为语言文字工作者,有必要有责任对这些词语进行跟踪研究。

"多多"是时尚词语中的一个。今年第 1 期的《咬文嚼字》发表了拙作《"多多"的新老用法》(以下简称《多》文),那是去年观察、调查、分析的成果。没想到未满一年时间,"多多"好像"黄毛姑娘十八变",又有了新发展。

《多》文说:"多多"的新兴用法是充当谓语。在感情色彩上,"很多"属于中性,"多多"略带褒义,因而可以说"缺点很多",不说"缺点多多"。

1998 年的语言实践中,作谓语的"多多"有了很大的突破,它已经不受"感情色彩"的限制。据笔者掌握的语料,用于中性的和用于褒义的,共 43 例,如"窍门多多,宝藏多多,受益多多,实惠多多,乐趣多多,利好(股市用语)多多"等。而用于贬义的,竟然也有 34 例之多,其中,"问题多多"11 例,"麻烦多多"2 例,"陷阱多多"2 例,此外还有"骗局多多,为害多多,水货多多,隐性杀手多多"等。较为突出的如《消费报》1998 年 7 月 15 日同一天报纸中,三处共使用了三个"多多",全跟含贬义的词搭配在一起——问题多多,投诉多多,纠纷多多。特别有意思的是,《多》文曾指出,不能说"缺点多多",可现在已经发现"缺点多多"的实例:"能干的二嫂缺点多多"(《新民晚报》1998年4月14日的文章标题)。这一例,我们今天读起来,似乎还挺顺口的。时尚词语的演变速度和时尚词语的独特"魅力",由此可见一斑。

《多》文所举的全部例句中,充当谓语的"多多",都是跟主语直接连在一起的,中间没有任何修饰语。如"奖学金｜多多,成绩｜多多,奖品｜多多,机会｜多多"。

1998年又冒出新的形式:带修饰语的"多多"作谓语。《新闻报》1998年4月11日"新潮名流"专栏有一篇文章,其引题是"上海,前几年色彩完全是女人的专利,不过现在情形却不一样了";正题则是"彩色男装今多多"。"彩色男装"和"多多"之间多了一个修饰语"今"。

"多多"的新兴用法频频见报,反过来又"刺激"了老用法的变化。《多》文说过,"多多"原先只有一种用法,即作状语,主要用于祈使句,它所修饰的动词很有限,大都带有"给予"义(或"付出"义)。

1998年的语言事实是,作状语的"多多"不用于祈使句的有所增加,它所修饰的动词,范围也有扩展。例如:"多中有缺,顾客不便,超市商品不妨多多'拾遗补缺'。"(《消费报》1998年6月14日)这是个陈述句,"多多"修饰的动词性成语不见得具有"给予"义。

《多》文的主要观点是:"多多"的老用法是作状语,新用法是作谓语;否定了"多多"可以作补语的说法,没有正面提及"多多"能否作宾语的问题。

1998年,"多多"又有新的动向。请看:

(1) 诸如此类,尚可列举多多。(《文汇报》1998年5月20日)

(2) 有不少小店小铺……稳坐钓鱼台不挂"跳楼价"花招,老百姓本来已对它们亲近多多……(《新闻报》1998年1月1日)

例(1),参照上下文来看,"尚可列举多多"意思是"尚可列举出许多许多事例来"。既然前边有"尚可","列举"就不可能充当主语,"列举多多"也不可能是主谓关系。那么联系全句的意思来辨识"多多"岂不成了动词"列举"的宾语了吗?

例(2),既然前边有了介词结构"对它们","亲近"就不可能充当主语,"亲近多多"同样不是主谓关系。另外,从语义上看,句中有资格作"亲近"宾语的应该是"它们",而"它们"已经出现在介词结构中。因此,不能像例(1)那样将"多多"分析为宾语,唯一可行的解释是"多多"充当"亲近"的补语。

例(1)、例(2)的事实提醒我们,"多多"已经开始(或曰"试图")进入宾语、补语这两个句法位置。这不能不说是"多多"在今年拓展的新领域。

《多》文的"附言",还举了一个"多多"充当定语的孤例("有多多礼品送出"),并且进一步依照一般规律来推测——用作定语的"多多"说不定也会日渐站住脚的。可是我在今年搜集到的语料中,尚未发现第二例。

往后,我将继续追踪"多多"。倘有所获,来日再向读者诸君汇报、请教。

(《咬文嚼字》1998 年第 11 期)

从"多多"到"少少"

《咬文嚼字》1998年第1期刊登了拙作《"多多"的新老用法》。"多多"的老用法是作状语("多多包涵"),新兴用法是作谓语("成绩多多")。文章着重分析了充当谓语的"多多"与近义词语"很多"在表达效果、感情色彩和语用条件等方面均有差异,进而推断"多多"作谓语的现象方兴未艾。

1998年第11期又发表了拙作《追踪"多多"》。经过跟踪调查,发现"多多"不但使用得更加频繁,而且在感情色彩上、句法功能上、词语搭配上都有所突破。主要包含三点:使用"多多"不再受褒义、贬义的限制;除了充当状语、谓语,"多多"偶尔也用作宾语、补语;作谓语的"多多"同相关主语的搭配更自由更广泛了。

今天继续向读者汇报追踪"多多"的收获。这一年中,"多多"作谓语的出现频率越来越高,人们使用起来已经十分自如、十分顺"手"了。因此"多多"在句子中的位置也不像前两年那么呆板了,不一定非要组成四个字的"××多多"(如"趣味多多、手法多多"之类)不可。仅举一例,可见一斑。有一篇文章议论"副职领导干部多,这是我国干部制度一大顽症"。该文有如下的句子:

(1)"副官"多多,弊端亦随之多多。(《中国改革报》1998年10月6日)

这种句式,在"多多"流行的初期是见不到的。当初,往往采用"'副官'多多,则弊端多多"的句式来表述。

这儿暂且按下"多多"不表。在继续追踪"多多"的过程中又有两个新的发现。第一个发现是形容词"少"也能重叠成"少少",并且充当谓语。我们知道,形容词"多"的反义词是"少"。"多"原来就可以重叠,如"多多关照"

"花样多多";而"少"是没有类似用法的。我们以前从不说"少少关照""花样少少"一类的话。但是,随着"多多"变成了时尚用语,广为流行,"少"也沾了光,在媒体上,"少少"也"蠢蠢欲动"了。请看:

(2) 叫好不叫座,亏本成定局,《一个都不能少》收益少少。(《新民晚报》1999年5月7日)

(3) (越南河内)道路窄窄的,高楼少少,不过也有繁荣热闹的地方和景色宜人的所在。(《文汇报》1999年5月21日)

例(2)、例(3)两个"少少"都作谓语,我们读起来只觉得挺新鲜,并不感到很突兀。什么缘故呢?这是因为近几年来,我们对于"多多"作谓语已经从陌生到熟悉,从不甚习惯到相当习惯了。既然可以接纳"收益多多""高楼多多"这样的说法,凭什么就容不得"收益少少,高楼少少"呢?这是"对应式造新词"的词汇动态机制在起调节作用。(请参看拙作《道是无理却有理——兼谈对应式造新词》,载《咬文嚼字》1998年第1期)

第二个发现是单音形容词重叠起来充当谓语的现象似乎不再局限于"多多"和"少少",已有"传染"开去的可能。单音形容词重叠式充当谓语在古代汉语中不乏其例。比如:

苍—苍苍—松柏苍苍

惶—惶惶—人心惶惶

茫—茫茫—前途茫茫

绵—绵绵—情意绵绵

深—深深—庭院深深

然而在现代汉语中,除了"庭院深深"可以说成"庭院很深"之外,"苍苍""惶惶""茫茫""绵绵"都不能说成"很苍""很惶""很茫""很绵"。由此可见,现代汉语中的"苍苍""惶惶""茫茫""绵绵"已经转变成双音形容词,而不再是单音形容词的重叠式了。换句话说,"庭院深深"属于个别例外(事实上,"庭院深深"最早也是用于古代汉语的,宋代欧阳修词《蝶恋花》第一句便是"庭院深深深几许"),一般的单音形容词是不能重叠起来充当谓语的。

如今,"多多"带了头,"少少"紧跟上,别的单音形容词也都"群起效尤"。

试举数例：

（4）人气旺旺，新高迭创，上海股市上午攻下1630点高地。(《新民晚报》1999年6月24日)

（5）她(秦怡)从小生长在由伯父当家的封建破落大家庭。家里规矩重重，再热的天女孩不穿袜子都不许进大厅。(《上海文化报》1999年7月号)

（6）香味飘飘，精神爽爽。(《新闻报·午刊》1999年6月22日)

先检验一下"旺、重、爽"三个词的"身份"。我们可以说"人气旺、人气很旺"，"规矩重、规矩很重"，"精神爽、精神很爽"，从而证明例(4)的"旺旺"、例(5)的"重重"、例(6)的"爽爽"的的确确属于单音形容词重叠起来作谓语的现象。看来这是现代汉语词汇演变、语法演变的一个新动向，我们将密切关注这种"具体而微"的现象。

(《咬文嚼字》1999年第11期)

多姿多彩的"吧"

我出生在 30 年代的旧上海。大约七八岁时,就听说过"酒吧"这个词(或者叫"酒吧间")。那时,偶尔跟随大人去看外国电影,看到过四五个外国人坐在高高的凳子上,围着长长的柜台喝酒,兄姐们告诉我,这叫"酒吧"。直到 1980 年代,我对"酒吧"的认识仅此而已,唯一不同的是在现实环境里(不只是在影片里)也见过"酒吧"。

星移物换。值此世纪之交,居然有人发现:"上海真是一个'吧'比米店还要多的城市"(参见《HOW》双月刊 1999 年第 3 期《概念吧里的都市情景剧》一文)。该文介绍了上海五种"主题吧",即玩具吧、布艺吧、香水吧、玻璃吧和玩石吧。其实,何止五种,在我的笔记本里,就已经记录了五六十种"~吧"。

语言的词汇是社会动态变化的镜子。社会生活中有什么,镜子里就会照出什么来。长时期来,社会上只有一种"吧",词汇中也只需要"酒吧"这一个词就够用了;现在,社会上出现了多姿多彩的"吧",词汇中自然要有"~吧"的系列词去反映、去表现了。

"酒吧"译自英语的 bar,是个半意译半音译词。"酒"表意,"吧"表音。bar 的本义是木条、木板。早先在欧洲乡村里,几个酒桶,一块木板,就可以让顾客买酒、喝酒了。后来,木板变成了长长窄窄的柜台(吧台),旁边再排上几只高高的凳子(吧凳),这便是现代的"酒吧"。

"吧"的基本功能是卖酒、售水。卖酒的叫酒吧,售水的叫水吧。今天上海的"吧"越来越细化,酒吧分出啤酒吧、洋酒吧(好像尚未听说有叫白酒吧、黄酒吧的)。水吧除了喝饮料的,还有咖吧(又称咖啡吧),茶吧(具有中国特色的品香茗),鲜果吧(并非吃水果,而是喝那种当场用新鲜水果榨出来的果汁)。后来延伸演化出来的"~吧"一族,都离不开这些基本功能:喝酒、喝茶、喝咖啡、喝饮料。如果什么也不喝,就不能称为"吧"。比如"书吧",在那儿可以边喝边读书(或买书);比如"网吧",则边喝边上网。

渐渐地,泡吧成了现代都市人工作之余休闲的常用方式。人们去泡吧,自然要"喝",但又不满足于"喝",于是各具个性的特色吧就应运而生了。

特色之一是练习技艺,重在参与。这就有了陶吧,瓷吧,玻璃吧(制作花瓶或别的器皿),纸艺吧(折纸、制贺卡等),布吧(纺线、织布、蜡染),影吧(自助摄影),泥人吧(捏泥人),首饰吧(自选珍珠、宝石等材料,自己动手串连),甚至还有水车吧(踩水车,体验旧时乡村农技)。

特色之二是二三知己,自娱自乐。这就有了钢琴吧,乒乓吧,健身吧,击剑吧,猎人吧(模拟打猎),电脑吧(玩电脑游戏),有的迪斯科舞厅改作迪吧。新近出现一种彩妆吧,吧友们可以自由选择试用形形色色的高档品牌化妆品。

特色之三是欣赏艺术,贴近自然。这就有了名画吧,漫画吧,奇石吧,歌剧吧。上海书城开出了阳光吧。新落成的上海国际会议中心,两边各有一座球体建筑,"小球体内星月吧是人们品茗赏景的好地方"。(见《新闻报·晨刊》1999年8月8日)闹市区有街吧,夏天盛行露吧(露天吧)。繁华的上海南京西路,经政府特批,开辟了一个相对集中的露吧角,大红灯笼高高挂,煞是好看。

特色之四是喜新恋旧,"情有独钟"。这就有了新潮吧,怀旧吧,海上寻梦吧。喜欢热闹的可以去球迷吧(大侃足球经),去股吧(原称股民沙龙),去楼吧(了解、交流楼市的动态与趋势);厌烦喧嚣的可以去静吧(没有音乐、没有嘈杂之声,连服务员也是轻手轻脚的),去自助吧。

特色之五是品尝食品,雅致小酌。这就有了巧克力吧(现做现卖猫、狗等动物或圣诞老人形状的巧克力),冰淇淋吧,西菜吧。有一些公务繁忙、身心疲惫的都市人不大在乎吃什么,却曾一度热衷于氧吧(享受活性负离子空气)。

"吧"行业不断追求特色的同步现象,使汉语中"~吧"系列词大量涌现,层出不穷。

各地还有各地的特色吧:北京出现诗歌(朗诵)酒吧和戏剧吧。有人提议搞"小剧场吧"演"吧戏"(见《新民晚报》1998年12月10日)。河南已经有了赛棋酒吧。"沈阳今夏'粥吧'红火"(见《文汇报》1999年8月11日)。据《新闻报·晨刊》1999年3月7日《千奇百怪的"吧"》一文报道,英国近年来推出一种洗衣酒吧,座位旁多了一台洗衣机,顾客一边品味美酒佳肴,一边欣赏音乐或观看录像,不一会儿洗净烘干叠齐的衣服就放在了顾客面前。

总之一句话,语言不仅是镜子,简直是个万花筒。现实生活的丰富多彩,导致了词汇天地的五色斑斓,"吧"系列词就是一组典型例子。

原先"吧"只是一个不自由的定位语素,如今已经演变成一个构词能力特强的自由语素、不定位语素。除了上文列举的"~吧"的系列词,尚有多种构词形式,例如:吧台、吧凳、吧客、吧友、泡吧、泡吧族、露吧角、文化酒吧、酒吧文化等。1999年7月22日的《劳动报》上亮出一个"吧中吧",挺新鲜,说的是有一家"总吧",在全国各地开设了16家"分吧";另外又指同一个楼里的多样吧,底层是陶吧,二楼为玻璃吧、首饰吧,三楼设击剑吧等。还有,《劳动报》今年开出一个新栏目,取名"时尚吧座",是欢迎读者参与笔谈的专栏。每期有主持人,有中心话题,比如6月24日该栏的话题是"年轻人:你为何喜欢泡吧?"

这也吧,那也吧,吧氏王国兴旺发达,气象万千!

(《咬文嚼字》1999年第11期)

正常的"非常"

近几年来,"非常"一词,非常流行。有一部电影叫《非常爱情》,有一出话剧叫《非常球事》,有一家报纸的专栏叫"非常男人·非常女人",还有一种饮料,大概是为了跟可口可乐、百事可乐抗衡吧,取名"非常可乐",等等。我们先后读到两篇批评"非常××"的文章(其中一篇还被多次转载)。批评什么呢?归纳起来主要有两点:一是在语法上讲不通,因为"非常"是一个副词。于是挖苦使用"非常××"的人是"一面庆幸赶上了流行的快车,一面享受超越语法束缚的快感"。二是"非常"这个词,毫无"认知特征",只有空洞的外延、空洞的内涵,因此"非常××"的"泛滥",其代价是让人们"忍受苍白和贫乏",并且"不知所云"。

"非常××"的问题果真那么严重吗?恐怕未必。以上两点,只要翻开《现代汉语词典》,就可以找到现成的答案。第一,"非常"的确是一个副词(程度副词),它表示的程度大致相当于"十分"或"极",如"非常新鲜""非常相信他";但是"非常"又是一个形容词,可以修饰名词,因此,词典的用例"非常时期"也好,电影的片名"非常爱情"也好,在语法上都是合格的,并没有"超越语法束缚"。第二,"非常"绝对不是一个外延"空洞"、内涵"空洞"的词,当它用作形容词的时候,词典上明确地解释为"异乎寻常的;特殊的"。这不是很有"认知特征"吗?

"非常"作形容词修饰名词,这种用法并不限于现代汉语,实际上古已有之。《辞海》为我们提供了一个非常理想的书证(既有实例,又有诠释,可谓一石二鸟):"盖世必有非常之人,然后有非常之事;有非常之事,然后有非常之功。非常者,固常之所异也。"(《史记·司马相如列传》)

大凡一个固有的词语,一旦在某一时期被广泛使用,成为时尚词语,那么它的基本含义,或附加色彩,或语用特点,往往会有所调整和变动。今日流行的"非常",已经不是司马迁所用的"非常"的简单重复,甚至也不是《现代汉语词典》所收的"非常"的简单重复。

原先的形容词"非常",其基本含义,从字面上就可以捉摸出来,即不同于平常,不同于往常,不同于正常,也就是特殊;感情色彩上,不含褒贬,是个中性词;语用上,一般只跟"时期、时刻、事件、会议"等少数词组合,使用频率不高,所以算不得常用词。比如,1917年段祺瑞解散了国会,孙中山在广州召开国会非常会议,组织护法军政府,抗击北洋军阀。1921年,孙中山在广东就任非常大总统。这里的"非常会议"是在国会被解散的非正常的条件下召开的,这里的"非常大总统"是在革命的非常时期,未经过国会正式选举的情况下就任的。

今日流行的"非常",虽则仍然保留了原来的词义(即异乎寻常的,特殊的),但是又增添了新的色彩,褒扬的色彩。换句话说,使用"非常"的人,对于"非常"所代表的事物隐含了肯定、赞扬的意向。

据我们所知,这样的"非常"先在港台地区流行。例如香港凤凰卫视中文台有两档收视率很高的节目,一档叫"非常男女",一档叫"非常档案"。"非常男女"节目由台湾"搞笑"高手胡瓜主持,十多位完全陌生的男女青年,在众目睽睽之下,当场自报家门,然后互相问答,互相评头品足,直到互相表达爱意,最后常常能够"配"成若干恋爱对子。现在许多省市的电视台也相继推出了类似的节目。"非常档案"节目是将历史上的,特别是本世纪的重大事件,通过图"文"并茂的形式,有因有果地有头有尾地介绍给观众,具有很强的文献性、知识性和观赏性。这两档节目之所以冠以"非常"二字,不仅仅是因为异乎寻常或特殊,还表示这些异乎寻常的冲破世俗、争取幸福的"男女"是勇敢的、可爱的,还表示这些特殊的,包括一部分过去因保密而不为人知的"档案"是十分宝贵的、应当珍惜的。可见这两个"非常"都含有褒义。

新含义新色彩新用法的"非常",在内地同样颇受欢迎。上海人民广播电台音乐频率的周日特别节目,取名"非常音乐节拍"。《申江服务导报》开辟了一个新栏目,叫做"非常导读"。TCL公司要为中国老百姓提供一种"买得起、用得好"的"非常电脑",还相应地提出了"非常服务"的服务新理念。(参见《文汇报》1999年7月18日)

看来,"非常"的演变,"非常"的流行,符合社会交际的需要,是完全"正常"的。

(《咬文嚼字》1999年第12期)

试说"按揭"

我是搞语言文字工作的,又是教师,因此常有学生、同事、朋友跟我一起讨论某些词语的意义或用法。大概两年前吧,有一个词把我难住了,那就是"按揭"。在我的大脑"仓库"里,没有储存过"按揭";去请教"老先生"——词典,也一无所获。于是,我着手调查:第一,"按揭"这个新名词是什么意思?第二,"按揭"为什么叫"按揭"?("按"和"揭"怎么会组成一个词的?)

"按揭",是房地产业务中的专门术语。最初,不仅局外人不知道"按揭"是怎么一回事,甚至有些专搞房地产的工作人员也不甚了了,至少是讲不清楚。后来我们才渐渐了解到,按揭是我国住房制度改革中的重要举措之一。住房要从住"福利房"逐步向买房过渡,在现阶段,对多数人来说,谈何容易!为了提高工薪阶层消费者的住房购买能力,银行和房地产业推出一项新业务——按揭。

笼统地说,按揭是抵押贷款的意思。具体地说,所谓按揭,就是以不动产(例如房屋)作为抵押,从而取得银行贷款。在抵押的期限内,抵押人让渡(transfer,亦可译作"转移")的是抵押物的产权,但可以不涉及它的占有和使用权。当抵押期满而抵押人无力还清贷款的本金和利息时,作为抵押物的房屋的所有权就自然全部归于受押人,抵押人的占有和使用权也就此失去。

那么,为什么要取名"按揭",不叫别的名称呢?《房地产报》的记者曾经向上海房地局房改处咨询过,一位俞副处长这么答复:"说得通俗些,就是按多少年份可以揭开住房这个盖子,老百姓买房用分期付款形式还清银行贷款。"乍一看,"按""揭"两字不是都包含在里边了吗?可是我想这只是"趣谈",并没有揭示"按揭"的庐山真面目。

"按揭",是个外来词,首先用于香港地区。香港引进外来词的方式,有好多跟粤方言有关。"按揭"源于英语的 mortgage。该词的后一半 gage 的发音和广州话"揭"的发音[kit]相近。可以肯定,"揭"是音译。而"按"却是意译。广州话的"按"也有押、抵押的意思。广州人把"押金"说成"按金"就是一个佐证。所以"按揭"是一个半意译半音译的外来词。它的造词方式跟"冰淇淋"相仿:"冰"是 ice 的意译,"淇淋"是 cream 的音译,合在一块儿成为一个词。

本文标题上有"试说"二字,表明这是我的一得之愚,意在抛砖引玉。

语言中的新词(包括新的外来词),初来乍到,其词义往往处在不断变动中。

值得注意的是,短短几年间,按揭业务已有了新发展,因而"按揭"的词义也有了新发展。比方说,按揭已不限于银行贷款,可以是公积金贷款和银行贷款相结合,购房实行双重按揭。(参看《文汇报》1996 年 1 月 26 日)比方说,按揭已不限于购买房屋,也可以购买汽车。(参看《人民政协报》1996 年 9 月 21 日)据说,高档的家用电器也将进入按揭的范围。又比方说,按揭已不一定要以不动产作抵押,连家庭居室、卫生间、厨房的装修也可以分期付款,实行"装修按揭",装修是无法抵押的,只要有信用保证即可。(参看《消费报》1996 年 9 月 25 日)

如此说来,"按揭"的词义又得作新的解释了。

(《咬文嚼字》1997 年第 1 期)

补说"按揭"

《咬文嚼字》1997年第1期刊登了拙稿《试说"按揭"》。该稿的观点简述如次:"按揭"原是流行于香港地区的外来词,译自英语 mortgage,意为"抵押贷款"。从 mortgage 到"按揭",一半是意译:香港人使用的广州话里,"按"是抵押的意思;另一半是音译:广州话"揭"的发音[kit]与 gage 的发音近似。可见"按揭"是一个半意译半音译的外来词。

成稿之初,我对自己的观点并没有很大把握。那时候,恰逢中国语文现代化学会在广西桂林举行年会,我趁便向与会的《咬文嚼字》特约编委、新加坡华文报集团高级新闻研究员汪惠迪先生请教。(汪先生工作在新加坡,而家安在香港,所以对香港地区的方言颇为熟悉。)他立即答应:途经香港时,向香港语言学界的朋友咨询。几天后,汪先生来函说,香港的同行一时也说不出一个所以然来,并认为我的观点言之成理。我好像吃了个定心丸,又在题目"说'按揭'"前边加了个"试"字,变成"试说'按揭'",就将拙稿送交编辑部了。

谁知汪先生的"中介",促使香港语言学界的学者也深究起"按揭"来了。拙稿也因此产生了抛砖引玉的作用。

果然,"玉"引出来了。香港《词库建设通讯》第13期发表了姚德怀先生的文章《词语随笔》,其中第一项就是探究"按揭"的"揭"。摘引如下:

查《中文大辞典》有"揭借"条,意为"告贷也"……又《汉语大词典》卷六"揭"字第9义为"借债",引姚雪垠《长夜》二八自注:"揭高利贷叫做揭债、揭借,简称'揭'。"同卷也有"揭借"条,意为"借贷"。

至此,"按揭"的庐山真面目就显露出来了。"按"是抵押,"揭"是借贷,两相结合,表示"抵押贷款"的意思。所以"按揭"不是半意译半音译的,而是纯意译的外来词;它的两个语素和结构方式都是汉语固有的。这就是结论,特此补正。

(《咬文嚼字》1998年第3期)

"菜单"新用法

顾客走进酒家、餐厅，服务员会马上送来一份菜单。这"菜单"指的是开列该店可能供应的各种菜肴、点心等名称的单子。送上菜单，是为了让顾客挑选、点菜。这是"菜单"的第一义项、第一用法。

"菜单"还有第二义项、第二用法。那就是在举行规格较高的盛大宴会时，每张餐桌上往往也有一份菜单。比如有不少人都珍藏着人民大会堂"国宴"用的菜单。这"菜单"是要告诉赴宴者：本次宴会全部菜肴的名称以及上菜的先后次序。

现有的大大小小的汉语词典里，在"菜单"这一词目下，大概只记录了上述两个义项、两种用法。

自从有了电脑，随着电脑知识的逐渐普及和电脑应用范围的不断扩大，"菜单"又有了新的义项、新的用法。例如电脑软件WPS（文字处理系统），就有如下的"菜单"：

D—编辑文书文件

N—编辑非文书文件

P—打印文书文件

H—帮助信息

F—文件服务功能

X—退出处理系统

这六道"菜"其实就是WPS的六种功能。电脑屏幕显示"菜单"的目的在于提供各种功能的操作命令供选用。电脑操作员根据工作的需要，可以在D、N、P、H、F、X中间挑选一项，就像人们在酒家、餐厅里点菜一样。可见新的义项乃是"菜单"的引申义，或称比喻义。

众所周知,汉语绝大部分词的引申义,都是使用汉语的人在语言运用过程中逐渐引申出来的。比如"虎口"从老虎的嘴巴,引申为危险的境地("虎口"余生),或者引申为大拇指和食指相连的部分("虎口"震裂了)。可是电脑里的"菜单"却不是这样,它不是使用汉语的人直接引申的,而是通过翻译"引进"的。因为英语里用的是 menu 这个词,menu 本来就是汉语"菜单"的意思。换一句话说,先有英语 menu 的引申义,经过翻译的媒介,后有汉语"菜单"的引申义。

值得人们注意的是,"菜单"词义的引申并非到此为止。由于学习电脑、使用电脑的人越来越多,常常接触电脑中的"菜单",耳濡目染,习惯成自然。于是"菜单"的新义项又引申了,新用法又扩展了。请看以下二例:

《文汇报》1996 年 2 月 3 日刊登了一家旅游公司的广告,广告语是"双休逍遥游,菜单任你选"。这份"菜单"的内容包括:一、天台山三日游;二、大奇山、天目溪二日游;三、无锡、宜兴二日游;四、杭灵二日游;五、绍兴、五泄二日游。每一项下面还介绍了景点、服务标准、交通、价格等等。

《每周广播电视》1996 年第 7 期头版头条刊载了《京沪陕春节联欢晚会"菜单"》,它从"开场歌舞《这是美丽的祖国》"开始,到"尾声《难忘今宵》"为止,把 43 个节目全都按顺序列举出来了。(这里的"菜单"往常是称之为"节目单"的。)

我们还发现,这三个"新""菜单"不属于一个类型。电脑"菜单"和旅游"菜单"是提供选择的"菜单",应是第一义项的引申;而晚会"菜单"则是不可选择的"菜单",当属第二义项的引申。

如今人们见了电脑"菜单"、旅游"菜单"、晚会"菜单"等,不但不觉得突兀,反而感到颇有新意。这说明这一批"新""菜单"已经日渐被人们接受了。可以预见"新""菜单"将一发而不可收,它将被广泛地使用于多种领域,成为常见常用的多义词。

(《咬文嚼字》1996 年第 6 期)

从"的士""巴士"说起

改革开放初期,有两个新词从香港流传到大陆:一个是"的士"(英语 taxi 的音译词),一个是"巴士"(英语 bus 的音译词)。当时的人们,一则感到新鲜奇特,记得"文革"后大陆放映的第一部香港影片就叫"巴士奇遇结良缘",这部影片从内容到片名,都让人产生新奇感;二则觉得没有必要"引进"这些词,因为我们有现成的"出租汽车"和"公共汽车"这两个词;三则还嫌过于洋气。总的态度是不能接受。

可是没过几年,这两个词居然都流行开来了,在现代汉语中扎了根,落了户,特别是"的士"尤为活跃。更叫人吃惊的是"的士"中的那个"的"竟成了一个能产多产的新语素,甚至出现了"的"字家族——的士、打的、面的、轿的、摩的。

最先使用"的士""巴士"的是青年一代。年轻人有一种求异趋新的心理,容易接受新事物,包括接受新词语。这是时尚词语流行的一个原因。更重要的原因还在于现代汉语有一种强烈的单词双音节化的趋势。

古代汉语中,单音节词是大量的,如"人、马、牛、山、水、火、吃、喝、大、小"等至今还是单音节词。但是随着社会的发展,人们交际内容的繁杂丰富,单音节词不胜负担。同音词越来越多,必然影响交际。如"衣、依、医、壹、漪、伊、揖"都念 yi。为了明确,必须分化,变成双音节词,"衣"分化为"衣服、衣裳、衣着、衣物"等,"依"分化为"依靠、依赖、依仗、依附、依傍、依托"等,"医"分化为"医生、医治、医疗、医术、医道、医学、医务"等。然而并非音节越多越好,为了简练,人们往往又把多音节词紧缩为双音节词,如"衣服架子"紧缩为"衣架","衣服柜子"紧缩为"衣柜","衣服材料"紧缩为"衣料"。分化与紧缩所遵循的原则是既明确又简练。尽管现代汉语中三音节词和四音节词已有一大批,但是人们乐于接受的"最佳"长度似乎还是双音节。比如"彩色电视机"日常生活中都称作"彩电";"电子计算机、计算机、电脑"三个名称中,"电脑"颇受欢迎。

"的士"与"出租汽车"并存,"巴士"与"公共汽车"并存,恐怕主要原因正在于此。"出租汽车"和"公共汽车"虽然使用已久,意义明确,但都是四音节词。一旦有人引进了双音节的"的士"和"巴士",趋简的心理便会促使人们去试用,于是渐渐地使用开了,流行起来了。

"的士"和"巴士"站稳了脚跟,又派生出一串新词。首先是跟动词搭配。如"的士":叫的士、乘的士、坐的士……用得最多的是"打的士"("打"在现代汉语里是个"多功能"动词——如打赌、打滚、打埋伏、打前站、打圆场等),再经过双音节化,就成了"打的"。其次是分类。比如在北京等地"的士"大多是面包车,就出现了"面的"。在上海等地"的士"基本上都是轿车,不一定要分类。但是在济南等地,"的士"中既有面包车,又有小轿车,于是除了"面的",又相应地产生一个"轿的"。后来,摩托车加入了"出租"的行列,虽然不是汽车,也攀附上去了,居然又造了一个"摩的"。"面的、轿的、摩的"都是双音节词,称呼起来比"出租面包车、出租小轿车、出租摩托车"简便得多,因此很快就在群众中流行开了。同样的道理,承认了"巴士",接着"大巴、中巴、小巴"等双音节词也就应运而生。

现代汉语单词双音节化的强趋势是十分明显的,时时处处都会顽强地表现出来。再举一例。我们对有学问的知识分子常常称"先生",对其中德高望重的年长者,则尊称为"老先生"。前边冠以姓氏,就成了"陈老先生""周老先生"等四音节的称呼。受双音节化的影响,通常改称为"陈老""周老"。如果同姓的多,不易分辨,往往还将姓名中的第二个字也用上,把陈望道称作"陈望老",周谷城称作"周谷老"。可是不久之后,人们再一次把"陈望老"简缩为"望老",把"周谷老"简缩为"谷老"。双音节化的强趋势,由此可见一斑。

(《咬文嚼字》1995年第4期)

话说"空嫂"

1994至1995的岁末年初,上海的新闻媒体把一个话题炒得火热,那就是"空嫂",相应地现代汉语词汇库里似乎也多了个新词——"空嫂"。起因是上海航空公司在上海纺织系统招收14名28岁至36岁已婚已育的女工去担任空中乘务员。没料想一石激起千层浪。消息传出,竟有数千人报名,不仅下岗、待岗的纺织女工积极争取,连在岗的也想参与。竞争十分激烈,要过五关斩六将,才能成为一名"空嫂"。据招考单位称,"空嫂"比起"空姐"来,更为成熟、稳重、温和、肯干,更能善解人意,体贴旅客,处理问题更加沉着、老练、细致、周到。

本文不想就"事"论"事",只想就"词"论"词"——讨论一下"空嫂"这个词。

从词的来源看,"空姐"是由"空中小姐"简缩而成。十几年前,我们只称"空中小姐";后来由于港澳地区简称为"空姐",大陆渐渐地也用开了。现在,可以说"空姐"几乎完全取代了"空中小姐"。(因为"空姐"正式名称是"空中乘务员",所以不必保留"空中小姐"这个全称了。)而"空嫂"并不是由"空中大嫂"简缩而成,它是直接依照"空姐"仿造的。

有了"空姐",还要不要另造一个新词"空嫂"?"空嫂"这个词有没有生命力?"空姐"与"空嫂"的界限在哪里?这些问题引起人们的关注和议论。

有人说"空姐"的特点是年轻、未婚,"空嫂"的特点是大龄、已婚。问题在于这几个特点是交叉的,既有年轻而已婚的,也有大龄而未婚的。因此说到底只能归纳为一个特征:未婚还是已婚。以东方航空公司为例,现有"空姐"500多位,其中200多位已婚。那就是说,这批空中乘务员中早就有了"空嫂"了,约占五分之二。怪不得有些旅客在飞机上胡乱猜测哪位是"空姐"哪位是"空嫂",以致出现尴尬的场面。《上海文化报》(总第510期)透露的资料表明:被调查的上海10位已婚空姐中,有6人拒绝"空嫂"的雅号;有的人觉得叫"空嫂"很别扭,难为情;有的人觉得叫"空姐"也好,叫"空嫂"也好,没多大妨碍,不过最好不称"空嫂"。因为一称"空嫂",心理感觉上似乎老了许多。看来已婚的空姐们并不乐于接受"空嫂"这个新名词。中国民航规定乘务员的最大年龄是45岁,如果把28岁到36岁的已婚空姐称为"空嫂"的话,那么对于36岁到45岁的女乘务员,是否还要称她们为"空妈"或者"空姨""空婶"呢?

我不禁想起一部外国影片(片名记不清了)中的一个情节:花店的青年伙计奉命去大饭店给一位中年妇女送花。房门打开,青年有礼貌地问:"请问这儿住的是布朗太太吗?"中年妇女说:"这儿没有布朗太太。"砰的一声,房门关上了。那青年仔细核对了房门号码,又一次敲开门,更加彬彬有礼地问道:"对不起,布朗太太住在这儿吗?"那妇女怒目而视:"跟你说没有就是没有!"再一次给小伙计吃了闭门羹。其实送花人并没有送错对象,他只要不称"太太"改称"小姐"或"女士",人家就不会生气了。

同样的道理,面对一位大龄的空姐,旅客很难(也没有必要)判断对方是未婚的还是已婚的。贸然把人称作"空嫂",很可能招来不愉快。

按照我们汉语的习惯,比如在妇联,常称"大姐",如"邓大姐、康大姐",不称"大嫂"。又如在里弄干部中,也常称"王大姐、李大姐",不称"王大嫂、李大嫂"(称"王大妈、李大妈"倒是有的)。

由此及彼,依我看来,对空中女乘务员还是一律称"空姐"为好。它原来就是"空中小姐"的简称,现在兼作"空中'大姐'"的简称又何妨呢?至于"空嫂",只是一种修辞手法即"仿拟"辞格的运用,具有幽默风趣的效应。写文章或者讨论这个新话题的时候适当用用是可以的,如果对已婚嫁的女乘务员当面称"空嫂",恐怕未必得体。

(《咬文嚼字》1995年第4期)

词语篇

不尽"新词"滚滚来

每天的报纸一打开,总有几个新词新语扑面而来,犹如春风吹拂,给人清新,给人欣喜。

且以《新闻晨报》为例,6月14日一天的报纸就出现了七八个新词新语:

(1) "女老外"来沪盗窃名牌衣服,用"屏蔽包"盗窃获刑(A12版标题)

——"屏蔽包"是新词。指可以屏蔽商场警报系统的特殊背包。

(2) 30、40"中艰分子"如何盘活家产(B16版标题)

——"中艰分子"是新词。指既要赡养老人,又要抚养孩子的处在艰难时期的中年人。

此外,还有A2版的"阳光招生"、A3版的"地接"、A4版的"暗爽"、A16版的"爱心大道"、B1版的"股市大地震"等等。联系上下文来看,这些新词新语都是造得必要而合理的。

只要关注一下社会语文生活,可以说新词新语遍地开花,所在皆是。比如:

打开电视。绵阳市延期参加高考的高三学生,正在解放军搭建的帐篷学校里复习,解放军战士正在为考生们打饭打菜。一女生对着记者的话筒激动地说:"有部队保护,有兵哥保护,我们……"——过去,学生称呼解放军战士,不外乎"解放军同志""解放军叔叔",现在用了一个新词"兵哥",特亲切,特贴心。

走进超市。6月1日起,为了倡导环保,超市不再免费供应塑料袋,顾客要自备购物袋。于是就有了一个新词"限塑"。——"限塑"这个词造得及时,它表明,只是限制使用塑料袋,不是禁止使用。

收听广播。公安局交警大队的警官通过电台发布即时交通信息时,不称

"红绿灯",而称"交通信号灯"。——"红绿灯"是通俗名称,老百姓仍然可以称说。深究起来,红绿之间还有一个过渡的黄灯呢。(幼儿园小朋友都会说:"红灯停,绿灯行,黄灯等一等。")更何况如今十字路口的交通信号灯不但有红黄绿三色灯,而且还有发布其他信号的灯,如以秒为单位的倒计时灯。因此,作为警官,使用"交通信号灯"更合宜,更确切。

从以上数例不难发现,语言随着社会的发展而发展,语言的发展中,又是词汇领先。时代车轮滚滚向前,新词新语必然滚滚而来。

新词新语的不断产生,有什么好处呢?

第一,绝大多数新词新语并不是用来取代"旧词旧语"的。"旧的不去新的来",新旧并存,使词语更加丰富多彩,可选余地更大。例如,有了"提高",又有"提升""提振",可供挑选;又如,有了"推动",又有"驱动""拉动",可供采择。

第二,有些新词新语比原有的词语更准确,换言之,起了"填补空位"的作用。例如:

(3) 今晚19:00,《舞林大会》第二季第1场初赛将在新娱乐与观众见面。(《新闻晨报》2008年5月11日)

上海的东方电视台去年举办过大型节目《舞林大会》,历时数月。今年又举办了,怎么称说呢?"第二年",不妥;"第二次",不妥;"第二期",也不妥。称"第二季",似乎更为贴切,这是量词"季"的新用法。"第×季",起初专用于"美剧"(因为这个"季",译自英语的 season,该词除了指季节,也可以指"赛季"的"季");现在国产电视剧也用上了,如"第一季《谍影重重之上海》30集,昨天下午在上海百乐门舞厅举行新闻发布会"(《新民晚报》2008年5月12日)。这个"季"在时间跨度上一般小于"年"大于"月",恰好跟汉语"季"的本义大体一致,因而使用起来比较自然,容易被大众所认可。

第三,有些新词新语比原有的词语更精细,换言之,起了"区分小类"的作用。例如:

2007年9月,《羊城晚报》等媒体与广东省文明办联手推出了声势浩大的"新公德时代"的大讨论。随着"新公德"话题的展开,出现了许多新名词,把"公德"细分为"机德、网德、车德、狗德、游德……"。这些系列化的新词,使得讨论更深入、更具体,更能落到实处。

总而言之,新词新语,多多益善。早在1983年,前辈语言学家吕叔湘先生就在《辞书研究》创刊号上呼吁:欢迎新词新语,拥抱新词新语。今天,我们语言文字工作者,除了欢迎和拥抱,还应当学习新词新语,宣传新词新语。学习,是为了理解新词新语的意义,掌握新词新语的用法;宣传,是为了扩大影响,推而广之,充分发挥新词新语的积极作用。

最后,还要说明一点。有不少新词新语,原本是网络词语,像"点击",像"下载"。但是,网络词语决不能照单全收,那些晦涩难懂的、稀奇古怪的,甚至不可思议的,还是让它们永远留在网络上吧,像"粉口耐"(取代"很可爱")、"偶稀饭"(取代"我喜欢")之类。

(《咬文嚼字》2008年第10期)

一种有趣的造词法

从词典上看,"导"字开头的常用词并不多,无非是"导师、导演、导游"等几个。就说"导演"吧,它既是名词,又是动词,用起来不大方便,有时念起来还挺绕口的。比如在"老导演导演老戏,新导演导演新戏"这句话中,两个是名词"导演",两个是动词"导演",写法相同,读音相同,意义却不同。如今戏剧界、影视界造了个新词"导戏",这就有了分工,名词仍称"导演",动词改说"导戏"。近30年来,像"导戏"这样的新词"导×"增加了好多。在书店里,可以看到"莎士比亚导读""奥数导读"。"导读"就是引导读书,指导读书。在大医院里,分科越来越细,越来越多,病人挂号不知哪个科,就有"导医"来指引病人就医。大商场里有"导购",大饭店里有"导吃"。在大城市里,来往行人众多,却难寻厕所,于是就有"导厕"。进上海这个城市,初来乍到的外省市汽车驾驶员不熟悉路况,不知道怎么开车,就有人来"导驾"(也叫"导路"),如同给飞机、轮船"导航"一样。

从"导演"到新词"导戏、导读、导医、导购、导吃、导厕、导驾",都是以"导"字为中心造出来的"导×"一族。这种造词方法,叫做辐射式造词法。"导"与各新词之间呈辐射状,就像自行车轮子上轮轴和"钢丝"辐条的关系。

辐射式新词还有很多,比如"×赢",先有新词"双赢",随后"三赢、四赢、多赢、共赢、互赢"等接踵而来。

(《魅力汉语》2006年第2期)

道是无理却有理
——兼谈对应式造新词

汉语里,由两个或两个以上语素构成的词,一般都是有理据的。比如"猪肝"是猪的肝,"牛奶"是牛的奶,都很清楚。那么"铁路"是铁的路,"马路"是马的路吗?当然不是。不过,也可以说出道理来:"铁路"是有铁轨的供火车行驶的道路,"马路"是都市里可供车马行走的大路。只有一个语素的词,才是没有理据的,比如"马虎",跟马和虎没有什么关系,因为它是个联绵词(它还有"马糊"等写法)。

在上海(以及江南许多城市),几乎每户人家都有一种日用器具,叫"铅桶"。过去,铅桶大多是用铁皮制成的,却不叫"铁桶"(另有所指),而叫"铅捅",不是无理可说了吗?不,还是有理由的。上海人一向把铁丝称为"铅丝",把铁皮称为"铅皮"。(为了防锈,铁丝、铁皮镀了锌,颜色像铅,因而得名。)很自然,用铅皮制成的桶,就叫"铅桶"了。有趣的是,近二十年来,极大多数铅桶都已改用塑料制作了,但仍称"铅桶",或称"塑料铅桶",这岂非大谬不然了吗!这儿的"铅桶"只是取其形状,指上口大、下底小、有半月形手提环的圆筒形器具;如果改称"塑料捅",人家会误以为是别的形状的塑料桶。不少人家备有两种铅桶(往往先有铁皮的,后添了塑料的),为了区分,还得"叠床架屋"地造一个"新词"——"铁皮铅桶"。这便是对应式造新词。本来,有一个"铅桶"就能满足语言交际的需要了,后来,由于多了一个新词"塑料铅桶",就不得不相应地造一个"铁皮铅桶"与之匹配,与之区别。

语言是一个动态系统。为了适应社会交际的需要,语言中的词汇就要不停地调整、变化、发展,具有很强的动态机制。它经常处在"适应——不适应——适应"的状态中,适应是相对的,不适应是绝对的。不适应就要求变,要求调整。对应式造新词是词汇动态机制的表现形式之一。

对应式造新词的典型例子是"墨水"词族。早先,"墨水"即墨汁,指用墨和水研出来的汁,用于写字绘画等。墨是黑色的,"墨水"自然也是黑色的,无须在"墨水"前加个"黑",称之为"黑墨水"。但是,如今你上文具店去,说:"买一瓶墨水。"营业员大抵会拿给你一瓶蓝墨水,或者先问你要什么颜色的,决不会径直拿出一瓶黑色的墨水来。这是因为现在的"墨水"词义扩大了,泛指写字用的各种颜色的水,最常用的当推蓝墨水(故而又分纯蓝的和蓝黑的),还有红墨水、紫墨水等等。既然有了"蓝墨水、红墨水、紫墨水",就必须相对应地造出一个"黑墨水"。

再说"洗衣服"的"洗"。"洗"字的偏旁是三点水。"洗"的意思就是用水消除物品上面的肮脏,使清洁。因此,词汇中原本并没有也不需要"水洗"这个词。随着洗染行业的现代化,不用水(改用汽油或别的溶剂)也能消除衣物上的污垢,于是就出现一个新词"干洗"。有了"干洗",与之相对的"水洗"也应运而生了。

还有一个"保姆"。《现代汉语词典》的解释是:"受雇为人照管儿童或为人从事家务劳动的妇女。也作保母。"据此,"保姆"无疑是女性的。但是近年来,在"再就业工程"中,冒出了"男保姆"这个新行当。(上海太平洋艺术团去年上演一出滑稽戏,剧名就是《男保姆》。)据媒体评说,"男保姆"有其独特的优势(诸如体力好、动作麻利、文化程度高等),颇受某些类型家庭的欢迎。为了写好这篇拙文,笔者特地走访了一家小型的"保姆介绍所"(地处上海西南部康健新村内)。那一天,所内在座待雇的"候补保姆"共12人,其中女8男4,"男保姆"占总数的三分之一。可见"男保姆"现象已是客观事实。为了有别于"男保姆",有时不能不同时采用"女保姆"的说法。"保姆——男保姆——女保姆",这又是对应式造词的一例。

行文至此,又联想到《咬文嚼字》1997年第7辑《士·女士·男士》一文。该文不赞成用"男士"这个名称,理由是"男士"即"男的男人",画蛇添足。依笔者之见,对新词还是宽容一点为好。可以让"男士"和"先生"并存,成为一组同义词,供人们选用:有的场合用"先生"(比如:女士们,先生们);有的场合用"男士"(比如:女士优先,男士稍候)。各得其所,不是也很好吗?

(《咬文嚼字》1998年第1期)

"白领""蓝领"及其他

对于一向居住在上海的老年人来说,"白领""蓝领"这两个词并不陌生。笔者在解放时只是初中一年级学生,却已听说过"白领"和"蓝领"。依稀记得,当时的"白领"指"洋行"里工作的职员,"蓝领"指外国人开设的工厂里的工人。1949年新中国成立,这两个词便销声匿迹了。不过,港澳台地区仍在沿用。改革开放以来,中外经济文化交流频繁,三资企业的兴办如火如荼,于是"白领""蓝领""卷土重来"。

"白领"和"蓝领"是一对相互依存的孪生词,直接译自英语的white-collar和blue-collar。这两个词是工业革命和市场经济的产物。"白领"指文书之类的办事员、专业技术人员、销售人员、经营管理人员。由于工作环境比较清洁,可以穿白衬衣上班,故称"白领"。"蓝领"指操作工人、手艺工人。因为工作环境不那么干净,上班时一般穿蓝色工作服,故称"蓝领"。

英语的white-collar和blue-collar都是形容词,而汉语的"白领"和"蓝领"却是名词(指人)。因此,严格地说,同"白领"和"蓝领"相对应的应当是white-collar worker和blue-collar worker。完整的译法是"白领工作者"和"蓝领工作者"。现在只译作"白领""蓝领",用的是"借代"手法。

曾有人说,"蓝领""白领"在国外早没人用了,特别是"蓝领"一词,有歧视之嫌,故多以"户外野外工作者"来代替。(参见《劳动报》1999年6月27日)就此问题,笔者特地发了电子邮件向英国著名的英语教学专家N.J.H.格兰特请教。格兰特先生迅即在《21世纪英文报》(北京出版)上公开答复。他认为:white-collar、blue-collar已经成为英语的一部分,既可以用于正式文体,也可以用于非正式文体。(详见该报1999年12月8日"信箱")再者,美国劳工统计局至今在"年统计报表"中仍采用"蓝领""白领"。这两个源于工业社会并已沿用了一个多世纪的属于政治经济学的用词,浅显而形象,其本身不含褒贬,早已为世界各国的学者和大众所接受。由此可见,所谓"蓝领"的歧视之嫌,恐怕是进入汉语之后才有的吧。

除了"白领""蓝领"之外,通过仿词手法,又造出了"金领""粉领""钢领"等新词。

1998年年初,美国《财富》杂志载文对1965至1977年间(战后第二个婴儿潮)出生的4500万美国公民进行了分析。文章将其中"年轻、高学历、聪明、有创意、掌握现代高科技"的群体称为gold-collar(金领)阶层。目前,汉语引进的"金领"指的是"从事IT工作的人"(参见《中国计算机报》1998年10月22日),他们通晓电脑软、硬件,熟悉网络设计和应用。

"粉领"译自pink-collar,原指从事妇女占优势的职业(如教书、文书及零售业工作等)的人员。"粉领"借入汉语后,在使用过程中其意义飘移不定,有时指"女职工";有时指"白领小姐";有时甚至和"三陪女"划上了等号,如:"众所周知,'粉领阶层'泛指那些吃'青春饭'的三陪小姐。"(《讽刺与幽默》2000年1月20日)

倒是"钢领"的所指比较确定。它译自英语的steel-collar,意为"智能机器、机器人"。由于"机器人"一词十分形象,加上"先入为主",人们还是乐于使用比"钢领"早出现的"机器人"。

(《咬文嚼字》2000年第12期,与高丕永合写)

我们也投"银领"一票

  我们的社会生活日新月异,新体制、新事物、新理念层见叠出;与此同时,我们的汉语词汇如影随形,不断产生一茬又一茬的新词新语来反映社会生活的新生面;与此同时,我们的语言工作者也务必紧跟紧追,眼观六路,耳听八方,广泛而及时地收集并研究这些新词新语。眼前就有一例:《语文学习》2005年第6期发表了拙作《由"灰领"联想到十四个"～领"》,今天我们却迫不及待地要撰写它的续篇,因为在社会交际中又冒出一个"银领"来,而且它很可能会将"灰领"取而代之。

  在2004年2月召开的全国高职高专教育第三次产学研结合经验交流会上,中国教育部部长周济强调,高职教育的主要任务是培养高技能人才。他说,这类人才,既不是白领,也不是蓝领,而是应用型白领,应该叫"银领"。话音刚落,周部长就收到与会者递上的字条,对这些要求和提法表达了由衷的认同和拥护。(参看《中国教育报》2003年3月22日)4月27日,教育部高教司副司长葛道凯又在新闻发布会上说:"我提一个建议,能不能把现在大家称做'灰领'的高层次技能人才改叫'银领'?这样更能凸现高职毕业生的价值。"他的建议得到了在场记者的热烈掌声。(参看《中国青年报》2004年4月28日)

  这一而再的倡议,很得人心,很受欢迎,很快有人响应。2004年5月4日,上海三十几所高职高专学校在八万人体育场联合举办大型招生咨询活动。有一所学校把事先制作好的横幅标语上的"灰领"字样,临时改为醒目的"银领",这幅标语顿时成为全场特别引人注目的亮点,参加咨询的学生和家长都点头称好。

  我们也乐意投"银领"一票。为什么叫"银领"比叫"灰领"好呢?

  理由之一,众所周知,汉语造词,有不少是成双作对的,如"蓝天"配"白云","高山"傍"流水"。"金"和"银"是两种贵金属的名称,由"金""银"两语素分别构成的词语也往往相伴而生,如货币有金币、银币,奖牌有金牌、银牌,婚姻有金婚、银婚,首饰有金饰、银饰,器物有金器、银器,等等。如今,已有一种职业人群称"金领"了,似乎也该有一个"银领"与之相配,否则总好像缺了点什么。其实,现实生活中倒是有了另一种职业人群,只是先入为主地被命名为"灰领"(据查,2003年夏季,曾一度称之为"技术蓝领")了。为了词汇系统内部更协调、更匀整,改个名又何妨!

理由之二,2003年年底,汉语才启用"灰领"一词取代"技术蓝领",专指"高技能人才",意在与"白领""蓝领"区别开来。一时间,媒体上反映多多,但老百姓反应平平,人们心里总有点别扭,因为汉语中用"灰"构成的词语,大多带有负面色彩,如"灰暗、灰尘、灰市、灰溜溜、灰蒙蒙、灰不溜秋、灰头土脸、灰色收入、灰色人生、灰心丧气、心灰意懒"。如果改为用"银"构成的词语来指称"高技能人才",人们的心态就大不同了。况且就职业而言,汉语向来就有"金饭碗""银饭碗"的说法,其间相仿之处不言而喻。可见周济部长等提倡用"银领"替代"灰领",既强调了高技能人才对国家建设的重要性,也符合人们使用语言的文化心理和固有习惯。

理由之三,从色彩来看,"银色"与"灰色"是比较接近的。在汉语中,本来就有"银灰"这个词,可以用来形容浅灰而略带银光的颜色。有人说得很直率,很幽默,也很形象:"银就是灰,但价格不一样。"(《中国青年报》2004年4月28日)这句话十分中肯,道出了改名的真谛。由此看来,要将"词龄"不长的"灰领"转换为"银领",大概不会太困难吧。

理由之四,我们发现,前几年曾经有人用过"银领"这个词,不过使用面不广,影响不大;而且当时的"银领"所指,不能跟今天所说的"高技能人才"画等号。比如用于一些俱乐部会员的名称,有"金领会员、银领会员、白领会员、普通会员"之分;还用于一些高级楼盘的名称,像北京等地出现名称中含"银领"字样的住宅区。如此而已。今天,我们重新定义"银领"之后,只要推而广之,我们相信一定会迅速流传开去,流行起来的。

鉴于以上诸多理由,我们当然要投"银领"一票!

(《语文学习》2005年第9期,与高丕永合写)

10天之内推出10个"族"

2008年9月下旬,《新闻晨报》开设了《行为你我他》专栏,组织了一场"迎世博600天行动大讨论"。每天用一整版的篇幅批评都市中的一种不文明行为,并把那些行为不文明的"人"称为"××族"。10天之内先后推出了10个"族"。其中包括为了贪方便什么东西都往楼下扔,把小区当作露天垃圾场的"散花族";在车水马龙的道路上攀爬翻越隔离栏杆的"攀爬族";纵容宠物狗随地大小便、对人狂吠猛扑的"纵狗族";在体育场馆、影剧院等公共场所留下一地垃圾的"抛抛族";突然在剧场中亮起闪光灯或在看台上射出(激光笔的)红色光束的"闪闪族";为了自己省心省力,有空就钻,有"位"就"泊",横七竖八乱停车的"乱泊族";在居民小区内或在马路边私自搭建违法建筑物的"私搭族";不顾环境,不顾他人,发出高分贝的手机彩铃声、"侃大山"声、私家车喇叭声的"分贝族";不守乘车秩序,肆意插队冲在前面抢占座位的"冲锋族";强行变道或抢道开车以及为抢客源而飙车的"霸车族"。现在统称为"申城不文明'十族'"。(参见《新闻晨报》2008年10月6日)

如果我们再留意一下报纸、杂志,还可以收集到许许多多"××族":地铁族、私车族、爱乐族、驴友族、漂移族、毕婚族、抢抢族……不胜枚举!

"××族"如此之多,为什么?第一,交际需要。这个"族"不是"民族"的"族",不是"家族"的"族",专指具有某种共同属性(如特点、爱好、习惯、行为、条件)的一类人。用一个"××族"就可以言简意赅地称谓一个群体。第二,流行时尚。人们乐意称说,因而层出不穷。第三,具有修辞效应。"××族"往往具有鲜活、生动、诙谐等特征。第四,造词机制灵活、便捷。这也许是值得我们特别关注的一个因素,以下略作说明。

汉语造词机制的灵活性、便捷性跟汉字的特点密切相关。汉字与拼音文字最大的区别,就在于方块汉字是形、音、义的结合体。因此,除了联绵词和音译外来词,单词当中的每一个汉字都代表一个语素。语素是语言中最小的有意义的单位(同时具有可以读出的音和可以写出的形)。这种最小的有意义的单位,数量多多,其中有一部分自由度很高,组合能力特强,是汉语造词机制灵活便捷的基础条件。像"心、子、水、一、大、小"等常用语素都已经分别构成了数百个词语。

追求时尚的新闻工作者以及其他群体正是利用汉语这一特点不断推出新词语,令人目不暇接。像"××族""××门"至今都已超过100个成员了。就连"×吧"(如网吧)、"×霸"(如路霸)、"×虫"(如会虫)以及"热×"(如热映)、"亚××"(如亚健康)、"零××"(如零距离)、"准××"(如准妈妈)等,全都能够分别举出数十个例词例语来。

近年来,异军突起的"×客"一族欣欣向荣,兴旺发达。这种"客",大多是源自外来的新概念,并且大多与网络有关。最初只是个别的亮相,如"黑客",如"博客";如今却是成批量地登场,我们只要在网络上一查,就不难发现"×客"一族竟然是出人意外的繁多。有了"黑客",又冒出"红客、蓝客、灰客";有了"博客",又冒出"播客、视客、测客、闪客、拍客、印客、搜客";此外,还有"晒客、秀客、托客、粉客、维客",还有"米客、淘客、拼客、换客、威客",甚至还有"笑客、骂客、赞客"等。五光十色,琳琅满目。

10天可以推出10个"族",多少天则可以推出多少个"门"多少个"客"。我们的汉语词汇就是在这样的动态机制下生生不息,永葆青春!

(《咬文嚼字》2008年第12期)

"桥段"：来自电影圈的新词

近年来，"桥段"一词常常见诸报端。且举一例：

2008年中央电视台春节晚会上，蔡明在小品《梦幻家园》中多次重复一句口头禅——"为什么呢"，而且每次都是用大音量夸张地嗲声嗲气地说出来的，取得了显著的喜剧效果。第二天，网上有人说，反复使用"为什么呢"，是从赵本山徒弟"小沈阳"的二人转节目中"抄袭"来的。"小沈阳"当即回应："其实也没啥，谁都可以说'为什么呢'。"接着，又有人指出：

（1）早在冯小刚1998年的电影《不见不散》中就已经使用了这一桥段——葛优向一游客讨护照，该男子答道："为什么呢？"葛优说："你这一路上问了多少个为什么了，你十万个为什么啊？"（《新闻晨报》2008年2月14日）

说起"桥段"，不仅一般的工具书没收录，连各种新词语词典中也不见其踪影。不过，这个词早已是电影从业人员耳熟能详的惯用语，尽管还算不上电影学的正式术语。

"桥段"，译自英语的 bridge plot。bridge 本义是"桥"，引申义指"起桥梁作用的东西"和"过渡"；plot 则有"情节""策划"等义项。这两个单词合起来，表示被借用的（或借鉴的）电影经典情节或精彩片段。具体地说，一部新影片采用了老影片中曾经出现过的某一表现手法（包括动作、表情、场景、台词，以至部分情节等），这种被"借用"或"化用"的表现手法都可称为"桥段"。其中，有些表现手法几乎成了流行"桥段"。

在网络上，有人归纳了电影中的常见"桥段"，号称"100个经典桥段"，饶有趣味。这儿摘引几个，与读者一起来品味品味：

（2）听到噩耗，手中的碗一定会掉到地上碎掉。

（3）当被问到"想听真话还是假话"，所有人都会选择听真话。

（4）女人突然感到恶心，只有一种可能：怀孕。

（5）定时炸弹总在最后一秒中止。

（6）一阵剧烈咳嗽后用手帕捂嘴，一般都会吐血。

（7）一旦放别人走，就说："你走，走得远远的，我以后不想再看见你。"

不难看出，以上数例之所以成为流行"桥段"，有的是因为或多或少反映了生活的真实，有的是因为具有较强的直观效果。

事实上，"桥段"现象并非电影界所独有。各种文艺作品，像戏剧、小说、舞蹈、绘画等，都可能存在"桥段"。因此，"桥段"一词的使用范围迅速扩大，它常常出现在电影以外的领域。比如：

（8）（在刘若英"2008梦游"上海演唱会上）最令人叫绝的一段虚拟场景，当属《北京一夜》的桥段。（《新闻晨报》2008年3月2日）

就词而言，"桥段"无疑是个新词；就艺术的表现手法而言，"桥段"现象却不足为奇，比比皆是。电影艺术已有百余年历史，电影作品更是不计其数，一部新影片若想要完全摆脱"桥段"，几乎不可能。重要的是不要"搬用"，而要"化用"，用得恰到好处，用得天衣无缝，甚至化腐朽为神奇。

不仅电影、电视如此，许多戏剧创作都采用过精彩"桥段"，上海的滑稽戏尤其擅长此道。文彬彬、范哈哈、嫩娘主演的《三毛学生意》，就借鉴了《瞎子店》《剃头》等传统段子；杨华生、笑嘻嘻、绿杨主演的《七十二家房客》，则借鉴了《调查户口》《大阳伞拔牙齿》等传统段子。这两出滑稽戏都越演越红，久演不衰，成了剧团的保留剧目。

在电影创作中，乃至在各种样式的文艺创作中，采用"桥段"无可厚非，只要得体、出彩就行。随着周杰伦的歌曲《桥段》的风行，"桥段"一词也迅速进入大众语文领域。可以预见，新词"桥段"必将成为汉语词汇库的正式成员，让我们拭目以待吧。

（《咬文嚼字》2008年第5期）

"车狼"和"店鼠"

同一类的动物,比如牛,它的小类名称也很有趣。像公牛、母牛是根据性别来分的。黄牛是因为皮毛为黄褐色的。水牛呢,皮毛一般是灰色的,却不叫灰牛,只是因为生性爱水,适合水田劳作,夏天不干活的时候,喜欢泡在河里或池塘里。奶牛是专门为产奶而饲养的。牦牛则是青藏高原驮运东西的牛,因为身上有长长的毛而得名。其实它不是牛,仅仅由于它的形状有点像牛。更有甚者,连人也可以称牛。我们在文学作品中,不是常看到称人为"笨牛"吗,那怎么讲呢?"笨牛",跟"蠢猪"一样,意即人"笨如牛",人"蠢如猪"。

不久前,报纸上又出现两个新名称,一个叫"车狼",一个叫"店鼠"。这两个名称也是指人的,不是指真正的狼和鼠,并且也不是要表达"车如狼""店如鼠"的意思。在大街上,有人骑着摩托车,将行人的手提包一把抢走,飞快地逃窜到隐蔽处,然后窃取包中的钱物。这种歹徒被叫做"车狼"。在超市里,有人利用工作人员不多、防范不严的特点,有计划有目标地偷窃大量价值不菲的商品。这种窃贼被叫做"店鼠"。"车狼"与"店鼠"是运用比喻的修辞方式创造出来的新词。在人们的心目中,野狼是贪婪的、残忍的,老鼠是偷盗成性的。把人比喻成"狼"和"鼠",表现了对这些歹徒和窃贼的极其憎恶的感情。这两个名称形象生动,而且寓意深刻。

(《魅力汉语》2006年第2期)

说"粒"道"抽"

足球比赛的报道中,有一个量词值得大家注意。现以 2003 年 3 月 30 日的《青年报》和《新民晚报》为例:

(1) 申花队的三粒入球都与他(指马丁内斯)的努力无法分开……马丁曾向外界宣布,自己要争取在今年联赛中获得至少 15 粒入球。

(2) 马丁内斯曾说过,本赛季的进球目标是 15 个……赛前没有人想到马丁会一下子进两个球。

《青年报》用于"入球"的量词是"粒",《新民晚报》用于"进球"的量词是"个"。量词尽管不同,我想并不会影响读者对报道内容的理解吧。

前几年,曾经有不少报纸和语文刊物发表文章,批评足球比赛报道中的"粒"。理由只有一条:"球"只能论"个",不能论"粒"。然而,批评归批评,"粒"这个量词照样十分活跃,经常跟"球"搭配在一起。是不是体育记者们对"粒"特别偏爱呢?此中缘由值得探究。

普通话里的"个",人称通用量词。何以叫"通用"?当你要称说某事物而一时想不出合适的量词时,用上一个"个",大抵差不离。正因为是"通用"的量词,就缺少"个性",区别性不强。所以,很多作者(包括记者)的态度是,能不用"个"的场合,尽量不用,千方百计选用别的量词来顶替,可使行文不板滞,多变化。

"粒"倒也是个常用量词,多用于颗粒状的东西,如"一粒米、一粒黄豆、一粒钮扣、一粒钻石、一粒子弹"。颗粒状东西的特征是小而圆,即使很小,也能用"粒",如"一粒沙子、一粒芝麻"。如果大而圆则不用"粒",我们可以说"一粒子弹",却不说"一粒炮弹"。因此,像足球那么大的圆形物就不宜论"粒"。

如今足球论"粒"是受闽南方言区（福建南部和台湾）的影响。据《咬文嚼字》杂志特约编委汪惠迪先生介绍：说闽南话的人，论"粒"的东西有小有大，芝麻、黄豆等固然用"粒"，鱼丸、鸡蛋、苹果、粽子、西瓜、气球、篮球、足球，也都用"粒"。

方言词进入普通话是一种常见的语言现象，只要符合交际需要的原则，或者说只要方言词和普通话固有词在词义上或在附加色彩上存在某种差异。在我们的媒体上，"足球"论"个"与论"粒"已经略有差异。"个"是中性量词，不带感情色彩；而"粒"会给人一种圆鼓鼓的小巧玲珑的形象感，说"踢进一粒球"，常常带有欣喜的感情色彩。

由"粒"联想到另一个量词"抽"。"抽"是个新的量词。因为它所依附的东西——盒装面巾纸，大概直到1990年代后半期才进入寻常百姓家。我们去商店购买盒装面巾纸的时候，会发现包装上印着"100抽""200抽"等字样。新量词"抽"悄然地却又毫无争议地进入了汉语，成为词汇大家庭中的新成员。

用于"纸"的量词最常用的当属"张"。此外，根据语境，还可以说"一页纸""一叠纸""一刀纸""一卷纸"等，那么，盒装面巾纸为什么用"抽"呢？一来，"抽"比"张"更形象。打个比方吧：炮弹是用来发射的，所以叫"一发炮弹"；膏药是用来敷贴的，所以叫"一贴膏药"；使用面巾纸是要从盒子里抽取的，所以称"抽"。这种由动词转化来的量词富有动感，十分生动。二来，"抽"比"张"更准确。使用过面巾纸的人都知道，凡是优质的面巾纸总是双层的（即一抽就有重叠的两张）。如果不用"抽"，而说"100张""200张"，就词不达意了。

（《咬文嚼字》2004年第3期）

从"演绎"看词的新义项

"演绎"一词,虽说古已有之,但使用率并不高,直到用作逻辑学术语,才正式成为现代汉语词汇的成员。在现代汉语中,"演绎"的基本义是:由一般推到特殊的一种推理方法。作为专门术语,它的使用受到一定的限制。

近来,"演绎"渐渐变成了一个书面语里的常用词,频频出现于报章杂志中。最初,主要用于文学评论和其他艺术(戏剧、舞蹈、音乐、美术、影视等)评论。它的意义引申为用艺术手段表现某一个主题或某一种观念。例如:

(1) 影片把中年人对爱情的真诚与迷惘,对离婚后的尴尬与无奈,演绎得淋漓尽致。(电影《离婚了,就别再来找我》广告语,《新民晚报》1997 年 8 月 31 日)

(2) 尤其是在她(孟丽君)与皇甫少华"肖像相辨"一场戏中,王文娟在外表平静的叙述抒唱之中,把情与理失衡——冲突——平衡的激荡过程演绎得层次分明。(《文汇报》1997 年 8 月 23 日)

"演绎"的基本义是从一般到特殊,这儿的引申义是从抽象到具体。像例(2)就是把抽象的复杂的心理活动通过具体的艺术语言(剧中人的"白"和"唱")表现出来。其间的引申轨迹还是十分清晰的。

又进一步,"演绎"的引申义不仅是从抽象到具体,也可以是从抽象到抽象。例如:

(3) 来自其它地区的歌手普遍重视个性化包装。……悉尼的陈慧明则以纯情哀怨演绎少女情怀,符合港人的欣赏口味。(《欢歌笑语聚香江》,《每周广播电视》1997 年第 35 期)

例(3)中,"少女情怀"是抽象的,"纯情哀怨"的"个性化包装"也是抽象

的,两者之间也能"演绎"。再引申,"演绎"就不再是从一般推出特殊,从抽象推出具体了。请看:

(4) 上海《少女》杂志发起的"爱心订阅",……动员所有有幸读到《少女》的读者,向那些因贫困而辍学,甚至连每月2元一本的《少女》也买不起的同龄女孩,赠订一本《少女》,……巧妙地将订阅演绎成爱心洋溢的义举。(《上海文化报》1997年8月22日)

(5) 那时候,江南巨富沈万三的故事似乎只有几个老人知道,后来出了名才演绎出许许多多,直至编造出一本戏或电视连续剧。(《文汇报》1997年8月28日)

(6) 比如,M先生尚未婚娶,最贴切的称呼语该是"光棍",惟有这个词,单刀直入,点中了那种形单影只的寂寥,而如今光棍被演绎成单身贵族。(《新民晚报》1997年8月19日)

例(4)的"演绎",意思近于"演变";到了例(5),成了"演义"(动词)、"编造"乃至"虚构"之意;在例(6),"演绎成"差不多就是"改称为""改唤作"的同义语了。词义变化之大,由此可见一斑。

对于这一"演绎"现象,有人反对,有人迷惑,有人赞同。我们应该怎样看待"演绎"现象呢?

世界上任何一种发达的语言,词汇丰富总是它的显著标志之一。词汇的孳乳繁衍无非有两种办法:第一是造新词(以及"引进"新词)。改革开放后的十余年中,我国的政治、经济、文化诸方面都有惊天动地的变化,为了适应这个变化,新造的词,"引进"的词,成千上万。比如,我们今天十分熟悉的常用词"心态、举报、周边"等,在1983年第2版的《现代汉语词典》里就找不到,直到1996年7月修订第3版才被收进去。第二是让原有的词增加新义项,增补新用法,这就是所谓"老树发新枝"。这后一种办法,既经济,又容易为人们接受。假定某种语言的词汇中有十万个词,如果平均每个词有两个义项或者有两种用法,那么十万个词岂不可以当作二十万个词来用了吗?如同俗话所说:老将出马,一个顶俩。

老树发新枝的现象,在我们汉语中比比皆是。

比方说,"拥有"这个词,按照词典的解释,是领有或具有(大量的土地、人口、财产等)的意思。其中"大量的"是一个不可或缺的使用条件。可以说"我国拥有十几亿人口",却不能说"我家拥有两口子"(比较:我家只有两口子)。这个义项,今天依然成立。例如:"中东是世界上石油资源最丰富的地方,拥有世界石油探明储量的66.4%。"(《半月谈》1997年第15期)"中国共产党走过76年光辉的历程,已发展成为拥有5800多万党员的执政党。"(《文汇报》1997年9月1日)由于受到流行歌曲的"潜移默化","拥有"出现了新义项,其基本意义仍是领有或具有,但"拥有"的对象则不受"大量的"限制,少量的也行,甚至一个也行,只要是珍贵的或钟爱的东西,都可以"拥有"。例如:"上海无线寻呼的普及率已达19%,将近每5个市民拥有一只BP机。"(《文汇报》1997年8月28日)"平和双语学校20%的老师拥有硕士学位。"(《新民晚报》1997年9月4日)同时,"拥有"的对象不再限于具体事物,也可以是抽象的事物。例如:"写家要出精品,爬山者要创纪录,就必须拥有超常的敬业精神。"(《文汇报》1997年8月24日)"人生旅途中谁都有过雨中情,拥有伞下的浪漫和甜美。"(《劳动报》1997年9月5日)由于"拥有"增加了新义项,就成了"一个顶俩"(或看作"一个顶仨")的例证。

更为典型的例子是"老军医"。"医"者,医生也,受人尊敬;"军医",专为最可爱的人——解放军治疗的医生,更受人尊敬;姜越老越辣,医生越老越精,"老军医"么,当然格外受人尊敬喽!但是,众所周知,在我国许多城市里,还有另一种"老军医"(仍然是这三个字)。这种"老军医",是到处张贴黑色广告,昧着良心疯狂诈骗市民钱财的庸医或假冒医生的代名词。这种"老军医",臭不可闻。同样一个"老军医",一词两用,一褒一贬,词义多么悬殊!当然,我们使用的时候,前者不要加引号,后者必须加引号,以志区别。可恨的是,这些庸医、假医在他们的黑色广告中也是不加引号的,混淆视听,蒙骗民众,危害性就更大!

"拥有""老军医"都是词汇中的老树发新枝。好了,让我们回过头再来看"演绎"。我们认为"演绎"现象也属于老树发新枝。如今,它已经有了新义项,出现了新用法。观察上文引用过的(1)—(6)的例句,不难发现从基本义到各种引申义,都离不开"推出——变成——化为"的语义脉络,引申的痕迹依稀可辨,它们是由此及彼,依次引申的,绝不是无中生有的。

兴许有人会说,辞书中并没有列出"演绎"的那些新义项、新用法。这是事实。不过,我们知道,辞书总是滞后的,即使现今盛行的各种新词新语词典,也不可能"超前"或"预测"。1995年出版的词典不可能收"克隆"词条,1996年出版的词典也不可能收"蹦极""因特网"词条,如此等等。

对于"演绎"之类的现象,我们的态度:一是欢迎,欢迎它们有序地进入汉语的词汇系统、词义系统;二是宽容,即使有时给人一种不上口或不顺耳或不习惯的感觉,我们也要耐心些,让它们在使用的过程中,由人们选优汰劣,逐步约定俗成,形成新的规范。

在汉语词汇的大森林中,我们不但要年年栽种新树苗,移植新树苗,而且希望老树多发新枝。愿大森林更加繁盛,绿意盎然!

(《语文学习》1997年第12期)

"凌晨"是什么时候

大约十年前吧,某大学研究生入学考试有如下一道试题,要求指出句子中的语病:"凌晨两点,山门开了,寺院里走出一个胖和尚。"答案是修饰语"凌晨"和中心语"两点"不能搭配。结果只有三分之一的考生发现这个语病,其余考生大概都不怎么理解"凌晨"的词义。

"凌"是迫近、逼近的意思,因此"凌晨"只能解释为"天快亮的时候"(见《现代汉语词典》)。"天亮"的时候并不是固定的,而是随着季节的变化而变化的;相应地,"天快亮"的时候自然也是随着变化的。不过,在我国大部分地区,一点、两点、三点,都不是"天快亮的时候",因此都不能用"凌晨"来表示。毫无疑问,上述试题的答案是正确的,"凌晨两点"有词语搭配不当的错误。

然而,语言是一种社会现象,社会的发展推动语言的发展,语言中的词汇尤为活跃。每当社会出现重大事件的时候,在词汇中必然会有所反映,有所表现。比方说,改革开放以来,汉语的词汇,一方面新产生的词语数以千计,如"创收、代沟、度假村、一国两制";另一方面原有词语增加新义项、扩展新用法的,更是不计其数,如"老师、家教、菜篮子、红眼病"。"凌晨"恐怕就属于后者。

大而化之地说,有两次强大的社会冲击波,促使"凌晨"调整义项,扩大使用范围。笔者曾经就此问题写过一篇小文章,题为《"凌晨一点"一类的说法怎么会流行开来?》(发表在《语文建设》1993年第4期),内容涉及第一次冲击波。

那是在1992年。重大社会事件指的是,在巴塞罗那举行的第25届奥林匹克运动会上我国运动健儿取得了前所未有的喜人成绩。当时,我国的新闻媒介理所当然地要以最快速度向国内人民进行报道。由于巴塞罗那和北京两地时差的缘故,在广播、电视、报纸中,就大量地出现了"北京时间凌晨一点（或两点、或三点）"这一类说法。

这儿有个问题发人思考：难道非用"凌晨一点"不可吗？难道现代汉语就没有别的表达形式了吗？

首先，汉语中有一系列表示一天之中各个时段的词语，如"早晨、上午、中午、下午、晚上、夜里、半夜"等，分得细一点，还有"凌晨、清晨、正午、傍晚、深夜"等。可是这些词语全是模糊词语，根本没有公认的明确的上限和下限。谁也说不清"晚上"是从几点几分到几点几分；当你听到"晚上 11 点""夜里 11 点""半夜 11 点"三种不同说法的时候，你会觉得是同一个时间。表时段的模糊词语之"模糊"，由此可见一斑。

其次，现代的通用计时方法是 24 小时制，这种方法又简单又明确。不过，日常生活中，大多数人习惯于采用两个 12 小时制（如同钟、表的每 12 小时一个循环一样），不采用 24 小时制。为了便于区分，防止误解，就不得不采用"早上 8 点""中午 12 点""晚上 8 点""半夜 12 点"之类的说法。大部分时间都容易称呼，唯有 24 小时制中的"1 点""2 点""3 点"前边应该加个什么，却是个难题。

再其次，索性在现代汉语词汇库里来一次沙里淘金，找一个合适的词出来，可是结果却并不令人乐观。"侵晨、迎晨、薄晨、拂晨、拂晓、傍亮儿、侵早、侵晓"都指天快亮的时候，"破晓"指天刚亮的时候，"平明"指天亮的时候，"黎明"指天快要亮或刚亮的时候。"清晨"指天亮前后的一段时间。以上这些词没有一个能跟"1 点""2 点""3 点"对上号。唯一可选择的是"早晨"，《现代双语词典》是这样注释的："从天将亮到八九点钟的一段时间。有时从午夜十二点以后到中午十二点以前都算是早晨。"这个注释包括两个义项：前一半是狭义，是常用义，大体上跟"清晨"同义；后一半是广义，是非常用义（注释中加了"有时"两字）。既然有广义的"早晨"，如果我们说"早晨 1 点"之类，那应该看作是合乎规范的。然而近几十年来，"早晨"的广义渐渐不用了。比如人们不愿意说"早晨 11 点"，而常说"上午 11 点"；同样的道理，人们也不愿意说"早晨 1 点"，而常说"半夜 1 点"。为什么？我想主要是因为广义"早晨"所代表的模糊时段太"模糊"了——几乎占据了 24 小时中的一半。人们对这样的模糊词语不满意,不喜欢,它会影响交际。而"半夜1点"又只能限用于口语(依靠语言环境,表意不难确定);倘若在书面语中出现"10月8日半夜1时",读者就会产生困惑:到底是8日的1时,还是9日的1时?

左也不是,右也不是,只好另辟蹊径了。有两条路可走:一是另造一个新词来填补空缺,专门表示从午夜12点以后到天亮以前这个时段;二是借用一个旧词,让它调整义项,扩大使用范围。新词始终没有造出来,于是,经过"包装"的旧词新义的"凌晨"就在1992年崭露头角了。据我们观察,此前,就有人试用过,但受到指责;此后,用的人多起来了,但还是褒贬不一。"凌晨"处在十字路口,何去何从?

幸好,事隔五年,又出现第二次冲击波。那就是1997年7月1日香港回归祖国。新"包装"的"凌晨"到了非用不可的地步了。

请看《人民日报》1997年7月1日第1版:

本报香港7月1日凌晨电……1997年6月30日午夜至7月1日凌晨,香港会议展览中心新翼灯火辉煌,举世瞩目的中英两国政府香港政权交接仪式在这里的五楼大会堂隆重举行。(按,交接仪式的具体时间是6月30日23时42分开始,7月1日0时12分结束。电讯稿中的"凌晨"所指十分清楚。)

本报香港7月1日凌晨电……中华人民共和国主席江泽民今天凌晨在这里向全世界郑重宣告:中华人民共和国香港特别行政区政府成立。(按,事情发生在7月1日1时30分至1时35分之间。电讯稿中的"凌晨"所指也十分清楚。)

这两个"凌晨"几乎是无可替代的。又据笔者不完全统计,同日的《人民日报》仅第3第4两版使用"本报香港7月1日凌晨1时(或2时、或4时)电"共6例,同日的《文汇报》(共12版)使用"凌晨"一词达24个之多。

一发而不可收,新"包装"的"凌晨"在7月1日以后的新闻媒体中出现频率很高很高。看来,定位于"从午夜12点以后到天亮以前这个时段"的"凌晨",必将被人们所认可,成为现代汉语的一个通用词。

(《咬文嚼字》1997年第11期)

"期间""其间"辨

也许是以讹传讹的缘故,不知从什么时候起,误用"期间"成了报刊语言中的常见病、多发病。误用"期间"的病例中,有一部分只要把"期间"改为"其间"即可,因此有必要将"期间""其间"放在一起加以辨析。先看几个病例:

(1) 8月3日晚,妻子和两个女儿在马某家吃饭,孙某前去把妻子和女儿叫回家,期间与马某发生口角。(《劳动报》1997年8月31日)

(2) 方振武是安徽寿县人,……辛亥革命前,他组织"淮上革命军"起义失败,后赴日本入尚武学校习陆军,期间曾谒孙中山先生。(《联合时报》1997年8月22日)

(3) 记者近期对驻沪20余家外国航空公司,作了粗略的了解,对其中5家驻沪外航办事处进行了详细采访。期间获得这样一条信息:……(《文汇报》1997年8月22日)

(1)(2)两例的"期间"都可改为"其间";例(3)的"期间"宜改为"采访期间"。

为什么要修改?我们得弄清楚"期间"的含义和用法。"期间"表示某段时间里面(如例(1))或者某个时期中间(如例(2))的意思。"期间"在句子里不能单独充当表示时间的状语,它的前边必须添加修饰语,像例(3)添加"采访",成为"采访期间",又如"暑假期间、年会期间、旅美期间、患病住院期间、高考完毕等待发榜期间"等,即使添加一个代词,成为"这期间、那期间"也行。上边例(1)的"期间"也可改作"这期间",例(2)的"期间"也可改作"在此期间"。

"其间"有两个义项:第一个义项跟"期间"相似,也表示某段时间里面或者某个时期中间,正因为如此,例(1)、例(2)的"期间"才能改成"其间"。第二个义项与时间无关,表示那中间、那里面,如"厕身其间""其间必有阴谋"等,这个"其间"跟"其中"相仿,不在本文辨析的范围中。

"其间"(第一义项)和"期间"虽然都表示时间概念,但是词的结构不相同,词的用法并不相通。主要区别在于"其"和"期"。"其"是个文言虚词,在这儿用作代词,相当于"那、那个";"其间"就是"那段时间里、那个时期中"。"期"指的是限定的时间(如:按期交货)或约定的时日(如:逾期作自动放弃论);"期间"不包含"那、那个"的意思。因此"其间"可以单独充当表示时间的状语,"期间"则不能。

有人矫枉过正,在"其间"前边也加一个"这",变成"这其间"。例如:

(4) 假如一个人凭自己的劳动一天能挣十先令,那么,如果他这天外出或闲坐半天,即使这其间只花了六便士,……(《报刊文摘》1997年9月4日)

"这其间"中,一个"这",一个"其",两个代词连用,叠床架屋,显然不妥。无独有偶,《现代汉语词典》(1996年7月修订第3版)第994页,举例时,也冒出一个"这其间",同样欠妥。这两个"这其间"都应改为"这期间"或"其间"。

最后,我们再举一个使用"这期间"的范例。1991年3月9日,江泽民总书记给当时任国家教委主任的李铁映和副主任何东昌写信,对如何开展近现代史和国情教育,提出建议(见《半月谈》1997年第15期):

一、由于封建统治者的腐败,1840年鸦片战争以后的一百多年中,中国人民曾备受列强的欺凌。……

二、这期间,许多仁人志士和广大群众抛头颅,洒鲜血,前仆后继,抵御外侮,立志捍卫中华。

……

(《咬文嚼字》1997年第12期)

[补注:《现代汉语词典》2005年第5版仍保留"这其间"用例。直到2012年第6版,终于将"这其间"改正为"其间"。]

"猴年马月"和"驴年马月"

我们在阅读文学作品的时候,常常会读到"猴年马月"这个成语。比如叶文玲的小说《清凉登云山》中就有:"若不是旺发荐他来卖这点力气,这一阵,连这一天五六元的钞票也没处挣;要积万儿八千,待到猴年马月哩!"联系上下文来看,这"猴年马月"大致相当于"哪年哪月"的意思。那么"哪年哪月"怎么能说成"猴年马月"呢?

原来,这是民间语言的"创造",把话说得形象一点,活泼一点。这"猴"和"马",是"何"和"吗"的谐音字。"猴年马月"就是"何年吗月"。我们知道,"何"就是"什么人什么事什么物"。"吗"呢?以前也可以写成"嘛"或"么",现在规范的写法,表疑问一律写"吗"。"吗"在北方一些方言里也是"什么"的意思,"干吗"就是"干什么"。因此"猴年马月"就表示"不知道哪一年哪一月"。《汉语成语词典》(上海教育出版社)告诉我们:"猴年马月"形容遥远的或不可指望的日期。

据查考,"猴年马月"的最初形式是"驴年马月"。这个"驴"又是怎么回事呢?我们必须从传统历法说起。中国的农历是用天干(甲乙丙丁……)地支(子丑寅卯……)搭配起来纪年的。像今年(2007年)是丁亥年。12地支和12生肖一一对应,亥是猪,因此今年是"猪年"。12生肖包括鼠、牛、虎、兔、龙、蛇、马、羊、猴、鸡、狗、猪,没有驴。说"驴年"等于说"不可能出现的年份"。可见用"驴年马月"来形容遥远的或不可指望的日期,也是一种又生动又确切的表达方法。

(《魅力汉语》2007年第2、3期合刊)

从"民办教师""25小时服务"说起

有人在讨论词语的应用与规范的时候,很讲究词语的理据性。一般而言,这是一种很有价值的研究角度。比如"矛盾"这个词,"矛"和"盾"分开来看,是古代两种兵器,为什么合在一起可以表示互相抵触、互不相容的意义呢?那是因为有《韩非子·难一》讲到的那个卖矛和盾的故事(该故事人人皆知,不赘述)。那个故事便可看作"矛盾"一词的理据。

然而我们不能把理据性当作词语规范的唯一的条件或必备的条件,不能要求每一个词语都有理据性。对于语言来说,约定俗成是一条重要的原则。记得有一位语言学家说过,约定俗成,威力无穷。约定俗成的词语,有一些即使"无理可说",也是改变不了的。

先说"民办教师"。关心农村教育工作的人,大概都熟悉这个名称。按照"理据","办"可以办事(如"办手续""办交涉"),办物(如"办年货""办嫁妆"),办机构(如"办学校""办公司"),却不能办人(如不说"~办工程师""~办保姆")。可见"民办教师"是不合理据的。过去曾经有人批评这个名称。可是如今不仅有"民办教师",而且相应地有了"公办教师"的名称。当初"民办教师"应是"民办学校的教师"的缩略语。后来,由于实际情况十分复杂(比方说,在同一所农村学校里共有十名教师,可能其中三人为公办教师,七人为民办教师),因而"民办教师"现在已经不能和"民办学校的教师"画等号了,它代表了一个特定的概念。连我国政府的文件也采用"民办教师"这个名称,如《文汇报》1997年9月11日的一篇报道,标题是"国务院办公厅发出关于解决民办教师问题的通知"。

如果说"民办教师"已经约定俗成,那么下一例"25小时服务"则是修辞手段的运用。

据《劳动报》2001年8月23日报道,新开张的上海雷允上药品连锁经营有限公司,向消费者提供"25小时服务",并向上海市工商局正式申请"25小时服务"的服务品牌广告。这"25小时服务"又是一个"无理可说"的词语,因为谁都知道一天只有24小时。该公司称,他们采用的是时间上的数值概念,即从0时至24时有25个数值,用以表示全天候不间断的服务。(依笔者看来,这是"歪理",但可贵的是它有出人意料的修辞效应。)据悉,在东南亚、日本、韩国等地的超市和药店都使用"25小时"这个概念。这是一种新颖的富有创意的广告语,更是对社会的承诺。目前在国内,"25小时服务"概念只是独家使用,料想在不久的将来,也会推而广之,逐渐约定俗成的。

由此又联想到一批从古汉语沿用下来的词语的应用问题。目前受到指摘最多的是:"明日黄花"有人写成"昨日黄花";"七月流火"原指天气转凉却用于天气酷热;还有"染指""空穴来风""美轮美奂"等。这些问题十分复杂,而且个性很强,绝对不能一概而论,需要逐个逐个调查探讨。不过,约定俗成总是大方向、大原则,不可违背。

首先要确认一个事实,就是古汉语的词语,其词形、意义、用法并不是全都一成不变的。"每下愈况"与"每况愈下"便是一个典型。《庄子·知北游》中出现"每下愈况"("况"作"甚"解),后来指情况愈往下愈严重。宋朝就开始有人写作"每况愈下"了,意思也有所变化,指情况愈往下愈坏。现在一般人都写成"每况愈下"了,偶尔有人仍写"每下愈况"。

其次,解剖一个"空穴来风"。原义是有了孔洞才招进风来。语出《庄子》:"空门来风,桐乳致巢。"后来比喻自身有缺点、病菌、流言等才得以乘隙而入。白居易《病中诗十五首·初病风》:"六十八衰翁,乘衰百疾攻。朽株难免蠹,空穴易来风。"但是到了现代,词义有了很大的变化。李行健主编的《现代汉语成语规范词典》说得很透彻很清楚:原比喻传言都有一定原因或根据,现指传言没有根据。这两个义项截然相反,如今,后者在语用上占绝对优势。在2001年3月5日的全国人代会上海代表团分组审议会上,徐匡迪代表说:"比如前一阵网上盛传上海要建造一幢300层高的摩天大楼,说得其言凿凿,其实是空穴来风。"(《劳动报》2001年3月6日)句中的"空穴来风"

显然是无中生有或无稽之谈的意思。当前有些语文报刊还在死死地抓住"空穴来风"的原义来批评它的新义新用法,实在是大可不必。语言是不断发展的,试看今日报刊上大多数用例的倾向性,便可知"空穴来风"词义的演变已经不可逆转了。

(《语文学习》2002年第11期)

不妨让"一直以来"与"一直"并存

八九年前,"一直以来"的说法在媒体亮相之后,曾受到不少语文刊物(如《咬文嚼字》等)的批评。这些批评不无道理。理由之一,"一直以来"要表达的就是"一直"的意思,有了"一直",不必再造一个怪怪的"一直以来";理由之二,"一直"是副词,不能与"以来"搭配使用——搭配不当就使人产生怪怪的语感。可是批评归批评,"一直以来"还是流行起来了,并且语用量越来越大。这一语言现象,值得我们探究。

"一直以来"诞生于香港社区方言。据香港语文学会会长姚德怀先生介绍,"一直以来"对香港来说,也是个新词语,它的问世,不过十来年。当初,在香港报纸上出现过争论,有人肯定,有人否定,但是后来还是站住了脚。随着香港电影电视剧在内地热映热播,"一直以来"很快就"输入"内地,不胫而走,许多媒体都乐于使用。

从语法上看,"一直"与"以来"的组合是一个特例。"以来"表示从过去某一时间到说话时为止的一段时间。"过去某一时间"是起点,"说话时"是终点。因此"以来"具有依附性(语言学上称为"黏着性"),前边必须配上一个能表示"过去某一时间"的名词性词语或动词性词语。"名+以来"的,如"春节以来""去年暑假以来";"动+以来"的,如"建校以来""改革开放以来"。按照这个标准,汉语原有的"长期以来"也算一个特例,"长期"不能确定地表示"过去"的哪一时间,也就是"起点"不确定;不过"长期"毕竟是时间名词。而"一直"是个时间副词,副词与"以来"的组合是绝无仅有的。然而一种语言对于个别的语法特例并不是一概排斥的,只要在语义和语用上具有差异性和不可替代性,就可能宽容并接受这样的特例。

从语义上看,"一直以来"所表达的意义是明确的,没有歧义,不会引起误解。它的意义大体相当于"一直",但又不完全相等,尚有一点细微差异,因此在某些语境中就具有不可替代性。例如,"他生前一直从事翻译工作",不能说成"他生前一直以来从事翻译工作"。这是因为"一直"只表示"持续不断"或"持续不变",并不要求以"说话时"作为"持续"的终点;而"一直以来"的终点是"说话时",这一终点便与句中的"生前"相抵触了。

从语用上看,"一直以来"的用法与"一直"也有差异,因此也具有不可替代性。首先,在汉语中,时间名词可以用在句首,也可以用在句中("过去我是农民","我过去是农民");时间副词只能用在句中,不能用在句首("我已经是大学生了"可以说,"已经我是大学生了"不能说)。同样的道理,时间副词"一直"只能在句中作状语,不能在句首作全句修饰语;而"一直以来"的组合是名词性短语,当然可以充当全句修饰语。例如:"由于一直以来,中国的魔术落后于发达国家,此番赵育莹夺魁,的确令人震惊,让人刮目相看。"(《新民晚报》2006年6月2日)这一个"一直以来"是不能用"一直"来替换的。其次,时间副词不能作定语,时间名词却可以作定语。下边这个句子中,在名词"传言"的前边,只能用"一直以来",不能用"一直":"天娱公司也希望通过这次主动向媒体开诚布公,来平息一直以来的传言……"(《新闻晚报》2005年12月9日)

有鉴于此,何不让"一直以来"和"一直"并存而供人们自由选用呢?这样,只会使语言表达手段更加丰富,并不会带来什么害处。

(《语文学习》2006年第10期)

语言小品

"抢滩"还是"抢摊"

来信

编辑先生：

我们处理稿件时，常遇到像下面这样的词句：××抢滩大上海。其中"抢滩"一词，有的作者写成"抢摊"。请问，"抢滩""抢摊"哪个正确？其真正的涵义是什么？

《中国技术市场报》编辑部 金捷

来信提了两个问题：一是写法，二是涵义。

第一个问题比较简单，正确的写法是"抢滩"，不是"抢摊"，因为这个词由"抢占滩头"简缩而成，同"抢占摊点""抢占摊位"等无涉。

第二个问题就复杂了。自从改革开放以来，"抢滩"已经渐渐成为现代汉语的常用词了，经常在报刊书籍中出现。现在的通用意义是它的比喻引申义，即"抢占……市场"，来信中的"××抢滩大上海"就是"××抢占大上海的市场"的意思。如果要问：这个比喻引申义是怎么引申出来的？它的本义是什么？那就颇费周折了。

查现有的多种工具书，绝大部分都没有"抢滩"词条，连许多专门收集新词新语新义的辞书也忽略了这个词条。只有《现代汉语词典·补编》（商务印书馆1989年）收了"抢滩"条，并作如下的解释："抢滩：船只有沉没危险时，设法使船只像搁浅一样，搁在浅滩上，防止沉没。"看来，"抢滩"是个水上航运的行业用语。但是，这一个表示"故意的人为搁浅"的本义，似乎不可能引申出"抢占市场"的比喻义来，也就是说，二者之间风马牛不相及，找不出"引申"的轨迹来。

其实，"抢滩"另有一个本义。作为军事用语的"抢滩"，指的是"抢占滩头"。战争的甲方为了攻打乙方的沿海地区,从海上进军,抢先占领乙方一个滩头(海岸边的沙滩),建立临时的滩头阵地,架起大炮,进行轰击,把乙方的火力压下去,伺机夺取乙方的阵地。电影《鸦片战争》中就有"抢滩"的镜头——那是英帝国主义的军舰和军队入侵我国神圣领土的罪恶记录。"抢滩"的比喻引申义"抢占……市场"就是从"这一个"本义演变而来的。

俗话说:"商场如战场。"因此,不少军事用语都被借过来了,成为常见的商业用语。巧得很,表示占领市场这个意思的,除了"抢滩",还有"进军"和"登陆"(原先都是军事用语),形成一组独特的同义词。请看:"×××悄悄地开始重新登陆沪上的房市了"(《文汇报》1997年8月18日),"这句广告语便是外来兵团×××进军沪上的冲锋号"(《劳动报》1997年8月19日)。这儿的"登陆""进军"都是占领市场的意思。还可以看到两个词连用的例子:"伴随着中国零售业的对外开放,世界超级商业连锁企业纷纷抢滩登陆。"(《人民政协报》1997年8月16日)这三个同义词的词义略有差别,所以根据表达的需要,不但可以选用,有的还可以连用。

"抢滩"成了常用词之后,又出现了许多活用的形式。比如:"×××抢占上海滩"(《文汇报》1997年8月17日),"×××等国外大企业也纷纷抢占中国VCD市场滩头"(《上海经济报》1997年7月15日),"外地品牌在上海的滩头抢占阵地"(《文汇报》1997年6月3日)。

值得注意的是,由于使用频繁,慢慢地"悄悄"地,"抢滩"又有了新的引申义。例如:"不求有功,但求无过的大连万达队在中国足坛'抢滩'成功"(《新民体育报》165期),"洋人抢滩中国基因新大陆"(《劳动报》1997年8月8日),这两个"抢滩"分别用于体育领域和科技领域,已经不能再用"抢占市场"来注解了。

(《咬文嚼字》1998年第11期)

"然后"现象的是非曲直

退休以后,好管闲事。有一天,我问孙女(一个小学二年级学生):"你们今天的体育课是怎么上的?"她边想边回答:"慢跑三圈,然后体前曲,然后蛙跳,然后下蹲起立,然后面壁俯卧撑,然后左右脚单脚跳……"我的第一反应,不是赞叹如今的体育课多么丰富多彩,而是惊奇她竟然用了那么多的"然后"。进而一想,这五个"然后"似乎一个也没用错,但是总觉得用多了,多得令人不爽。

近五六年间,不时看到报纸副刊和语文杂志有文章批评滥用"然后"的现象。有人呼唤:"然后"何时了! 有人说道:30岁以下的80后,尤其是女孩子,使用频率最高的口头语恐怕莫过于"然后"二字了,三句不离"然后"司空见惯。

其实,何止80后,不少70后同样是"然后"连篇,连90后也不甘落后(我的孙女就属于90后的)。可以说,已经"蔚然成风"了! 我们语言工作者,应该怎样看待这股风呢?

先从口头语说起。什么叫口头语? 专指说话时经常不自觉地反复说出的习惯用语。一般出现在说完前一句话,正在思考下一句话怎么说的时候。口头语既然是习惯用语,必然因人而异。最常见的有这么几类:一是借用代词,如这个、那个、这样、那样、这么、那么、这、那;二是借用叹词,如啊、哎、嗯;三是借用连词,如所以、然后、而且;更难听的,是用"京骂""沪骂"之类作为口头语。此外,还有稀奇古怪的、"个性"十足的口头语,举不胜举。

过去,说汉语的人,口头语"这个"用得最多,现在大有被"然后"取代之势。"然后"成为人们口头语的首选,毫无疑问,是受了港台地区方言的影响。谓予不信,不妨请留意一下港台艺员的口语,不少流行歌手和影视演员一开口便"然后"连连。更何况有两首港台流行歌曲先后进入内地,为"然后"的泛滥起了推波助澜的作用。一首是周华健演唱的《然后然后》,另一首是萧亚轩演唱的《然后》。且摘引《然后》中的一小节,几乎句句都有"然后":

然后得到抱歉,然后得到眼泪满脸,然后得到自己,送给自己自我欺骗,然后笑也不甜,然后也不能说再见,然后只是一个不知有何意义话与话的中间的连接点……(引者按:个别语句欠通顺,这里恕不讨论)

七个小句,用了六个"然后"。倒是最后一个"然后"道出了"然后"的本质——"只是一个不知有何意义话与话的中间的连接点"。

网上流传着一则打油诗《然后歌》,十分有趣:"男也然后,女也然后,老也然后,少也然后。你也然后,我也然后,见怪不怪,一起然后。该当用时,说个然后,不需要时,还是然后。开口然后,闭口然后,尊口一开,全是然后。当今时尚,独数然后,然后然后,风靡五洲。"

这儿假设两个问题:第一,不说口头语"然后"行不行?行。第二,不说口头语行不行?肯定不行。不说"然后",可以用别的口头语顶替;不说口头语,恐怕99.99%的人都做不到。说话时出现口头语是极其正常的现象,中外古今,概莫能外。说上海话的,可以不说"这个这个",却要代之以"迭个迭个";说山西话的,可以不说"那么",却要代之以"兀的"。1980年代初期,我被派往日本大阪教汉语。教学中,要求日本学生一律用汉语回答问题。我发现,无论初级班、中级班,还是高级班、研修班,他们回答问题时,常常会在汉语中夹入好多 ano、eto 之类。我问学生 ano、eto 是什么意思,他们说就是汉语中的"这个""那个"。原来他们是把日本人的习惯性口头语带入了汉语的口语表达!

由此可见,说话中的口头语几乎是不可避免的,谁也不敢说自己绝对没有口头语。一般而言,口头语多与少,因人而异;习惯用哪一个口头语(或哪几个口头语),也因人而异。即使同一个人,口头语多与少,差别也很大。通常是闲聊的时候少,正式场合发言的时候多;有准备的时候少,没准备的时候多;心情舒缓的时候少,心情紧张的时候多;说话内容简单浅近的时候少,说话内容复杂深奥的时候多;等等。比如今年春节,上海东方电视台娱乐频道举办"可凡倾听"特别节目《电视,共同的时代记忆——沪上名嘴说出自己的秘密》。其间,主持人曹可凡戏称陈蓉、吉雪萍、倪琳、陈辰等四位女主持人为上海综艺类栏目的"四小名旦"。这四人自己主持节目时,个个伶牙俐齿,妙语连珠,十分了得,口头语很少很少。但这一天,她们的身份转换为嘉宾了,当曹可凡分别与她们对话时,其中有一位也许由于紧张,也许由于问题不容易回答,短短七八句话中居然用了三个"然后"。又比如今年3月24日,中央电视台1套实况转播北京奥运圣火在希腊奥林匹亚点燃的仪式和火炬传递活动。因为两位主持人身在北京,不在现场,尽管事先作了充分的准备,还是必须根据卫星传来的实际镜头内容随机应变地进行解说,难度相当大。相对而言,男主持人的解说词比较"干净",没有明显的口头语;而女主持人语速较快,多次在语段前,添加了一个"那",这样的"那"并无实在的含义,乃是她习惯了的口头语。

行文至此,让我们回过头来,回答前边提出的问题:应该怎样看待"然后"现象呢?窃以为,一要宽容。不必过多过严地批评"然后"现象,因为口头语差不多人皆有之,只是多少有别而已。二要引导。不要跟风学说"然后"。毕竟一口一个"然后"会让人听了不舒服,甚至厌恶。尽量使口头语少些,再少些,只要做有心人,习惯是可以改变的。

最后要申明一点:写这篇短文,我丝毫没有贬低"然后"这个词的意思。"然后",连词,用于"承接复句"的后一分句,或用于后一段落的开头,表示某一事情或行为发生后,接着发生另一事情或行为。因此,该用"然后"的场合,还是要毫不犹豫地用上"然后"。不久前,读到军旅作家裘山山撰写的短篇小说《艳遇》,开头一段,就用了两个必不可少的十分得体的"然后"。好在这一段不长,抄录于下,与读者共欣赏:

十年前,有个年轻姑娘只身一人去了西藏,她在西藏跑了近三个月,几乎看遍了所有的高原美景,但离开西藏时,却带了一丝遗憾。因为藏在她心底的一个愿望没能实现。那就是,与一个西藏军人相遇,然后相爱,再然后,嫁给他。

(《咬文嚼字》2008年第6期)

"首个"现象

"首"的本义是"头",由此引申出来的意义为"第一"。于是,"第一+量词"可以说成"首+量词"。比如:第一批/首批,第一家/首家,第一次/首次,第一宗/首宗。"第一批、第一家"之类是短语——由序数词和量词组成的数量短语;"首批、首家"之类,按照吕叔湘先生的提议,不妨称为短语词。所谓短语词,论结构,仍是短语(因此一般词典不必也不宜收为词条);论使用,则相当于词(换一句话说,几乎可以当作双音词来使用)。由于"首×"是两个字,比"第一×"少一个字,许多报纸的编辑都乐意在新闻标题中采用"首×",而不用"第一×"。有时,即使正文是"第一×",标题也采用"首×"。少一个字,标题更简洁,更醒目,何乐而不为!

不过,多年来,我总有个想法,即并不是每一个含"首×"的标题都很自然,有一些甚至读起来还比较拗口。其中,最不和谐的要数含"首个"的标题。但是,如今"首个"的见报率越来越高了,这就需要我们针对"首个"这种语言现象进行一番调查研究。

1998年9月3日的《新民晚报》一共出现了四个含"首×"的新闻标题:

首届崇明森林旅游节拉开序幕

三星杯围棋赛首轮收杆

国奥队首次集训结束

区县党政领导首个群众接待日见闻

我借用这四个标题作材料,找了四位调查对象:大学教师,60岁;公司职员,30岁;外地来沪民工,25岁,初中文化水平;小学生,10岁。我请他们先念念这四个标题(不仅仅用眼睛看,还必须用嘴巴念出声音来),再谈谈感觉。

除了"枰"字怎么读怎么解释之外,他们一致认为前三个标题都没有问题。唯独第四个标题在读音上就出现了分歧:对于"首个"一人读"首 gè(第四声)",三人读"首 ge(轻声)"。四人的共同感觉是第四个标题读起来不大顺口(不大好读)。

这样的调查结果,跟我原先的想法大体相合。我琢磨个中缘由:

首先,"首"是个已被现代汉语词汇所吸收的文言词,具有明显的书面语体色彩。因此"首"比较适合跟书面语用词组合在一起,像"首任、首届、首列"等都行;而不大适合跟口语用词组合在一起,像"首只、首根、首条"等似乎都不大用。为什么可以说"首日"而不说"首天"?为什么常说"头条新闻"而不大说"首条新闻"?大概全是这个缘故。"个"是地地道道的口语用词,那么,"首"和"个"连用,当然就有点别扭了。

其次,正因为"首"原先是文言词,用于现代汉语,就带有庄重色彩。大部分新闻标题恰好都要求有庄重色彩,因此"首×"用于新闻标题是十分相配、相称的。然而量词"个"是读轻声的。我们知道,大多数第二个音节读轻声的双音词往往带有活泼、轻松的色彩。"首"含庄重色彩,"首个(轻声)"又含活泼、轻松色彩,这两种色彩实在难以协调一致。

以上两点,倘若成立的话,按"理","首个"这个短语词,不可能被人们认可,因而也不可能长久使用下去。可是,语言现象常常是复杂多变的,不能一刀切,有时候有"理"也说不清。对待语言现象,也像对待洪水一样,只能疏,不能堵。就"首个"而言,至少目前已经使用开了,新闻界仿效使用的大有人在。谁要想阻挡"首个"在传媒中流通,恐怕是不会成功的。最好的办法还是积极引导。

第一,读音问题。1998年9月4日早晨,上海两家广播电台播送有关上海市"区县党政领导首个群众接待日"的新闻时,一家念"首 ge(轻声)",一家念"首 gè(第四声)"。念轻声的,听众不容易听明白(是哪两个字);念第四声的,不但有利于听懂,而且可以弱化上述色彩不协调的缺点。因此,以读"首 gè"为好。

第二,形式问题。假如在标题上,为了控制字数,不得不用"首个"的话,那么在正文中,最好还是恢复"第一个"的形式。《新民晚报》1998年2月25日有一则新闻的标题是《杭城建设首个"彩色小区"》。正文里,与其相应的句子则是:这是杭城在建的第一个"彩色小区"。像这样的形式变化,我想读者是可以接受的。

  第三,选择问题。要表达正文中出现的"第一个……",标题上也决不是非用"首个"不可。因为我们汉语拥有丰富的可供选择的同义表达手段。上文提到,1998年9月3日《新民晚报》有个标题,是"区县党政领导首个群众接待日见闻",而第二天《文汇报》则用了另一个标题,是"区县党政领导信访接待首日见闻"(不用"首个")。我们发现,跟"首个"或"首日"相应的正文是"第一个接待日",两报的标题虽在字面上略有差异,但都把这个意思表达出来了,并且表达清楚了。

(《咬文嚼字》1999年第3期)

对待异形词，不宜简单化

现代汉语中有不少异形词。所谓异形词,指的是同一个词有不同的写法,如"烦琐/繁琐""塌实/踏实""照相/照像""录像/录相"。每一组读音相同,意义相同,用法也相同,只是形体不同。按理说,这些都属于规范的对象,应该保留一个,淘汰一个。但是,究竟保留哪个,淘汰哪个,却是一件细致复杂的工作。若处理不当,人们便不会认可、接受。

比方说,《语文学习》1996 年第 4 期刊登了一篇短文《照相？照像？》。作者认为:根据历史的流变,根据使用的现状和发展趋势,"照相"之类的系列词要尽量使用"像"字。这就是说,"照相、照相机、照相馆……"最好写成"照像、照像机、照像馆……"。

我们认为这个意见值得商榷。处理异形词的规范问题,必须十分慎重,十分小心,必须考虑方方面面的因素。就说"照相/照像"这一组吧。"相"和"像"在普通话里是同音字(xiàng),在北方方言区的大部分地区中也是同音字。可是在其他方言区里,"相"和"像"却不一定同音。例如以上海话为代表的吴方言中,两个字的读音显然不同,"相"的声母是清辅音,"像"的声母是浊辅音。吴方言区的人说"照相"的"相"的时候,一定用清辅音声母;因此写字的时候,自然写成"照相",不会写成"照像"。在上海,有几百家照相馆,却很难找到"照像馆"。"照相"与"照像"的用字混乱,往往出自说北方话的人的笔下。既然在一些方言区已经有了比较统一的写法,就应当顺其自然,因势利导,淘汰"照像",普及"照相",这才是上策。如果反其道而行之,一律写"照像",岂不是让方言区的人改变原来的读法吗?

与此同理,吴方言区的人说"录像、录像机、录像带"的"像"字,总是用浊辅音声母;因此写起来也不大会写成"录相、录相机、录相带"。我们发现,两种写法混用或随意选用的,往往也是说北方话的人,其原因仍在于"像、相"同音。如果承认上边那种处理"照相/照像"的做法有理的话,那么就该淘汰"录相"(写法),普及"录像"。

写到这儿,要申明一点:本文绝没有贬低普通话或北方话而抬高其他方言的意思,更不是片面指责北方人"用字混乱"(南方人"王/黄"不分,"吴/胡"相混的现象也是够严重的)。我们的意思是:在进行汉语规范化、汉字规范化的过程中,要眼观六路,耳听八方,要为最大多数使用汉语汉字的人着想,把问题考虑得周全些,把方案设计得稳妥些。

(《语文学习》1997 年第 1 期)

字母词的崛起

在我国改革开放的历程中,2001年有两件大事令世人瞩目,一是中国正式加入世界贸易组织,二是上海成功地召开亚太经合组织的会议。相应地有两个字母词WTO(世界贸易组织)和APEC(亚太经合组织)一起进入汉语。在比较长的一段时间里,几乎天天可以在报上读到这两个字母词,在广播里听到这两个字母词,以致几乎到了家喻户晓的地步。这两个词,自然不是汉语中土生土长的,而是引进的外语缩略词。使用汉语的人怎么会接受这种字母形式的词呢?主要是书写简单,称说方便。

字母词中的字母,绝大部分是拉丁字母(如ABC),也有少量的希腊字母(如π值、α粒子、γ射线)。

同样采用拉丁字母的,大多数是英文字母,如TV(电视)、MBA(工商管理硕士)、Email(电子邮件);少数是汉语拼音字母,如GB(国标)、RMB(人民币)、HSK(汉语水平考试)。

字母词有两种:一种完全由字母构成,如CD、UFO;一种由字母和汉字混合构成,如BP机、卡拉OK、甲A。

有些字母词只用于书面形式,说的时候可以不管字母的读音。比如,写"RMB",说"人民币";写"ATM机",说"自动取款机"。有些字母词则书面形式与口语形式完全一致。比如HSK、卡拉OK,写与说都相同。

要不要字母词,怎样对待字母词,是大家关注的问题。至今反对接纳字母词的人还不少,其中也包括一些语言文字工作者。他们的主要理由无非是汉字中间夹用外文字母,不协调,不美观,不中不西,不伦不类,破坏了原有的文字系统,变成了"大杂烩"文字。

其实汉字中间夹用外文字母,并非自今日始。笔者在《咬文嚼字》创刊号(1995年第1期)上就写过一篇短文《汉语中的外文字母》。文中指出,早在改革开放之前,就已经有三个外文字母正式成为汉民族共同语(包括书面语和口语)的"合法公民",即 X、K、Q。它们各自组合在"X 光、三 K 党、阿 Q"三个词中。至于作为专门术语出现在科技著作中或者理工医农类教科书中的外文字母,更是不胜枚举了。如三角函数 sin(正弦),cos(余弦),化学分子式 H_2O(水)、NH_4Cl(氯化铵),等等。

那时候,好像没听到有什么"大杂烩"之类的贬责。"X 光、三 K 党、阿 Q"这三个词早已完全融入汉语,在词典中也获得了词条的名分。

改革开放之后,中外经济合作和文化交流迅猛发展,大量新事物、新概念涌入中国,因此汉语要引进新名词、新术语势在必然。新名词、新术语中就包括了一批字母词。

直接引进字母词有几点好处:一是无须翻译,直截了当;二是简短明快,便于应用;三是适应年轻人趋新求异的心理取向。至于说到"与国际接轨",这仅仅是走了小小的一步。

依笔者看来,随着国家现代化、经济全球化、生产数字化,汉语中字母词必将越来越多,这是总趋势。可是在每一个时段中,不能说字母词越多越好;必须循序渐进,稳步推进,以利交际。

《国家通用语言文字法》指出:"汉语文出版物中需要使用外国语言文字的,应当用国家通用语言文字作必要的注释。"在采用字母词的初始阶段,作必要的注释,确实是行之有效的办法。如果大家都能遵照执行,一来不会阻滞传递信息的通道,二来有助于字母词的推广和深入人心。

(《语文学习》2002年第12期)

语法篇

用语言实践来检验
——回顾关于"恢复疲劳"的讨论

23年前,也就是1959年的夏天,《北京日报》展开了关于"恢复疲劳"的讨论,讨论得十分热烈。上海的《解放日报》也刊登文章,参加讨论。南北呼应,影响很大。

那场讨论是怎么引起的呢? 当时,《北京日报》的"科学生活"专栏里发表了一篇短文《夜班工作对健康有害吗?》,文中有这样两个句子:

进行体操和户外活动是恢复疲劳的好办法。

睡眠是恢复疲劳最好的手段。

不久,有两位读者写信给报社,指出"恢复疲劳"的说法是不通的。于是,一场热烈的讨论就开始了。归纳起来,主要是三种意见:

第一种意见,认为"恢复疲劳"不合逻辑。有人说,一个人疲劳了,就应该休息;如果使"疲劳"恢复,一直疲劳下去,怎么吃得消? 因此"恢复疲劳"的说法是语言中的痈疽。现在只有一部分人使用,应该及时纠正,可以用正确的说法(如"消除疲劳"等)代替它。

第二种意见,认为"恢复疲劳"已经成为群众的习惯用语,含义明确,不会引起误解,又没有其他说法可以代替,也合乎语法,应当承认它。

更多的同志持第三种意见。他们认为"恢复疲劳"有它特定的含义,现在还没有更好的说法可以代替它,听来也不会误会。但这种结构形式不合一般的语言习惯。因此目前不宜排斥,也不必提倡,在书面语言里使用尤其应该慎重。至于这种说法最后能不能成立,能不能在语言中站住脚,还要由群众的语言实践来决定。

实践是检验真理的唯一标准。从1959年到1982年,经过20多年的语言实践,今天,已经很少有人对"恢复疲劳"的说法表示怀疑了。这是什么原因呢?

如果单纯地从逻辑角度来看,"恢复疲劳"是成问题的。因为"恢复"的意思是"重新得到失去的东西或者使毁坏的东西完好如初"(如"恢复健康""恢复原状"等),而"疲劳"既不是"失去的东西",也不是"毁坏的东西";所以"恢复""疲劳"在逻辑上是讲不通的。

然而,语言不等于逻辑。一般地说,运用语言要考虑合不合逻辑。但是语言是约定俗成的东西,一些符合习惯的说法,即使表面上看来不合逻辑,也得承认。例如,"吃饭""吃菜"是合逻辑的说法,固然正确;而"吃大碗""吃大灶""吃食堂"这些说法,你能不承认吗?因为符合语言习惯,大家听得懂,大家都承认。解放初,有人写文章反对过"闹情绪""耍态度"这类说法,理由就是不合逻辑。但是反对尽管反对,到今天,还是照样流行。因此,我们同样不能光用一个"不合逻辑"的理由去否定"恢复疲劳"的说法。

一个新的词语的产生,要得到社会的承认,通常必须具备三个条件:

第一,符合客观需要。在语言交际中,为了表达某一意思,而找不到现成的词语的时候,就得造出一个新的词语来。有人说,语言中不是存在着"消除疲劳""恢复体力"这些说法吗?都可以用来代替"恢复疲劳"。然而,这几种说法的含义是有差别的,不能划等号。"恢复疲劳"含有"用恢复精神、恢复体力的办法来消除疲劳"的意思,因此,无论是"消除疲劳"或是"恢复体力"都代替不了它。"恢复疲劳"的产生,是符合客观需要的。

第二,采用现成材料。所谓现成材料,就是我们语言中本来就有的东西。由于现成材料都有确定的含义,那么,用现成材料组成的新词语,也就容易被大家所接受。"恢复疲劳"中的"恢复"和"疲劳"是大家熟悉的两个词,含义明确;组合在一起,含义也还是明确的,不会造成什么误解。

第三,合乎结构法则。这是很重要的条件。词和词的组合应当受语法结构规律的制约。很明显,"恢复"和"疲劳"的关系是动词和宾语的关系。那么,它合不合动宾的结构法则呢?有人说,动宾关系是动作和对象的关系,像"洗衣服"和"学外语","衣服"是"洗"的对象,"外语"是"学"的对象。而

"恢复"与"疲劳"决不是动作和对象的关系,因此,这两个词不能构成动宾关系,"恢复疲劳"的说法不合乎结构法则。实际上,动宾关系远远不是"动作和对象的关系"所能概括的。比如"写文章","文章"是"写"的结果,而不是"写"的对象,但是大家都承认是宾语。此外,有一种宾语表示目的,例如"打扫卫生""准备结婚"中的宾语"卫生"和"结婚"分别表示"打扫"和"准备"的目的。

还有一种宾语表示原因。例如"后悔没有走"("没有走"是"后悔"的原因),"担心出事"("出事"是"担心"的原因),"忙什么"("什么"是"忙"的原因),"养病"("病"是"养"的原因)。"恢复疲劳"正是属于这一种动宾关系。所以,这种说法也是合乎汉语结构法则的。

总起来看,"恢复疲劳"的说法符合客观需要,采用现成材料,也合乎结构法则,因此它自然会得到社会的承认。

曾经有人提出一种折衷的办法,就是"恢复疲劳"口语里可以说,书面语不该用。

事实上,要想把口语和书面语对立起来,截然分开,那是办不到的。大量语言事实证明,"恢复疲劳",不单单口语里用,书面语里同样可以用。许多有影响的文学作品,如《铁道游击队》(第618页)、《林海雪原》(第485页)、《红日》(第142页)等都用上了。而毛泽东同志早在解放战争时期所写的《关于平津战役的作战方针》中就采用了"恢复疲劳"的说法(见《毛泽东选集》第四卷第1368页)。茅盾在1940年写的散文《风景谈》中,也有这样的句子:"人们来这里,只为恢复工作后的疲劳……"(见高中语文课本第三册)这样看来,"恢复疲劳",不但口语里存在,而且书面语里也早就站住脚了。

还要指出,"恢复健康""恢复体力"是一般的用法,而"恢复疲劳"毕竟是特殊的用法。特殊用法是不可以任意类推的。我们不能因为承认了"恢复疲劳",就推而广之,造出"恢复痛苦""恢复肝炎"等等来。那样的话,就乱了套了。

(《语文学习》1982年第4期)

不能只拿语法说事

一个句子是否有语病,首先要用语法规则来鉴定,这是毋庸置疑的。但言语作品中的具体句子,必然会受到语言环境和语用宗旨的制约。因此,判断句子的正误,不能把语法规则看作唯一标准,还得兼顾语用的特点、修辞的要求。

上海西南角有一家东北风味的烧烤店,店名为"××串烤"。该店的特色是"无烟烧烤,自烤自吃"。沿街窗户的大玻璃上贴着醒目的红字广告语:"美味出自你亲手,邀朋请友来享受。"有人认为前半句是病句。确实,如果只顾语法,不及其余的话,判为病句是有道理的。

"亲手"是个副词,如同"亲自、亲口、亲耳、亲眼"等"亲~"系列副词一样,只能修饰动词,如"亲自出马、亲口答应、亲耳听到、亲眼看见";所以我们可以说"亲手制作、亲手裁剪"等,却不能让"你"与"亲手"组合,充当"出自"的宾语。一来代词"你"与副词"亲手"不可能构成一个短语(用语法术语来说,"你亲手"不是一个结构体);二来,"出自"的宾语应该是名词性的。倘若将广告语前半句改为"美味出自你的手",则一点问题也没有了。

不过,语法上没有问题了,广告语的效果却差了。广告的要诀在于创新,在于出奇制胜、别具一格,在于吸引眼球、投人所好。这条广告语,妙就妙在"亲手"二字。现在的年轻人,崇尚 DIY(Do It Yourself 的缩写),喜欢"自己动手";香港人把 DIY 译成"亲力亲为",十分传神。"亲手"的"亲"恰好对应了"亲力亲为"的理念。再者,考虑到(前后句)字数的限定和句末的韵脚,"你亲手"也可以看作"你亲手制作"或"你亲手烧烤"的省略。因而,作为广告语,"美味出自你亲手"是不必多加挑剔的。

《新闻晨报》2006 年 11 月 7 日刊登了一篇题为"剩女"的文章,其中有这样一个句子:"最近,父母频频给我安排相亲活动,我都乖乖地配合去当女主角,但始终还是单身着。"这儿所说的"单身"就是指没有配偶的人,好几本词典都把它定性为名词。然而在这个句子中,"单身"不仅做了谓语的中心词,而且后边带了一个表示持续态的时态助词"着"。乍一看,好像又不合语法。其实,这正是修辞手法"词性转移"的妙用,让静态的"单身"化为动态的"单身",即让"单身"的状态持续着。读者会立即感悟到:不是短时的"单身",而是持续的"单身"——何等简洁!何等确切!修辞效应就在于此。最后一个分句,假如删去"着"字,循规蹈矩地写成"但始终还是单身",通则通矣,新鲜感便荡然无存了。

　　如此说来,只要修辞需要,就可以不顾语法了吗?不。语法永远是遣词造句的基础,修辞则是在此基础上更上一层楼。有时候,人们为了追求"陌生化"的修辞效果,会造出"异常"的句子来。但"异常"并不是任意的,必须遵守基本的交际规则——语义上的可理解性。一句话如果突破了语法规范,从而带来不合逻辑不合事理的结果,让人看了不知所云,那么我们就可以断定这句话在表达上出了问题。这种情况决不能拿"修辞需要"来搪塞,来掩盖。比如"很女人"可以说,因为"女人味"是有程度差别的,副词"很"用来表示程度;"很砖头"则不能说,因为"砖头"没有程度可言。由此可见,"很+名词"这种"异常"搭配,是不能一概说对也不能一概说错的,必须区别对待。

(《语文学习》2007年第6期)

不必整齐划一

"诞辰"是个地道的名词（意思相当于"生日"，它跟"生日"的区别，在于多了一层庄重色彩）。既然是名词，"百年诞辰"便是"数量名"结构，"诞辰百年"则是"名数量"结构。于是，讨论的焦点应当是："名数量"结构在汉语中能不能成立？

我们汉语，一般的语序是"数量+名"（不必举例）。不过也可以采用特殊的语序"名+数量"。比方说，餐馆的采购员向老板报告采购的物品，往往会用"名+数量"的形式来列举："大青鱼三条、鲜猪肉半匹、嫩豆腐两板、卷心菜五十斤……"当然，这种形式是可逆的，可以变换为"数量+名"，即"三条大青鱼、半匹鲜猪肉、两板嫩豆腐、五十斤卷心菜……"汉语中，也有一些组合是不可逆的，比如，"数量名"的"百年大计"不能说成"大计百年"，"名数量"的"母女两个"也不能说成"两个母女"。

多数情况下，"数量名"可以变换为"名数量"。例如："十二卷军书"与"军书十二卷（卷卷有爷名）"（《木兰诗》）；"万里长城"与"长城万里（知谁许，看镜空悲两鬓霜）"（陆游《休日留园中至暮乃归》诗）。又如："十里洋场"与"洋场十里"；"一潭死水"与"死水一潭"。

汉语的"数量名"结构中的"量"有时可以省略，如"一（　　）人一（　　）马一条枪"。这种省略了"量"的"数+名"，有些也可以变换为"名+数"。毛泽东《七律·人民解放军占领南京》："钟山风雨起苍黄，百万雄师过大江。"陈毅《纪念宁沪解放十周年》："席卷神州解放风，雄师百万下江东。"前者为"百万雄师"，后者为"雄师百万"，表达的意思却是一样的。

如此看来，"百年诞辰"是一般的语序，"诞辰百年"是特殊的语序，两者都是合乎汉语语法的。

谁都喜欢我们的汉语多姿多彩,而不喜欢过分的整齐划一。就让"百年诞辰""诞辰百年"以及其他同义的表达形式"合法"地并存,供人们自由选用吧!

(《咬文嚼字》2003年第8期)

把字句的语法特点

"妈妈,把窗户关上。""你把地图朝左边挪挪。"这两个句子在语法书上称为把字句。把字句是一种特殊的句式,即由"把"字短语接动词短语充当谓语的句式。"把窗户"是"把"字短语,"关上"是动词短语,"把窗户关上"一起充当句子的谓语;"把地图"是"把"字短语,"朝左边挪挪"是动词短语,"把地图朝左边挪挪"一起充当句子的谓语。

用把字句和不用把字句在表意上是有区别的。从传递信息的角度来看,一个句子的主语表示已知信息,谓语表示新信息,而新信息的重点往往出现在谓语的末尾。因此,大而化之地说,"李二嫂哭哑了嗓子"侧重于"嗓子","李二嫂把嗓子哭哑了"则侧重于"哭哑了";"我们一定要修好淮河"是强调"淮河","我们一定要把淮河修好",则强调"修好"。

把字句主要有以下一些特点:

一、谓语中主要动词不能是个光杆动词,也就是说在动词前后要有一点别的成分。"把窗户关上","关"后边有个"上";"把地图朝左边挪挪","挪"前边有个"朝左边",而且自身还重叠了("挪挪")。光说"把窗户关""把地图挪"都不行。最起码得加个"了"说成"把窗户关了""把地图挪了"。

唯独歌词和戏曲唱词可以例外。因为受字数限制或者考虑押韵,允许在把字句中使用光杆动词。比如大家熟悉的"夫妻双双把家还""那一天同志们把话拉"。

还有一些双音动词,其本身带有结果义或完成义的,可以"光杆儿"充当谓语,不必添加别的成分。例如:"赶快把俘虏遣散!""我们年内一定把这项任务完成。"

二、主要动词通常都能够跟"把"后边的成分构成动宾关系,如"关窗户"

"挪地图"。有时候动词本身并不能跟"把"后边的成分构成动宾关系,像"别把肚子吃坏了""李二嫂把嗓子哭哑了",总不能说"吃肚子""哭嗓子"吧?不过,整个动词短语可以跟"把"后边的成分构成动宾关系,即"吃坏肚子""哭哑嗓子"。这同样也符合把字句的要求。

"关窗户"的"窗户","挪地图"的"地图",我们称之为受事宾语。所谓受事,指的是动作行为的承受者。把字句中,"把"字后边的成分,不限于受事,也可以是处所。在"昨天把仓库都堆满了""一口气把那三百级台阶走完了",这两个把字句里,"仓库"和"三百级台阶"都表示处所。当然,这儿的动词短语和表处所的词语仍然可以构成动宾关系:"堆满仓库""走完三百级台阶"。

三、一般的把字句,主要动词都是及物动词,如上边的"关、挪"等。在北方话口语中,一部分把字句可以使用不及物动词,像"千万别把犯人跑了""真没想到,把个大嫂死了"。这两句中,"把"后边的成分不是受事,也不是处所,而是施事(动作行为的发出者),动词则是表示消失意义的不及物动词。整个句子说明发生了不如意的事情。这两个动词都不能直接跟施事名词构成动宾关系,不能说"~跑犯人"和"~死大嫂"。但是,在动词后边加个"了",还是可以构成动宾关系:"跑了犯人"和"死了大嫂"。只是这类宾语非同一般,语法书上称为存现宾语。

必须指出,即使是及物动词,也不是个个都能充当把字句的主要动词的。比如不表示动作行为的动词"有、是、像、存在、属于、姓"等,都不能用于把字句。试比较:

我有精装本《咬文嚼字》。(√)

我把精装本《咬文嚼字》有。(×)

我是雷锋班的战士。(√)

我把雷锋班的战士是。(×)

又比如纯粹表示感觉、知觉的一部分动词"感到、听见、看见、知道"等也不用于把字句。我们不能说:"你把这件事知道了吗?""他们没有把我看见。"

四、还有一种特别的把字句,它由"把"字短语单独作谓语,后边不出现动词短语。例如:"我把你这个小精灵丫头!""我把你这个冒失鬼啊!"这种把字句,一般只出现在口语中,而且形成了固定的格式:"我把你这个……(啊)!"它的作用是表示责怪或无可奈何。

(《咬文嚼字》1998年第3期)

简说被字句

"父女俩被洪水冲散了""我的摩托车被小京骑到苏州去了。"这两个句子在语法书上称为被字句,过去也称被动句。两种名称,在范围上稍有差异。

被字句是一种特殊的句式,即由"被"字短语接动词短语充当谓语的句式。"被洪水"是"被"字短语,"冲散"是动词短语,"被洪水冲散"一起充当句子的谓语;"被小京"是"被"字短语,"骑到苏州去"是动词短语,"被小京骑到苏州去"一起充当句子的谓语。

被字句常常称作被动句,相应地,一般的动宾谓语句就被称作主动句。主动还是被动,最突出的差别在于主语是施事(动作行为发出者)还是受事(动作行为承受者)。一般的动宾谓语句,比如"洪水冲散了父女俩",主语"洪水"是施事;被字句,如"父女俩被洪水冲散了",主语"父女俩"是受事。与此相反,动宾谓语句中的宾语"父女俩"是受事,被字句中"被"的宾语"洪水"则是施事。

有时候,被字句动词前加一个助词"给",像"据说他小时候被驴给咬了一口","孩子被你给惯得越来越不听话了"。这种形式只用于口语,而且限于北方话。

有时候,被字句动词前加一个助词"所",像"火车被风雪所阻","若干住人的地区反而被沙漠所吞并"。这种形式多用于书面语,而且动词都是光杆动词。如果"所"后边是双音节动词,这个"所"有的可以不用;如果"所"后边是单音节动词,这个"所"非用不可。

跟把字句一样,被字句主要动词不能是光杆动词,也就是说在动词前后要有一些其他的成分。上边两句中"所阻"和"所吞并",由于有了"所",动词就不再是"光杆"的了。再如在"孩子被你给惯得越来越不听话了"中,动词

"惯",前有"给",后有"得越来越不听话了"。最起码,要在动词后边加个"了",句子才站得住,像"做小买卖的本钱被人骗了"。

不过,我们也可以发现少数被字句的谓语动词是光杆动词(限于双音节的)。比如:"你的话可能被人误解。""这些提案在政协会议闭幕后已经被市政府采纳。"这两个句子其实另有条件:"被"字前边有助动词或表时间的词语。如果分别删去"可能"和"在政协会议闭幕后已经",句子还是站不住。平常,我们不说"你的话被人误解"和"这些提案被市政府采纳"这样的句子。如上所说,这两句至少也要在句末加个"了"才行。

被字句还有一种省略形式,即介词"被"单独接动词短语,一起充当句子的谓语,也就是说"被"后边的宾语(施事)不出现。比如:"父女俩被冲散了。""在猜谜游戏中,她很少被难住过。""突然,办公室的门'哐当'一声被撞开了。"按说,用介词"被"表示被动,总要引出施事来,可是由于某种原因,施事或不必说出来,或不便说出来,或不能说出来。第1例,有语言环境(上文),施事"洪水"无须说出;第2例,在猜谜游戏中,施事是泛指的,不易具体说明;第3例,门关着,不知道谁撞门,也无法说出施事。

一般情况下,用了"被",表示受事的词语总是出现在"被"的前边,充当主语。但是,有一种特殊用法,却让表示受事的词语仍旧留在动词后边,在句末出现。例如:"竟然被他一句话害死了一老一小两条命。""在粮食仓库里,被可恶的老鼠毁掉了多少粮食啊!"这种特殊形式的被字句,具有浓烈的感情色彩,强调事态的严重性。

(《咬文嚼字》1999年第9期)

跨越"三道坎"

在古代汉语中,由于名词可以活用,副词修饰名词的现象并不罕见,如"不衫不履"(不着上衣不穿鞋子)"不蔓不枝"(不爬蔓不长枝)"不伦不类"(不像这一类也不像那一类)。

发展到现代汉语,"名词不能用副词修饰"(见胡裕树主编《现代汉语》重订本第292页)成了一条铁定的语法规则。如果有人说"不鞋子""不树枝""不类别",肯定是不合语法的。

不过,语言是为社会服务的,为人服务的,语言不可能一成不变。现代汉语在变,其中词汇变得最快,最引人瞩目,语音和语法也在悄悄地变,缓缓地变。纵观近百年的现代汉语,即使像"名词不能用副词修饰"这种铁定的语法规则也做不到"纹丝不动"。使用汉语的人们先后尝试跨越三道坎——三道"副词修饰名词"的坎。

第一道坎,时间副词修饰时间名词、处所名词。例如:"昨天已经冬至了。""这个月才五月。""这儿已经新世界(商场)了,前边马上大光明(电影院)了。"这种组合来源于口语,要受两个条件限制:一是限于少数表时间的副词,如"才、刚、已经、马上、即将"等。二是只能用作谓语。目前,在小说、剧本以及诗歌中,不难找到这类用例。

第二道坎,程度副词修饰名词。例如台湾艺人凌峰说:"我的长相很中国。""很中国"意思是很具有普通中国人的特点、特征、特性(如黄皮肤、黑头发……)。又如"真牛""很青春""(比我)更专业""十分哥们""非常流氓""太小儿科了"。这种用法在文学作品中已经是通行无阻了。不过,被修饰的名词必须是具有鲜明的特点、特征、特性的。寻常的名词还是不能进入这种组合,比如"很桌子""真(副词)水果""更操场"之类都难以成立。

第三道坎,时间副词修饰一般名词。这种时间副词只限于两个:"曾经"和"永远"。《咬文嚼字》2002年第5期有一篇文章批评了"曾经的新年""曾经的霸主""曾经的一切"一类组合。好几种语文刊物还批评过"永远的恩师""永远的榜样""永远的病痛"一类组合。主要理由仍是副词不能修饰名词。另一理由则是可以不用副词"曾经"或"永远",改用其他合适(意义合适、功能合适)的词。

依我看,第一道坎、第二道坎已经跨越过去了,大多数人都认可了,第三道坎正在跨越之中。"曾经的新年""永远的恩师"的用法先流行于台、港、澳地区,在内地,能不能跨过这道坎呢?有利条件是表意尚属明确,不需要受众去猜测捉摸;不利条件是如此组合跟多数人的语感不相吻合。当前似不必匆忙下结论,对于媒体上出现的用例不妨宽容一点。让时间来考验吧,让群众来抉择吧!

(《咬文嚼字》2003年第3期)

"亲弟弟"换"亲哥哥"
——省略一例

近读青年作家赵冬的散文《层次》(收在上海人民出版社《别让心灵寂寞》文集中),读到一个句子:

(1)(与我住一个寝室的)子鉴比我大三岁,……他待我很好,像亲弟弟,自己买什么都忘不了给我一份。

耐人寻味的是,句中的"亲弟弟"可以改成"亲哥哥"而意思不变,即:

(2) 子鉴比我大三岁,……他待我很好,像亲哥哥,自己买什么都忘不了给我一份。

谁都知道,"亲弟弟"和"亲哥哥"绝对不是等义词,也不是近义词。那么,为什么分别含有"亲弟弟"和"亲哥哥"的(1)(2)两句却表达了相同的内容呢?

原来,(1)(2)两句都是省略句,假如不省略,就应该说成:

(3) 子鉴比我大三岁,……他待我很好,像亲哥哥待亲弟弟,自己买什么都忘不了给我一份。

(1)(2)两句所表达的就是(3)句的内容。(1)句以(3)句为基础,省略了"亲哥哥待"四个字;(2)句也以(3)句为基础,却省略了"待亲弟弟"四个字。

从字面形式看,(1)(2)不同;可是从表达内容看,完全相同。吕叔湘先生指出:"……有省略,但是有条件:第一,如果一句话离开上下文或者说话的环境意思就不清楚,必须添补一定的词语意思才清楚;第二,经过添补的话是实际上可以有的,并且添补的词语只有一种可能。这样才能说是省略了这个词语。"(《汉语语法分析问题》第68页)(1)(2)句跟(3)句的关系完全符合吕先生所说的条件,(1)(2)两个省略句经过添补都跟(3)句一模一样,因而(1)句和(2)句成了等价物。

这是一个十分普通的句子。汉语之精,省略之妙,由此可见一斑。

行文至此,本该搁笔。又生联想,补记于下:

本文的标题"'亲弟弟'换'亲哥哥'"不也可以改成"'亲哥哥'换'亲弟弟'"吗?只要读过拙文,读者一定会认为这两个标题都正确,而且都切合文章的内容。这两个标题也是省略句,不过它们的"前身"不一样。"'亲弟弟'换'亲哥哥'"是"'亲弟弟'换上'亲哥哥'"的省略,而"'亲哥哥'换'亲弟弟'"则是"'亲哥哥'换下'亲弟弟'"的省略。原句等价,省略句也等价。

这种省略,跟语言环境有十分密切的关系,不能随便使用。例如全国足球甲A联赛,电视台进行现场实况转播,遇到某队更换上场队员的时候,如果主持人也用"×××换×××"的省略句式来介绍,电视观众不一定弄得明白。上海电视台、东方电视台的主持人一般都配合着画面上的字幕,这样说:"申花队换人,范志毅下,李晓上。"句式简短,一清二楚。要是用省略句"范志毅换李晓"或者"李晓换范志毅",反而不清楚。可见,用不用省略句,用什么句式,都得考虑到语言环境中的种种情况。

(《语文学习》1996年第3期)

"大约"与概数

近日,因工作需要,翻阅了近20本有关病句评改的书籍。谁料想竟有好几本把如下的句子判为病句:

年龄大约在五十上下。

不远了,大概还有十里左右。

从名字来看,这几个人大抵出生在1958年前后。

大致要飞两三个小时才能到达。

约摸十六七岁吧。

为什么是病句?理由大体一致:"××上下""××左右""××前后"以及"两三""十六七"都表示概数,而"大约(大概、大抵、大致、约摸、大约摸)"也表示概数,两种表示概数的方法一起使用,重复了,累赘了,只需要保留一种。比如第一句要删除"大约",说成"年龄在五十上下"就行了。

上述说法好像很在理,因为——

在汉语中,两种表示概数的方法确实不能同时使用,例如"八十来岁左右"和"五六十公斤上下",应该分别改为"八十来岁"或"八十岁左右","五六十公斤"或"五十公斤上下/六十公斤上下"。

在汉语中,有些动词确实不能与表示概数的词语同时使用,像"超过四五吨"和"不足三千人左右"都有语病,原因是"超过"这个动词要求后面数目的上限确定,"不足"这个动词要求后面数目的下限确定。如果后面是概数,则上限下限都无从说起。

然而,"大约"等词并不表示概数,而且跟动词"超过""不足"等也完全不同;它们是副词,只表示估计。既然是估计,"大约"等词的后面便既可以接确定的数,也可以接概数。比如,"大约要等三天"和"大约要等三四天"都是正确的说法,表意都很明确。后一例"大约要等三四天"中,表估计的"大约"和表概数的"三四",各司其职,互不抵牾;合在一起使用,决没有重复、累赘的弊病。

"大约"等词后边接上概数的例句,在《现代汉语词典》中就有若干个,可作佐证:"从这里到西山,大概有四五十里地。""他大约有六十开外了。""大约摸有七八百人。"

(《咬文嚼字》2000年第4期)

用于人的量词

量词多而复杂,是汉语的一个重要特点。称牛论"头",称马论"匹",分工明确,不能说"一匹牛、一头马"。那么称人用什么量词呢?最容易想到的,也就是最常用的有两个:一是"个",一是"位"。用"个"称人,没有特殊的色彩;用"位"称人,表示敬意。"一个教师"和"一位教师",差别就在于后者的"位"是个敬辞。"个"与"位",虽说是最常用的两个量词,却还常常用错。

日前看到某大学的一份"考试简报",内中有这么几句话:"1.外语系有三位同学在军事课考试中作弊;2.历史系有两位同学在考试中作弊;3.外语系一专科生代替体育系一本科生参加外语四级考试,两个均按作弊论处。"1、2句中,既然是"作弊"的同学,怎么还能用"位"来"表示敬意'呢?按理只能用"个"(或者"名")。第3句中"一专科生""一本科生"不用量词倒是允许的。这是继承了古汉语省略量词的用法,常常出现在现代汉语的书面语中,如"一人一马""一针一线"。

量词"位"的误用,在报刊中时有发现。有些文章竟然在罪犯、小偷、贪污受贿者、卖淫嫖娼者的前面,也冠以"位"字,实在不可容忍!《语文学习》杂志和《新民晚报》都曾就此发过批评文章,这儿不再引用实例了。

除了"个"与"位",称人还可用量词"名"。上例的"一专科生""一本科生"可以说成"一名专科生""一名本科生"。不过,用"名",有一个条件,就是所称的"人"必须是上了名册的。军队有名册,可以说"一名战士",学会有名册,可以说"一名会员";而银行不设储户名册,就不能说"一名储户",商店不设顾客名册,也不能说"一名顾客"。在日常生活中,就更不能称"一名大嫂""一名小姐"了。

比较特殊的量词是"条""介""员""号"等。"条"原来只能用于细长的东西,不能用于人,如"一条绳子、两条鱼、三条马路、四条腿";但是,我们却可以说"梁山泊一百零八条好汉"。如果把"一百零八条"改换成"一百零八个""一百零八位""一百零八名",都不足以表现豪放、剽悍、威武的气派。"介"与"个"在古代读音相近、用法相通。《尚书·秦誓》中的"如有一介臣"和《礼记·大学》中的"若有一个臣","介""个"互通。到了现代,"介"念 jiè,"个"念 gè,就不能用"介"去代替"个"了。"介"似乎只剩下"一介书生""一介武夫"这两种用法了。在现代汉语中,这个"介"字,用于自己,表示谦虚;用于他人,则带有贬义。以"员"称人,只限于武将,如"一员大将"。至于"我是集体中的一员"里面的"员",是"成员"的意思,不属于量词。还有一个"号",用于计数。比如"今天出动一百多号人去割芦苇"。值得注意的是,计数的"数"必须大,不能小。如果是"今天出动三号人去割芦苇",这个"号"就用错了。

"个、位、名、条、介、员、号"都用来称个体的,是一个一个计算的。还有两个两个计算的量词,那就是"双"和"对",例如"一双儿女、两对情侣、三对模范夫妻"。

称群体的人,另有几个量词。人常常是成群结伙的,因而有"一群孩子、一伙学生、一帮小朋友"的说法,"群、伙、帮"的作用大体相同。在"这一班年轻人力气真大,办法真多"中,量词"班"不仅指群体,而且强调了群体中各个体的共性。在"第一批干部已经到位"中,量词"批"不仅指群体,而且表明有先后次序,分批行动。此外,"股"可以用于成批的人,如"一股土匪、一股敌军";"队"可以用于成行列的人,如"一队运动员、一队红领巾";"拨"可以用于分组的人,如"队伍分成两拨,这一拨向东,那一拨往西"。"撮"原用于手所撮取的东西,如"一撮盐、一撮芝麻",现在借用来指数量极少的坏人,带贬义,如"一小撮坏蛋、一小撮敌人"。

还有两个是根据人的性质和特点来划分种类的量词。一个叫"种",一个叫"类"。例如"你和他是完全不同的两种人。""我是这一类的人吗?"离开了群体,就无所谓"种"和"类"。然而,量词"种"和"类"使用的时候,既可以称群体,也可以称个体。

除此之外,"家、桌、台、线"等常常从名词转为称人的量词。老老小小都居住在家里,可以说"一家老小";客人都围坐于桌前,可以说"一桌客人";演员都活跃在舞台上,可以说"一台好演员"。"一线工人、一线教师"的"一线"是"第一线"的缩略语,"第一线"常指直接从事生产劳动等活动(含教学活动)的地方或岗位,那么,"一线工人"就是直接从事生产劳动的工人,"一线教师"就是直接从事教学工作的教师。

"人次"是一个复合量词,也用于称人。习惯上"人次"不用在指人名词的前边,而用在后边。例如:"参观过这次画展的,有五万人次之多。""据本届奥运会统计,现场观众高达八百万人次,电视观众则不计其数。"

(《咬文嚼字》1995 年第 2 期)

关于"以上、以下""以前、以后"

这是一个老话题了,使用"以上、以下","以前、以后"一类词,往往出现界限不清的纠葛。与此相关的还有"以内、以外","以东、以西、以南、以北","以远、以近"等。

记得在1950年代,上海的公交车("公交车"是后来才有的"新"名词,当时分别称为"公共汽车"和"电车")上有一条规定:"……每位乘客可免费携带身高1公尺2以下的儿童1人。1公尺2以上的一律全票。"有人问:身高正好1公尺2的儿童要不要买票?从乘车实践来看,似乎不成问题,因为售票员总是"从宽"处理的。但是,从道理上讲,确实有问题,问题在于"……以上"和"……以下"包括不包括底数,没有统一的明确的规范。如果包括,两者都包括;如果不包括,两者都不包括。不管采取哪一种办法,正好1公尺2的儿童该不该买票的问题,总是找不到答案的,总是"无所适从"的。

类似的情况,我们常常遇到:

"我校在职教师中,35岁以下的青年教师有75名,35岁以上的中年教师只有28名。"——"35岁的"算青年还是中年?

"1号窗口售南京以远各站火车票,2号窗口售南京以近各站火车票。"——哪个窗口售"南京站"火车票?

"三天以内必须给我答复。"——"今天"(说话的当天)是否包括在三天之中?

当然,也存在另一种情况,同样采用这类说法的,有时倒是明明白白的(其中必定有某种原因):

"60分以上为及格,60分以下为不及格。"——因为早已约定俗成,刚好60分的肯定属于及格,没有人怀疑或误解。

"黄河以北地区以面粉为主食,黄河以南地区以大米为主食。"——因为"黄河"不是"地区","黄河以北""黄河以南"用在这儿,自然不包括"黄河"在内,不会产生歧义。

"本次大赛只评选前10名,10名以外则发给鼓励奖。"——因为前一句限定了范围,"10名以外"毫无疑问地不包含第10名。

尽管如此,"以……"类词语的使用,至今还常常会引起歧解,这是不争的事实。

《劳动报》1997年10月8日转载《武汉晚报》的一则新闻,说1997年高考语文文学常识试题中出现了常识性错误。试卷的第9题(选择题)的题干是"下列有关文学常识的表述,错误的一项是",下边有ABCD四个选择项。根据"答案",错误的一项是C。但是武汉的几位语文特级教师指出:A项也是错误的。原题的A项是这样表述的:"韩愈、柳宗元是唐代古文运动的倡导者,他们主张废弃六朝以后华而不实的骈俪文而创作内容充实、形式自由的散文。"试题中写的是"六朝以后",而人民教育出版社的高中语文课本第六册写的是"六朝以来"。因一字之差,两个时间概念就不一样:"六朝以来"包括"六朝","六朝以后"不包括"六朝"。而文学史上的客观事实是包括"六朝"的,因此课本的提法正确,试题的提法错误。武汉的老师们说,试卷上这一差错,使得优秀的考生面对A、C两个选择项感到左右为难。

这个批评完全在理。不过,我们还可以换一个角度来说,试题并不错。症结所在正是上文所说的"以……"类词语的使用并没有统一的规范。你说"六朝以后"不包括"六朝",我说"六朝以后"包括"六朝",公理婆理都有理。若承认后者,"六朝以后"与"六朝以来"岂不是"同义"了吗?试题何错之有?

需要申明的是,我们这样说,丝毫没有为试卷的命题者(以及校对者)辩护的意思。可以肯定,这道试题是有缺陷的,不妥当的。因为,一来,试题的语言必须十分明确,不应该模棱两可,有歧义的;二来,知识性的试题要尽可能跟课本上的提法保持一致。

这个小小的事件,充其量只能说高考试卷中有"瑕疵"(见《劳动报》的新闻标题),但受影响的考生却已经是数以万计了。由此可见,"以……"类词语的规范问题应当引起人们密切关注和充分重视了。

1950年代以来,语言学界也曾提出过一些解决办法,有人主张"××以……"一律包括"××"在内,有人提倡"××以……"一概不包括"××"在内。平心而论,这两种办法,取任何一种,都是可行的。但是语言这东西,自有其特殊性:不是谁"说了算"的,一定要"约定俗成"。对于这类问题,即使是最有权威的机构(比如政府机构——国家语委,比如学术机构——国家级的语言文字应用研究所)站出来说话,恐怕也不一定见效。

如此说来,我们对于"以……"类词语的规范问题,是不是无能为力了呢?是不是只好听之任之了呢?否。

"以……"类词语是现代汉语中十分常用的词语群,谁也不可能避而不用。行之有效的办法是使用的时候,尽可能把话说得周全些,避免有两可的解释。以下列举若干可供选择的表达形式:

第一组,两项并提:35岁以上的……不满35岁的……|35岁以下的……超过35岁的……

第二组,只提一项:35岁和35岁以上的|35岁以上(含35岁)的|35岁以上(不含35岁)的。

第三组,干脆不用"以……":满35周岁的|超过35周岁的|不满35周岁的。

第四组,其他。比如用"以来"("以还")。"××以来"是必定包括"××"在内的,没有歧义。所以,上述试题中,用"六朝以来"无疑比"六朝以后"确切。

此外,使用"以……"类词语,凡涉及时间概念的,时间的单位越小,产生歧义的可能性也越小。试比较:1997年以后|1997年7月以后|1997年7月1日以后|1997年7月1日零时以后。最后一项产生歧义的可能几乎等于零。

(《语文学习》1998年第1期)

从什么时候"迄今"

《新民晚报》1995年6月26日第6版刊登了上海前卫五金交电公司的广告,广告中有"95年迄今的销售业绩"的字样。

且不说"95年"的用法值得商榷,这儿先讨论"迄今"这个词用得对不对。

"迄今"是个文言词,"迄"即"到","今"即"如今""现在"。换上口语化的说法,就是"到如今""到现在"。

"今"表示一个时点,"××迄今"表示一个时段(从××到如今)。时点和时段所代表的时间都是相对的,可长可短。以时点来说,"1949年""1949年5月25日"和"1949年5月25日1时45分",这三者都可以看作时点。时段也是这样,大到"元明清",小到"从上午至下午"都可以看作时段。"迄今"的"今",一般说,可以理解为"今年",或"今月(本月)",或"今日"。既然该广告刊登在1995年6月26日的报上,那么"今年"即1995年,"今月"即1995年6月,"今日"即1995年6月26日。试问,读者怎么知道某一个"××迄今"中的"今"是"今年"还是"今月"还是"今日"呢?它的参照点就看那个"××":"××"表年,则"今"表今年;"××"表月,则"今"表今月;"××"表日,则"今"表今日。这是清清楚楚、明明白白的,每一个人都要照此规则使用语言和理解语言,概莫能外。

我们面对的广告上面的"××"是"95年",那么"95年迄今"就是"从1995年到今年",或者说"从1995年到1995年"。"从1995年到1995年"不合情理,无法解释,因此,"1995年迄今"这个说法就不能成立。顺便说一句,假如该广告刊登在1996年6月26日的报上,那倒没有问题了。

明白了个中缘由,修改起来并不困难,比方说,"1994年迄今""1995年1

月迄今""1995年元旦迄今"等等,均无不可。要问哪一种算得上既准确又合理的最佳改法,依我看,先得请教广告的设计者:您心目中的参照点"××"究竟是何年,何月,何日?

(《咬文嚼字》1995年第9期)

"古柏"不古

《新民晚报》1995年6月26日第8版《张学良铜像揭幕》中说:"这所中学是张将军在一九二八年捐资四十万银元创建的,校园内还有将军亲手种下的古柏。""古柏"的"古"字属于误用。

首先要说明的是,"古柏"并不是柏树的一个品种。"古柏"的"古"是一个时间概念,犹如古寺、古塔、古墓、古钱的"古"一样。古与不古,当然是相对而言的。张学良将军在1928年(还可能是1928年之后)种下的柏树,屈指算来还不满70年。这样的柏树若称之为"古柏",别说园林学家通不过,就是一般读者恐怕也不会首肯的。那么多的读者来信指出这一问题便是证明。

但有人说,情理上虽说不通,语法上却说得通。他们用"找主干法"为这一病句辩解。所谓"找主干法",是对于长句去除枝叶(修饰语)、留下主干(中心语)的语法分析方法。"校园内还有将军亲手种下的古柏"的主干是"校园内有古柏"。既然"校园内有古柏"讲得通,那么原句"校园内还有将军亲手种下的古柏"也站得住。

且慢下结论!我们先探讨下"找主干法"的科学性如何。这个"找主干法"在中学语文教学中用过很长一段时间,有时也能帮助中学生看清句子(特别是长句子)的骨架,正确理解句子。为什么要添上"有时"二字呢?因为这个方法有很大的局限性,"有时"十分有效,"有时"却会失灵。

1981年7月在哈尔滨举行的全国语法和语法教学讨论会上曾为此而争鸣。

有人举出这样一例:"于福的老婆是小芹的娘。"说的是赵树理小说《小二黑结婚》中的一个重要人物三仙姑,她的丈夫叫于福,女儿叫小芹。这个句子去除枝叶,留下主干,就成了:"老婆是娘。"这样一简缩,在会场上引起哄堂大笑。

可见"主干句"讲不通，不等于原句站不住。同样的道理，如果"主干句"讲得通，也不能证明原句就一定站得住。判断一个句子的正误，还得就句论句，实事求是，因为"中心语"和"修饰语"仅仅是语法分析的术语，而在句子表意上，决不能说"中心语"重要，"修饰语"不重要，也不能说只要（或主要）看"中心语"，不要（或次要）看"修饰语"。

"古柏"不古这是事实，光用"找主干法"所得出的结论是靠不住的。

（《咬文嚼字》1995年第9期）

"之所以"正误辨

有人批评下列句子是病句："之所以会有'语言公害'之说,一个重要的原因正在于此。"批评者的理由很简单:这个句子是用"之所以"开头的。

用"之所以"开头的句子是不是病句？众说纷纭。十多年前,叶圣陶先生说过(见《叶圣陶语文教育论集》第731页),吕叔湘先生也说过(见《语文杂记》第113页)。后来,不少语文刊物先后讨论过这个问题,仅《语文学习》一家杂志就发表过三篇文章(分别刊于1995年第1期、第5期和1996年第6期)。讨论越来越深,真理越辩越明。现将比较合理、比较可取的看法综述于下:

首先,要区分古代汉语的用法和现代汉语的用法。

在古代汉语中,"之"和"所以"是两个词。"之"是结构助词,其用法之一是用在定语和被修饰的名词之间,如"永州之野产异蛇"。如果被修饰的不是名词,可以让"所以"和它结合成为名词性短语,然后再受定语修饰,例如:"此心之所以合于王者,何也？""君子之所以为君子,小人之所以为小人,皆此一念之差也。"

这种用法的"之所以"绝对不能用于句首。"之所以此心合于王者,何也？""之所以君子为君子,之所以小人为小人,皆此一念之差也。"这两个都是不合格的句子,因为结构助词"之"是从不出现在句首的。

在现代汉语中,"之所以"在继承固有用法的基础上产生了新兴用法。它不再是各自独立的两个词,而是形成了一个固定组合,充当因果复句中的关联词语。几乎大部分"因为A,所以B"的先因后果的复句,都可以变换为"之所以B,是因为A"的先果后因的复句。比如"因为黄浦江上大雾弥漫,所以许多职工迟到"这一句,可以变换为"许多职工之所以迟到,是因为黄浦江上大雾弥漫";也可以变换为"之所以许多职工迟到,是因为黄浦江上大雾弥漫"。"之所以"在主语后,在主语前,都是正确的。

其次,即使在现代汉语中,"之所以"也并非都可以用在句子的开头。

凡是保留古代汉语基本意义和用法的"之所以",仍然不能用于句首。例如:

"之所以"之所以有时可以出现在句首,有时不能出现在句首,这不是三言两语说得清楚的。

这个句子不属于"之所以 B,是因为 A"的句式。其中,加了着重号的"之所以"就不能前移到句首。倘若前移,便成病句。

退一步说,纵然是现代汉语的新兴用法,"之所以"也不是非用在句首不可。它还有主语前和主语后这样两种位置可以选择(上文已经举过例),不同的选择在语用效果上略有差异。

明乎此,让我们回过头来再考察一下本文开头指出的句子:"之所以会有'语言公害'之说,一个重要的原因正在于此。"这是个复句,前一分句说结果,后一分句说原因,它是"之所以 B,是因为 A"的变体(变化形式)。可见,这个句子不是病句,应予肯定。

(《咬文嚼字》1997 年第 5 期)

是否、能否、可否和"有否"

"否"是个文言词。在现代汉语中一般不能单独使用(书面语里偶尔用"否"表示不同意,相当于口语的"不"),但可以作为语素构成"否认、否决、否定、否则"等词。

有一种相当常用的结构,即"是否、能否、可否、有否",不仅在书面语中流行,甚至口语中也时有出现。应该说,前边三个是合乎规范的,末了一个"有否"却值得怀疑。检验的方法很简便,有一个公式:A 否 = A 不 A。用公式一试,就见分晓。是否 = 是不是,能否 = 能不能,可否 = 可不可,都没问题;有否 = 有不有——现代汉语(普通话)中不存在"有不有"的说法。可见"有否"这种结构不能用,应当说"有没有"。

是否 = 是不是。凡是用"是否"的,都可以改成"是不是",但是用"是不是"的,却并非全能改成"是否"。比如下面四例中后两例便不能改:

是不是来了——是否来了

是不是错了——是否错了

是不是你们——是否你们

是不是青蛙——是否青蛙

这里有一条界限:"是不是"后面可以接名词性的,也可以接非名词性的;"是否"后面不能接名词性的,只能接非名词性的。

"能否"与"可否",意思十分接近,用法却有差异。先比较几个句子:

(1) 能否准时前往?

(2) 可否准时前往?

(3) 不见不散,能否?

(4) 不见不散,可否?

一比较就清楚了，人们习惯于采用(1)(4)两种说法。也就是说，"能否"后面最好要带一点什么，"可否"却宜用于句末。

在书面语里，有时还会发现"愿否、敢否、肯否、要否"一类结构（口语里似乎听不到），用公式来套，倒是合格的：愿不愿、敢不敢、肯不肯、要不要。可是至今还没有被使用汉语的人们普遍接受或认可。这里有一个道理：一切语言规律都是从语言习惯中归纳出来的。掌握了规律（比如"A 否＝A 不 A"也算一条小规律），就可以类推，但不等于可以任意类推。类推的结果，还是要依照语言习惯来判断它能不能成立。例如现今全国邮局统一印制的"汇款单"上有"要否航空"一栏，应当说表意是明确的，但读起来感觉拗口。看来，像"愿否、敢否、肯否、要否"这类结构，还得继续观察，不宜马上予以肯定。

(《咬文嚼字》1995 年第 5 期)

"无须理由退货"有语病

上海商界曾先后推出"无须理由退货"的新举措、新口号,产生了良好的社会效应和经济效应。

本文不想议论"无须理由退货"这一举措本身的是与非,只讨论这个口号是否有语病。

"无须"是个副词,意义和用法大体上跟"不必"相当。"无须"只能修饰动词性词语,不能修饰名词性词语。《现代汉语词典》举的例子是"无须操心,无须大惊小怪"。我们再看两例:

(1) 人民币无须贬值六大理由(《羊城晚报》1999年8月10日标题)

(2) (长城消费信用卡)持卡人无须交付备用金,就可在信用额度范围内自由消费。(《文汇报》1999年8月31日)

以上所举例中的"操心、大惊小怪、贬值、交付备用金"全都是动词性词语。

可是"无须理由"的"理由"却是地地道道的名词,副词"无须"不能修饰"理由"。这种搭配是不合语法习惯的。

我们不妨查考一下"无须理由退货"这个口号的来历。1997年1月1日,在新世界商城的新闻发布会上,商城负责人明确表示:凡符合国家政策法规规定的(除内衣裤、黄金、烟酒等商品外,其他商品只要不污不损)不必陈述理由,即可退货。(详见《上海经济报》1998年2月13日报道)原来如此!所谓"无须理由"原本应作"不必陈述理由"。"不必陈述理由"也就是"无须陈述理由"。"不必"或者"无须"都可以修饰动词短语"陈述理由"。

遗憾的是,商家在拟定广告宣传语时,为了简短,将"不必(无须)陈述理由,即可退货"压缩成"无须理由退货"——一个不可或缺的动词"陈述"被删去了,这一删,就删出了纰漏。

(《咬文嚼字》2000年第1期)

"文里文气"怪怪的

王姬在《我与繁漪》中说:"台湾的当红小生赵文瑄总是文里文气地与大家相处,融融洽洽的……"她这样说,当然是赞扬赵文瑄,说他这个人儒雅、文静、谦让,但"文里文气"这一词语,给人的感觉却是怪怪的。

不错,现代汉语中,确实有一部分双音形容词,可以按"A 里 AB"的格式重叠使用。如:慌张——慌里慌张、肮脏——肮里肮脏、啰唆——啰里啰唆,包括一部分后一个语素是"气"的形容词,如:流气——流里流气、娇气——娇里娇气、土气——土里土气。这些形容词有一个共同的特点,即都是贬义词;重叠以后,仍然保留着贬义的色彩。

褒义形容词是不能按"A 里 AB"格式重叠的。"大方"不能说"大里大方""安静"不能说"安里安静";后一个语素是"气"的形容词同样如此,"客气"不能说"客里客气","和气"不能说"和里和气"。"文气"显然不是贬义词,是不能说成"文里文气"的。如果硬要这样说,即使勉强能成立,也给人一种似褒似贬、褒贬不明的感觉,听起来难免会怪怪的。一定要重叠,说成"文文气气"倒是可以的。

(《咬文嚼字》2001 年第 7 期)

"的"和"地"的分工

由于数十年来一直从事现代汉语的教学与编辑工作,因而常常有校友和刊友来电来函,跟我讨论语法方面的一些问题。"的"和"地"的分工问题便是其中之一。为此,我在 1980 年代就对"的"和"地"的使用情况做过一番调研,调研的结果可参看拙著《中学语法体系新解》(上海教育出版社 1987 年 5 月出版)。

"的"和"地",有两个问题可以讨论:一是分合问题,二是分工问题。

《中学教学语法系统提要(试用)》(以下简称《提要》)经教育部批准,于 1984 年 2 月公布。《提要》中,有一项内容十分引人注目,那就是把结构助词"的"和"地"合二为一,都写作"的"。这本是吕叔湘先生的建议。早在 1965 年,吕先生在中华函授学校举办的"语文学习讲座"上就提出了"的""地"合并的主张(见商务印书馆《语文学习讲座丛书(四)》第 180 页)。"文革"之后,1981 年他又在《语文学习》第 3 期上重申这个主张。为什么要合并?主要理由有两个。首先,是为了帮助解决中小学语文教学中的一个小而顽固的问题。什么地方要用"的",什么地方要用"地",学生弄不清,常常用错,学生头痛,老师更头痛。如果两者合一,这个矛盾随之解决。其次,吕先生认为"的"和"地"的分工是从五四开始的,主要是由于翻译上的需要。而在汉语里,"的"和"地"并没有区别意义的作用,那么文字上也就没有必要加以区分。

当时,赞同吕先生建议的人很多。不过,反对合并的人也不少。比如《语文学习》1982 年第 5 期,刊登了祝中熹的文章《"的"与"地"不能合而为一》,他举出若干语言实例,证明"的"与"地"确实有区别意义的作用。这儿只引用原文中的两个例证:

(1) A. 群众合理的要求政府予以答复。(政府答复什么？群众合理的要求。)

B. 群众合理地要求政府予以答复。(政府答复什么？不知道——如果只看本句。)

(2) A. 我们需要实事求是的调查。("我们"不一定参与调查。)

B. 我们需要实事求是地调查。("我们"参与调查。)

这篇文章的基本观点是:分工是汉语书面语言发展的客观需要;若将二者合而为一,则是一种倒退。祝中熹的意见有一定的代表性。

鉴于语文学界存在着不同的意见,《提要》采取了慎重而灵活的态度。在《提要》的末尾,加了一个"注":这里不区分"的""地",都用"的"。过去曾经不分,并未引起混乱,而通行的分写办法在教学上不无困难,事实上也确有疑难情况,所以根据许多教师的建议,提倡不分。但是目前报刊文章和许多著作中大都是分写的(虽然分得不妥当的屡见不鲜),因此不作硬性规定,愿意分写的尽管分写,只要分得对就行(定语用"的",状语用"地")。

以上所说,只涉及"的"与"地"是合还是分的问题。倘若要分,就会产生第二个问题:"的"与"地"如何分工?

《提要》的"注"倒是说得很明确:愿意分写的尽管分写,只要分得对就行(定语用"的",状语用"地")。关键在于八个字:定语用"的",状语用"地"。这个标准粗粗一看,一清二楚,似乎很便于掌握。然而,人们果真都照此标准来分,必定会引起新的混乱、新的麻烦。语言事实是:在口语中,"的""地"同音,都念 de。在书面语中,定语用"的",不成问题;状语用"地",却不尽然。

状语有两种:动词前边的状语,带 de 的话,大多用"地";形容词前边的状语,带 de 的话,却未必用"地"。就在《提要》公布的那一年,即 1984 年,我粗粗查核了中学语文课本中一部分"状语+de+形容词"的用例,发现这个 de,有的写作"的",有的写作"地",几乎一半对一半,"地"字并不占优势。这说明现今的书面语言里,状语后边的 de 并不见得都要写成"地",特别是"状语+de+形容词"当中的 de,用"的"与用"地",势均力敌,尚未"约定俗成",成为一统。比如"天也是这样的/地黑,也是这样的/地冷",大概不能说非用"的"不可,也不能说非用"地"不可吧?即使"状语+de+动词"当中的 de,也不是个个都得写成"地"的。当时,我曾经在一个中学语文教师(专升本)进修班上,向50名教师(教龄从3年到18年不等)作过一次简单易行的测试,即当场听写两个句子:

(1) 总 de 说,这方面的工作还做得不够。

(2) 他真 de 来了。

结果,这两个 de,48 人写"的",只有两人写"地"。我当即询问这两位教师为什么写成"地"。想不到他们的回答竟然完全一样:"其实我们平时也写'总的''真的',考虑到老师您是教语法的,揣测您的意图,答案可能是状语后面要用'地',所以才写成'总地''真地'。"原来如此!真是既出乎意料,又合乎情理。这次测试的数据,很能反映知识分子中多数人的书写习惯。

由此可见,主张合写一个"的",实行起来比较容易,不管定语后面还是状语后面,凡是要用 de 的,一律写"的"就行了。倒是主张分写"的"与"地",实行起来相当困难。如果我们简单化地规定:定语一概用"的",状语一概用"地",那样,也许会跟书面语言的实际相去甚远。

《人民日报》1982 年 11 月 9 日第 8 版上曾经出现过一个标题:

汉字真地不难吗?

显然,它是符合状语后用"地"这个要求的。可是许多读者感到不习惯。我也曾以"汉字真 de 不难吗?"为题在大学中文系学生中做过听写测试,结果大家都写"的",无一例外。

任何语法规律都要从语言实践当中归纳出来,才有科学性。强扭的瓜不甜!

当前,教学中怎么办(假定要分写的话,老师该怎样给学生讲解)?我建议:

第一,定语+de+名词,de 写作"的"。

第二,状语+de+动词,de 写作"地"。

不妨将"总的说""真的来"之类排除在"状语+de+动词"这一格式之外。"总的"或"真的"不算"状语+de",而只是一个状语,乃是的字短语(的字结构)充当状语。大家知道,的字短语是名词性的,相当于名词。我们汉语有一个特点(跟英语不同,跟许多语言都不同),由于缺乏严格意义的形态变化,一部分名词可以直接修饰动词,如"火烧赤壁""虾仁炒蛋""直线上升""电话联络"。因此,"总的说""真的来"也属于"名词"直接修饰动词(中间不加"地")这一类组合。其实,并不限于"总的""真的"这两个,像"横的(看)、竖的(看)、斜的(看)、正的(看)"等等也属此列。

第三,状语+de+形容词,de 字怎么写,到目前为止,尚不宜作出硬性规定。还得等一等,看一看。因为在口语里,根本没有问题,管它是"的"还是"地",都不会影响交际;至于书面语里的规范,更要讲究水到渠成,瓜熟蒂落。

(《语文学习》2000 年第 6 期)

殊途同归一个"的"

"感到非常 de 难过""进行深入 de 研究"两种结构不是一回事，要确定其中"de"的写法，必须分开讨论。

先说"感到非常 de 难过"。"感到"的宾语可以是动词、形容词、名词，因此，仅凭"感到"无法确定其宾语的语法性质。"难过"是形容词，"非常"是状语，其中的"de"应该用"地"吗？

定语用"的"，状语用"地"，补语用"得"，许多学过语法的人对此深信不疑，其实他们上了一个不大不小的当。定语用"的"、补语用"得"，是不错的；但状语用"地"却不完全符合汉语语用实际。

状语有两种：动词前的状语和形容词前的状语。动词前的状语用"地"基本正确，只有个别例外，如"他真的结婚了"。而形容词前的状语不能一概用"地"。如果状语是程度副词，后边用"de"，就应当写成"的"。如"十分的漂亮、相当的干净、越发的可爱、格外的大方"。因此，"非常的难过"到哪里都是一样的，"感到非常 de 难过"也应写作"感到非常的难过"。

再说"进行深入 de 研究"。"进行"在语法教学中俗称"傀儡动词"。"进行"一般要求宾语是动词，主要语义要靠宾语动词表达，它的作用在于表明宾语动词所指的行为是持续的。如"进行考察、进行磨合、进行改革"等。"考察、磨合、改革"等原是地道的动词，都可以带宾语；但一旦用作"进行"的宾语，就失去了动词最重要的语法功能——带宾语。也就是说，"进行"的宾语已转化为名词了。那么，如果用形容词去修饰这些宾语，最终形成的应该是名词性的定中短语，其中也应用"的"，如"进行认真的考察、进行主动的磨合、进行积极的改革"。

"进行深入 de 研究"与此完全相同，自然也非"的"不可。当然，如果"研究"等动词不作"进行"的宾语,它们就还是应受状语修饰,如"我们必须深入地研究新的情况"。

(《咬文嚼字》2006年第11期)

修辞篇

这是一种修辞手法

广告中的"成语新编",不能看作不符合语言文字规范。修辞学早已把它称为仿拟辞格。仿拟包括仿词、仿语(主要指仿成语)、仿句,甚至仿篇。仿拟是汉语中固有的修辞方法,鲁迅先生作品中就用得很多。去年,上海市希望工程办公室先后收到"大连路118号胡敏"邮汇的捐款两万元,"曲阳路580号吴敏"邮汇的捐款一万元,但是根本找不到这两个门牌号,更找不到这两个人。原来"胡敏""吴敏"均是"无名"的谐音。(据《文汇报》1994年12月13日的报道)从"无名"到"胡敏""吴敏",这就是仿词。有一句现成的话,叫做"盛名之下,其实难副",但是《光明日报》1995年1月25日一篇文章的标题用的却是"盛名之下,其实难'富'"。文章说的是,著名歌词作家乔羽,尽管写出了许多像影片《上甘岭》主题歌那样广为流传的歌曲,可是至今仍然拿着那几十年一贯制的一首歌十几元、几十元的稿酬,年近古稀了,上街还得挤公共汽车。"盛名之下,其实难'富'"便是仿句。

同样的道理,仿成语也是无可挑剔的。说话写文章可以用,拟广告词当然也可以用。只要使用得体,其修辞效果十分显著。因为人们熟悉成语,看到变用的成语,一则见字明意,一目了然,二则简洁易诵,过目不忘。例如某营养口服液的广告词"百礼挑一"(百里挑一),某餐厅的招贴语"食全食美"(十全十美)等等,都能令人耳目一新,产生良好的广告效应。

如果有哪个小学生把成语"十全十美"误写成"食全食美",或把成语"默默无闻"错写为"默默无蚊",我看不能怪罪于广告。我们的语文老师有责任把个中道理给学生说清楚,让他们把知识掌握得更牢固一点。

(《咬文嚼字》1995年第6期)

"新编"要有度

凡事都有个"度",广告中的"成语新编"也不例外。当前,这种形式的广告用语,已经到了该"降温"的时候了。

理由之一,巧妙合理的变用,在某些广告牌上已经演变成为生拼硬凑。比如有一种软包装饮料的广告词"脱饮而出"(仿"脱颖而出"),实在不好理解;一种电脑的广告词"触幕惊新"(仿"触目惊心"),也属十分勉强;一种矿泉水的广告词"好水多磨"(仿"好事多磨"),不知道为什么要"多磨"!更加让人吃惊的是某种特效文胸的广告语"丰胸化疾,一戴天骄"(仿"逢凶化吉,一代天骄"),几近猜谜语了。(参看《上海文化报》总第511期)

理由之二,也可以说是更重要的理由,广告用语,贵在创意。创意的根本在于真实,不能蒙人、坑人;创意的灵魂在于新颖,要别出心裁,出奇制胜。人们第一次见到"默默无蚊",都赞叹其巧妙,欣赏其别致;后来人云亦云,竞相仿效,这儿一个"有杯无患"(磁化杯广告),那儿一个"油备无患"(驱风油广告),太多了也就没有什么新意可言了。其实,我们的汉语是丰富多彩的,修辞手法千姿百态,尽可选用于广告之中。广告语的策划人何必都挤在一条小道上呢?

愿广告人八仙过海,各显神通!愿广告语百花齐放,五彩斑斓!

(《咬文嚼字》1995年第6期)

语序二三题

语序,指的是词语在语言结构中的排列次序。在汉语语法中,语序是重要的语法手段之一。不同的语序可以表达不同的语法关系;语序的变化会引起结构的变化、意义的变化和表达效果的变化。

"不很注意"和"很不注意"

电影《白求恩大夫》中有这么一个情节:八路军的一位军区司令员来看望白求恩大夫,他对白大夫表示祝贺和感谢。接着,司令员转了话题,说:"白求恩同志,我也要批评你两句。你不很注意——不,是很不注意——自己的健康!"

"不很注意"和"很不注意",语序变动后,语法结构相同,基本意思相近,但表达效果有明显差别。"不很注意"是指注意得不够;"很不注意"是指一点儿也不注意。从"不很注意"到"很不注意",这个改动,既表现了白求恩大夫毫不利己、专门利人的共产主义精神,又反映了我们党、我们八路军对白求恩大夫的深切关怀和爱护。

由此可见,我们要准确地表达思想,交流思想,就必须重视语序。请再看几组例句:

(1) A. 这是一个最好的办法。

B. 这是最好的一个办法。

A 句是一般的说法,B 句强调"最好"。

(2) A. 党委经常指示我们要做深入的思想工作。

B. 党委指示我们要经常做深入的思想工作。

A、B 两句中的"经常"位置不同,修饰的对象也不同。A 句是讲"经常指示",B 句是讲"经常做"。

这样说为什么不通?

我们可以说"语文教师""中学教师",也可以说"中学语文教师",但是说"语文中学教师"就不通了。

原来,汉语中词与词的组合,不仅要考虑意义上的关系,而且要符合语法规律,符合语言习惯。

就以连用几个附加成分(定语或状语)来说,也是有规律可循的。下面几个句子中,定语或状语的语序都不符合语言习惯:

(1) 外国朋友参观了丰富多彩的展览会的展品。

例(1),"丰富多彩"是描绘性定语,应该在后;"展览会"是领属性定语,应该在前。

(2) 我们要学习老饲养员先进的为革命养猪的思想。

例(2),"先进"是单个的词儿,"为革命养猪"是个词组。通常的用法,应该是词组充当的定语在前,单个词儿充当的定语在后。因此,句子的后半截宜改为"……为革命养猪的先进思想。"

(3) 现在我们就运动会情况通过校广播台向大家作介绍。

例(3),谓语前面有三个介词结构作状语,即"就……""通过……""向……"。一般地说,介词结构"通过……"充当的状语要用在其他介词结构充当的状语的前面。据此,句子应调整为"……通过校广播台就运动会情况向大家作介绍"。

(4) 经过多次实践,我们把秧苗终于能按照规格插在水田里。

例(4),主语和谓语之间有好些状语,而"把秧苗"位居第一,念起来很拗口,不符合语法规律。应该让介词结构"把……"尽量靠近动词谓语,句子的后半段可改作"……终于能按照规格把秧苗插在水田里"。

联合词组内部的语序可以自由挪动吗?

汉语中某些句型的语序是比较自由的。语序变动了,句子的意义基本不变,只是在表达效果上有细微的差别。例如:

(1) A. 今晚礼堂里有电影。

B. 礼堂里今晚有电影。

(2) A. 一堆篝火,围着一群放牧人。

B. 一群放牧人,围着一堆篝火。

(3) A. 按理说,你应该同群众商量商量。

B. 你,按理说,应该同群众商量商量。

C. 你应该同群众商量商量,按理说。

例(1)是句首的时间状语和处所状语交换位置。这两种句型都是大量存在的。例(2)是主宾异位,而基本意思不变。这种句子比较少,不能随便类推。例(3)的"按理说"是独立成分,在句子里的位置相当自由,可以在句首,可以在句尾,也可以插入句中。

有人说,联合词组内部词与词之间的关系是平等的、并列的,因此语序是自由的,可以任意挪动。这种说法带有片面性,它只适用于一部分联合词组。例如:

星星和月亮在一起,珍珠和玛瑙在一起,

庄稼和土地在一起,幸福和劳动在一起。(云南彝族民歌)

如果把其中四个联合词组的内部语序都变动一下,也是通得过的。即:

月亮和星星在一起,玛瑙和珍珠在一起,

土地和庄稼在一起,劳动和幸福在一起。

但是还有大量的联合词组,内部语序是不能更动的。例如:

(4) 去年,前年,年年,哪回下大雨,不淹起咱们来?(老舍《龙须沟》)

这例中的"去年,前年,年年"按照由近及远,由个别到一般的顺序排列,位置一挪动,就会失去语意表达的条理性、明晰性。

（5）今日的大寨，更加欣欣向荣，生气勃勃。群众说得好：现在的大寨是新人、新事、新思想，新天、新地、新产量。（影片《昔阳红似火》解说词）

这例中的联合词组包含六个部分。作者把它分作两组（每组三个部分），构成一副对子（上下联都是七个字——按照"二、二、三"的节拍停顿），而且押韵。这样一来，即使联合词组内部没有必然的逻辑顺序，也不能随意地前后挪动。

有时候，句子中的联合词组内部排列不当，读起来很别扭，就必须加以调整。例如：

（6）老师和蔼地、有根有据地、耐心地分析了我的错误，告诉我应该怎样努力，怎样进步。

这例中的联合词组由三个部分组成，意思也还清楚，只是读起来不怎么顺当。这是因为联合词组内部的排列也要兼顾音节的多少。当然，音节的多少，并没有绝对的标准。一般说，假如没有特殊的考虑，总是以音节整齐一些为好。例（6），两个双音节状语中间夹一个四音节状语，就不如两个双音节状语后面接一个四音节状语来得好。这个联合词组可改为"和蔼地、耐心地、有根有据地"。这样一改，从语意上看，也有层层深入的好处。

语序和上下文有没有关系？

语序是句子中词语的排列次序。但是，有时候要判断一种语序对与不对、合适与不合适，却不能光看一个句子，不能就句论句，还必须看一看上下文。这是为什么呢？我们不妨先来分析一个例句：

（1）在我们车间里，生产比过去抓得紧了，学习抓得比过去好了。

例（1），除了句首状语外，由两个分句组成。分开来看，这两个分句都对，没有语序上的毛病。可是，两个分句连起来，就好像一条腿长，一条腿短，站不稳，摆不平。仔细一检查，问题出在两个分句的语序不统一。修改的方法是调整语序，求得一致：或者说"生产比过去抓得紧了，学习比过去抓得好了"，或者说"生产抓得比过去紧了，学习抓得比过去好了"。再举一个例子：

（2）虽然，这一年春旱、夏涝，冬天又来得特别早，但是在大队支部的领导下，我们战严寒，斗春旱，大干苦干了一夏天，终于夺得了大丰收。

例（2），前半段讲的是"春""夏""冬"，后半段讲的是"冬""春""夏"，前后对不上号，十分凌乱。这个句子的修改，不仅语序要更动，内容也要作适当的调整。

"雷声隆隆，电光闪闪"引起的争论

学生习作中有这样一个句子：

（1）下半夜，突然雷声隆隆，电光闪闪。

这个句子引起了一场争论。有人说，"雷声隆隆，电光闪闪"不符合实际，应该说成"电光闪闪，雷声隆隆"；有人说，这是描写的句子，先描写"雷声"，后描写"电光"，有何不可！

科学地说，光速快，音速慢，因此，例（1）可以改成"电光闪闪，雷声隆隆"。但这是文艺性较强的描写句，为了突出、强调某个方面，不加改动，也说得过去。

这场争论牵涉到一个新的问题，就是分句与分句的排列次序。有人把它称为"句序"。句序也是语序的一种。句序妥当与否，直接影响到语言的条理性和语意的真实性。例如：

（2）这次全校篮球比赛，真想不到我们班竟会夺得冠军，并且一连战胜了五个强劲的对手。

例（2），只有"一连战胜了五个强劲的对手"之后，方能"夺得冠军"，原句的句序弄颠倒了，应改为"……竟会一连战胜了五个强劲的对手，并且夺得冠军"。

（《语文学习》1979 年第 1 期）

不怕辣　辣不怕　怕不辣

前不久去云南参加一个会议,到会的代表来自全国各地。饭桌上几乎每盆菜都是辣的,东道主夸口说:"湖南人不怕辣,四川人辣不怕,而云南人怕不辣。"谁知湖南代表和四川代表不服气,都要争第三句,把这句话说成"……湖南人怕不辣""……四川人怕不辣"。

为什么要争"怕不辣"?无非是说明最爱辣,最耐辣。那么"不怕辣""辣不怕""怕不辣",这三个短语究竟有什么不同呢?

让我们从信息结构说起。说话是传递信息的。一般句子的信息结构是:主语部分传递已知信息,谓语部分传递新信息。新信息的重点可以通过一定的手段来表现。比如口语中的重音。"我昨天买了一盘录像带"这个句子,重音可以分别落在"昨天""买""一盘""录像带"上,则新信息的重点就各不相同。又比如加"是"。"我是昨天买了一盘录像带"(重点在"昨天"),"我昨天是买了一盘录像带"(重点在"买"),等等。如果不采用重音、加"是"等特殊手段,新信息的重点通常是在谓语部分的最后一个词语上。"……不怕辣"的重点是"辣","……辣不怕"的重点是"不怕"。两相比较,基本语义相同,但是论爱辣、耐辣的程度,因语序不同,"辣不怕"是超过"不怕辣"的。

至于"……怕不辣",更胜一筹。它的重点落在"不辣"上。"不怕辣"和"辣不怕"只是"不怕"而已;"怕不辣"则意味着非辣不可,不辣不用餐,不辣不"好汉",爱辣、耐辣的形象毕显。怪不得云南人、湖南人、四川人都要争夺"怕不辣"这个席位。

(《咬文嚼字》1995年第3期)

哪来"两个丈夫"

《新闻报·午刊》1999年1月16日转载《长江日报》的一则报道,披露武汉1999年高中毕业会考适应性调研测试的语文试卷中有一道题:

"(妻子)晚餐还多做了两个丈夫喜欢的菜"一句有歧义,请写出你的两种不同的理解。该题"标准答案":1.(妻子)晚餐做的菜,两个丈夫都喜欢吃。2.晚餐妻子做了丈夫喜欢的两个菜。

武汉市六中张显峰老师向学生宣讲"标准答案"时,"引得学生哄堂大笑"。同学们说:一个妻子,怎么会有两个丈夫?张老师认为这道题与"对学生进行法制教育的精神相违背"。

同学和老师的批评都很在理。我们还要进一步指出,原题本身就是错的。换一句话说,"(妻子)晚餐还多做了两个丈夫喜欢的菜"这个句子并没有歧义,因为"标准答案"的前一半纯属无中生有,怪不得学生要"哄堂大笑"。问题的症结在于拟题人分不清"多义"与"歧义"这两种语言现象。讲多义,可以不涉及语言环境;讲歧义,必须联系语言环境。

翻开《现代汉语词典》一看,多义词多得很,比如"谜"有两个意义,"落"则有十一个意义。另外还有多义短语,比如"两个医学院的学生"既可理解为"两个|医学院的学生",又可理解为"两个医学院的|学生"。

一种语言拥有许多多义词和多义短语,绝不是坏事,而是宝贵财富。此话怎讲?比方说,假设某语言的词汇库里共有10万个词,其中包括单义词和多义词,倘若平均每个词具有两个意义,那么10万个词岂不是可以当作20万个词派用场了吗?犹如语言财富增值一倍。多义短语的好处也一样。

歧义现象是针对句子而言的。句子是交际的最小单位。如果一个交际单位也有几种意义,那就会影响交际,干扰交际,就是有歧义了(不能再称多义)。歧义是语病,必须避免;出现歧义,必须纠正。

作为造句材料的多义词、多义短语进入句子并不一定会产生歧义,因为句子有语言环境的依托,往往可以使多义词或多义短语"变成"只有一个意义(其他意义不适用于特定的语言环境)。

前边提到的"谜"是个多义词,但是在下边两个句子中,却只有一个意义:

(1) 联欢会上,我让大家猜了一个谜。(句中的"谜",只能解释为谜语。)

(2) 这只羊到底怎么爬到树上去的,至今还是个谜。(句中的"谜",用的是引申义,指还没有弄明白的或难以理解的事情。)

我们不能说(1)句或(2)句有歧义。

同样,多义短语"两个医学院的学生"进入句子也不见得都有歧义,试看:

(3) 两个医学院的学生,立即奔回学校,跑进98级3班的教室,向同学们报告喜讯。(只能理解为"两个|医学院的学生"。)

(4) 两个医学院的学生去大光明电影院集体观看电影《白求恩大夫》。(只能理解为"两个医学院的|学生"。)

(5) 两个医学院的学生利用暑假,奋战在抗洪救灾的第一线。

只有(5)句是有歧义的,语言环境对于识别"两个医学院的学生"帮不了忙。必须根据实际情况将原句修改为:"两名医学院的学生……"或"两所医学院的学生……"。

在现代语言学中,语言环境是一个比较宽泛的概念。它不只是指上下文和对话,应该包括说话人和听话人的种种条件(如年龄、性别、文化水平、经历、职业等),还应该包括社会背景和文化背景。

"(妻子)晚餐还多做了两个丈夫喜欢的菜"是一个句子。这个句子的上下文,我们看不到(考生也没有看到);但是它的社会背景是大家熟知的。谁都知道,我们的社会是实行一夫一妻制的,即使在中国历史上,也未曾出现过"一妻多夫制"。由此可见,那个所谓"标准答案"并不准确,这个句子不可能作第一种理解("两个丈夫"),只能作第二种理解("两个菜");由此又可见,这道题的命题明显失误。

这儿又要归结到一个老话题:我们的语法教学不能停留于"这是主语,那是谓语"的句法分析,还得考虑语义关系,还得注意语用价值。何谓语用?简单地说,便是语言运用。任何语法现象都离不开语用,语用涉及的方面很多,适应语言环境是第一条。上述命题失误正是忘了这一条的结果。

(《语文学习》1999年第4期)

由"性感"说到语言"跟风"

"性感"不是新词,它译自英语的 sexy,表示富有性的魅力的意思。在思想禁锢的岁月里,人们说话、写文章,很少使用"性感"这个词。什么缘故?唯恐与"色情"划不清界限,唯恐让人指摘品位不高。

如今,人们的观念已发生变化,再加上港台文化的影响,我们的媒体不再回避"性感"这个词,"性感"可以堂而皇之地出现在各种书报刊上。其实,"性感"本来就不等于"色情",它是个中性词。参照多种较有影响的词典,"性感"的词义可概括为"人的形象(包括体形容貌、穿着妆扮、动作表情等)能够引起异性情欲的"。今天,像"性感明星""性感女郎""她长得很性感"之类的说法已经司空见惯,不带一点贬抑或轻侮的色彩,而且"性感"也不限用于女子。

不过,并不是任何对象都可以安上"性感"二字的。不久前,报上看到"性感足球"一说,实属匪夷所思。《文汇报》2002年9月17日的一篇"述评"中说道:"上海的另一支球队申花倒是有了些反弹的倾向。这支年轻的球队能打出性感的足球……"上海申花足球队,经过新教练的调教和指挥,的确踢了几场充满激情的足球,可是无论如何,跟"性感"总挨不上边,它不可能"引起异性情欲"吧?

据服装专家称,并不是穿得越少,露得越多,便越"性感"(参看包铭新《时髦辞典》第165页,上海文化出版社)。要不然,新兴体育项目——沙滩排球(不管男子女子)早就该称为"性感排球"了。至于游泳,更不消说了,自然是"性感游泳"喽!可是,这样的名称似乎还没听说过。何况申花足球队的球衣球裤是极其正规的,一点不"性感"。球员的球风,也一点不"性感"。"性感足球"从何说起啊?

"性感足球"这种不得体"词语搭配"的公开亮相,是语言"跟风"的结果。语言上的"跟风"现象不完全是坏事。有道是:时尚的东西,人见人爱;时尚的词语,推也推不开。人家爱说"营造",我也说"营造";人家改说"打造",我也改说"打造"。——跟着时尚走,不一定不好。我们积极的态度应当是:理解它,把握它,正确地使用它。如果没理解它的意义,没把握它的用法,而盲目地"跟风"使用,就会出现"性感足球"这类弊病。

诸如此类的"跟风"现象着实不少,且举一二:

"经典"就是一个"跟风"的典型个例。"经典"原指有权威性的有指导作用的重要著作(如儒家的"四书五经"),后来也泛指其他门类的艺术作品,不过仍然要具备"有权威性的有指导作用的"等条件。"经典"不能自称,也不由哪家报纸来"封"。"经典"必须通过时间的考验和大众的认可。一首才流行了几个月的歌曲就称"经典歌曲",一部新创作的话剧就称"经典戏剧",一套刚出版的丛书就称"经典图书",那只能叫做炒作,离真正的"经典"还远着呢!

还有一个"全球化"。自从有了"经济全球化"这个新概念,各式各样的"××全球化"的说法"跟风"而来,林林总总,不一而足。日前,报上载文批评了"法律全球化"一说。加入世贸组织之后,经贸领域中的许多事情都要逐步与国际接轨,自不待言。然而今天正值21世纪初叶,尚未到达事事"全球化"的年代。每个国家都有自己的国情民情,每个国家必须有自己的法律。除非走进"大同世界","法律全球化"是行不通的。

语言"跟风"务必谨慎。"得体"是首先要考虑的。

(《咬文嚼字》2002年第12期)

常式句和变式句　整句和散句

许多语法修辞著作中,都出现过"常式句、变式句、整句、散句"等名称。但是各家的解释略有差别,每个名称所指的对象基本一致,可范围有大有小,不完全相同。

常式句和变式句,主要区别在于语序。以正常语序构成的句子叫做常式句,改变正常语序而构成的句子叫做变式句。变式句是相对常式句而言。一般地说,变式句包括以下几种:

第一,正常语序是主语在前,谓语在后。如果改变语序,主语在后,谓语在前,那么全句就成了变式句。例如:

(1) A. 你们别过来!(常式句)

B. 别过来,你们!(变式句)

(2) A. 你去哪儿?(常式句)

B. 去哪儿,你?(变式句)

第二,正常语序是修饰语(包括状语、定语)在前,中心语在后。如果改变语序,修饰语在后,中心语在前,全句也就成了变式句。例如:

(3) A. 父亲轻轻地掩上门。(常式句)

B. 父亲掩上门,轻轻地。(变式句)

(4) A. 校园里开满了红的、黄的、白的花。(常式句)

B. 校园里开满了花,红的、黄的、白的。(变式句)

第三,正常语序是动词在前,宾语在后。如果改变语序,动词在后,宾语在前,全句也是变式句。

(5) A. 芳芳不吃饭,也不喝水。(常式句)

B. 芳芳饭不吃,水也不喝。(变式句)

(6) A. 母校没有一个人。(常式句)

B. 母校一个人都没有(变式句)

按照《语法提要》的说法,(5)A、(6)A 都是动词谓语句,(5)B、(6)B 则变成了主谓谓语句。

第四,偏正复句的正常语序是偏句在前,正句在后。如果改变语序,偏句在后,正句在前,那么这样的复句也属于变式句。

(7) A. 假如你真想知道,我可以和盘托出。(常式句)

B. 我可以和盘托出,假如你真想知道。(变式句)

(8) A. 母亲虽然自己不富裕,还周济和照顾比自己更穷的亲戚。(常式句)

B. 母亲还周济和照顾比自己更穷的亲戚,虽然自己并不富裕。(变式句)

整句和散句也是相对而言的。除了诗歌、韵文里的句子,通常总是以散句为主的。一组句子(或分句),句式不同,长短不一,没有有意安排相同的词语,这就是散句。散句到处都有,不需举例。整句则是着意安排的,指的是连续几个(至少两个)句子(或分句),或结构相似,或长短相仿,或词语相同,在形式上显得整齐匀称。对偶句、排比句、顶真句、反复句、回环句,一般都可看作整句。例如:

(9) 两弯似蹙非蹙罥烟眉,一双似喜非喜含情目。态生两靥之愁,娇袭一身之病,泪光点点,娇喘微微。闲静时如娇花照水,行动处似弱柳扶风。心较比干多一窍,病如西子胜三分。(曹雪芹《林黛玉进贾府》,高中语文课本第四册)

例(9)这几句是描写林黛玉的文字,一律采用整句,两两相对(字数是99,66,44,88,77),读起来声音和谐,意义显豁。

(10) 看那戏台上,只摆了一张半桌,桌子上放了一面板鼓,鼓上放了两个铁片儿,心里知道这就是所谓梨花简了……(刘鹗《明湖居听书》,高中语文课本第四册)

例(10)用了顶真句,文气贯通,文意清晰。

此外,使用汉语的人往往喜欢连续地或间隔地采用"四字格"词语(包括

四字成语,但不限于成语)。密集的"四字格"词语,是形成整句的一个不可忽视的因素。这也是汉民族文化积淀的一种表现。例如:

(11) 忽羯鼓一声,歌喉遽发,字字清脆,声声宛转,如新莺出谷,乳燕归巢,每句七字,每段数十句,或缓或急,忽高忽低;其中转腔换调之处,百变不穷,觉一切歌曲腔调俱出其下,以为观止矣。(同上)

例(11)运用了一长串"四字格"词语,人们读来,琅琅上口,铿锵悦耳。

从修辞学的角度来看,我们不能笼而统之地认为整句优于散句,或者散句优于整句。整句的优点已如上述;散句也不乏长处,它结构自由,形式多样,长短不一,音节参差,可以避免语句的单调、呆板。选用整句还是选用散句,应当根据修辞的"题旨情境"来定。

善于修辞的人常常采用散中有整或整中有散的句子,使整句和散句的特点得以兼收并蓄。例如:

(12) 停了数分钟时,帘子里面出来一个姑娘,约有十六七岁,长长鸭蛋脸儿,梳了一个抓髻,戴了一副银耳环,穿了一件蓝布外褂儿,一条蓝布裤子,都是黑布镶滚的。(同上)

(13) 那双眼睛,如秋水,如寒星,如宝珠,如白水银里头养着两丸黑水银……(同上)

例(12)是个散句,里边还套了个不太严格的排比句。例(13)是个整句,排比句,但是一、二、三分句是三个字,四分句却是十三个字,长短不齐,同中有异。像这样整中见散、散中见整的句子既有整句的匀称和谐美,又兼散句的变化错综美。

(《语文学习》1989年第12期)

长句和短句的修辞效果

"长句",是指词数多,结构比较复杂的句子(包括结构比较复杂的分句)。"短句",是指词数少,结构比较简单的句子(也包括结构比较简单的分句)。不过,长句和短句的"长"和"短"是相对而言的,不能硬性规定几个词以上为长句,几个词以下为短句。例如:

(1) A. 对于这件事情的伟大意义,我们还应该看得更深、更广、更远。

B. 对于这件事情的伟大意义,我们还应该看得更深,看得更广,看得更远。

例(1)A 句和 B 句,从外形来看,长短相差无几。但是相对地说来,(1)A 是一个长句,(1)B 是三个短句(后两句是省略句)。(1)A 的特点是结构紧凑,表意简练;(1)B 的特点是整齐、简短、有力。

长句之所以长,主要有三个原因:一是修饰语多或修饰语长,二是联合词组充当句子成分,三是主谓词组充当句子成分。例如:

(2) 国家允许非农业的个体劳动者在城镇或者农村的基层组织统一安排和管理下,从事法律许可范围内的,不剥削他人的个体劳动。(《中华人民共和国宪法》)

这个长句用了四个修饰语,把"个体劳动者从事个体劳动"的条件规定得清清楚楚,无懈可击。修饰语用得多,可以把话说得准确、周密、明晰。因为修饰语是用来修饰主语、谓语、宾语等主要成分的;修饰得好,思想感情就能表达得细致精确,各种关系(如时间、地点、条件等)就可交代得清楚周到。

(3) 不同民族、不同职业、不同年龄、不同经历和不同教育程度的人们有着不同的生活习惯和艺术爱好。

句子当中包含了两个联合词组,一个充当定语,一个充当宾语,这样,全句就长了。但是表达得十分集中、紧凑,这是因为联合词组作句子成分,可以把这几个互相关联的事物或几层密切相关的意思联合起来,串联起来,一气说出,使句子条理清楚,气势畅达。如果例(3)不用联合词组,就要拆成"不同民族的人们有着不同的生活习惯""不同民族的人们有着不同的艺术爱好"……共十个短句,那样一来,就显得松散、琐碎而又拖沓无力了。

(4) 你们居然还把前些时候越南当局编造的、当时即已被国际舆论戳穿了的中国"在老挝接济王宝"之类的谣言,重新拣起来拿到谈判桌上诬蔑中国。你们真是当面造谣不脸红。(《文汇报》1979年5月19日)

长句的内容是指责越南拿早已被戳穿了的谣言来诬蔑中国的卑劣行径。为了使意思明确,中心突出,句子用了两个主谓词组。这两个词组虽然不独立成句,却起了点明谣言的制造者和谣言内容荒诞的作用。一个主谓词组表达的内容实际上相当于一个句子。长句中包含了一个或几个主谓词组,就可以把本来必须用好几个短句才能说清楚的既丰富又复杂的思想内容,放在一个长句里,有条不紊地表达出来。

长句有长句的效果,短句也有短句的好处。许多著名作家都喜欢用短句写小说。比方说,赵树理的短篇小说《登记》一开头就是这么写的:

(5) 有个农村叫张家庄。张家庄有个张木匠。张木匠有个好老婆,外号叫个"小飞蛾"。小飞蛾生了个女儿叫"艾艾"……庄上有个青年叫"小晚",正和艾艾搞恋爱。故事就出在他们两个身上。

赵树理用一连串的短句叙述故事,接近口语,生动活泼。识字的人一读就懂,不识字的人一听就懂。除了小说,像民间故事、笑话、相声、话剧等文艺形式也都适宜于多用短句。

去年,《诗刊》编辑部拟了一些大家关心的有关诗歌创作的问题,请诗人们来解答。诗人艾青写了一篇《答问十九题》(发表在《诗刊》1980年第2期上),几乎通篇都用短句,非常精彩,下面摘录几条:

(6) 问:你喜欢用什么形式写诗?你是否主张新诗要格律化?

答:爱怎么写就怎么写。是诗产生格律,不是格律产生诗。

问:你以为写诗要灵感吗?灵感是怎样来的?

答：我要知道就好了，我要是知道，我就把它关起来，不放它走了。

问：你对当前诗歌语言有什么看法？

答：爱听真话，讨厌假话。

问：你以为诗怎样才算好？一首好诗要具备什么条件？

答：看得下去。看了能感动。

问：你喜欢音乐与美术吗？它们对你的诗歌创作有什么帮助没有？

答：爱听，爱看。听了，看了，都有好处。

上述答句有的比问句还短，可是这些回答十分得体，道出了诗人的真切体会，含意深刻，做到了言简意赅。这当然跟诗人善于用精炼语言来抒发感情的基本功有关。

任何一篇文章，句子的长短都不可能整齐划一，总是长短交错，兼收并蓄的。即使写诗，除了讲究格律的四言、五言、七言等诗体，现在常见的自由体诗，诗句也是长长短短，参差不齐的。不过，有的文章长句用得多，有的文章短句用得多。这跟作者的年龄、文化程度、写作能力、语言风格有关；也跟文章的形式以及所要表达的内容有关。因此长句和短句的选用，就要根据具体情况来决定了。例如：

（7）A. 我出生在越剧之家的浙江嵊县。在前清的时候，它是以出绿林好汉著名的。代表人物，就是<u>赫赫有名的、鲁迅著作中多次提到过的、秋瑾的学生和战友、辛亥革命后曾任绍兴都督、后被袁世凯杀了头的王金发</u>。（《文汇报》1980年8月17日）

长句"代表人物就是……王金发"的作用在于说明上一句——"它是以出绿林好汉著名的"。文章无意给读者介绍王金发这个人物，因此有关王金发的一些情况都放在句子的修饰语中，使得这个长句好像一棵主干突出而枝叶繁盛的大树一样。如果采用短句，就成了：

（7）B. ……代表人物就是王金发。他赫赫有名。在鲁迅著作中多次提到过他。他是秋瑾的学生和战友，辛亥革命后曾任绍兴都督，后来被袁世凯杀了头。

这六个短句好比一棵并不粗壮的大树旁边还歪歪斜斜地长着几棵小树。

跟上下文连起来看,主题不明,枝节横生,这是不足取的。

再以文体来说,一般的论说文往往因为论证的问题比较复杂,多用一些长句,不过,有时在用了一系列长句后,要说几句点题的话,就采用轻捷有力的短句。例如:

(8) 正当运动逐步深入的时候,党内和社会上出现了一种倾向。它的特征,就是主张一切都从本本出发,从马列主义、毛泽东思想的个别词句出发,认为只有书上写过的、领导人讲过的或者文件上提过的才算数,凡是过去写过的、讲过的,不管是否适合当时情况或后来条件发生了怎样的变化,都不能稍许变动,一切都要照抄照搬。概括起来说,就是这么两句话:过去的一切不许动,今后的一切都照搬。(《文汇报》1979年5月12日)

引文中前面用的是长句,不长不足以把情况说清楚。最后两个短句是对党内和社会上那种"倾向"的概括,提纲挈领,击中要害。

长句和短句各有各的特色。长句的表达效果是严密、细致、紧凑,短句的表达效果是明确、灵活、有力。大致说来,政治、科学论文中长句用得多,而日常谈话、文学作品中则短句占优势。我们平常看到的往往是长句短句参互使用,交错出现,各尽其能,各得其所。

(《语文学习》1981年第1期)

文理贯通和文气贯通
——也谈句子的连贯

语文教师批改作业,有两句常用的评语,叫做"文理贯通"和"文气贯通"。这两句评语主要都是针对句子与句子的关系来说的。前者偏重于内容的连贯,后者侧重在形式的连贯。当然,内容和形式又是相互联系、相互影响的。

文理不连贯的现象是多种多样的,试看以下几个例子:

(1) 鲁迅指出:"辱骂和恐吓决不是战斗。"他是这么说的,也是这么做的。

(2) 革命在继续,斗争在发展。我已不知不觉地回到了家。

(3) 他小学毕业,就回乡参加农业生产。所以当上了生产大队的大队长。

(4) 俞英告诉方觉,教育学生要耐心。她举例说陶利热爱劳动,拾金不昧,立志长大当火车司机。

例(1)鲁迅的话只是表明一种观点,后面句子根本连不上。只有表示决心一类的话语,后面才可以说"他是这么说的,也是这么做的"。例(2)"革命在继续,斗争在发展"与"我已不知不觉地回到了家"是风马牛不相及的事,无法连在一起。例(3)是强加因果关系。"小学毕业就回乡参加农业生产",不是当上大队长的原因。把"所以"改成"后来",句子才站得住。例(4)的观点是"教育学生要耐心",而后面举的例子并不是针对这个观点的,真是南辕北辙,配不起来。

再说文气贯通。

文气贯通不贯通,跟句式有密切的关系。请比较下列几个句子:

(5) A. 气死金兀术,笑死牛皋。(《岳飞传》)

B. 气死金兀术,牛皋笑死了。

C. 金兀术气死了,笑死牛皋。

(5)B、(5)C表达的意思和(5)A没什么两样,但是都没有(5)A好。为什么?因为(5)A句式一致,文气贯通。再如:

(6) 危害棉花的有七百多种害虫,水稻的害虫有一百五十多种,都要好好防治。

(7) 作者没有把简爱写成美丽多情、温柔娇弱的天使,而是一个渴望自由平等、勇于和自己所处的恶劣环境作斗争的妇女。

例(6)表达的意思是清楚的,但是读起来很不顺畅,这是句式上的问题。如果改成"危害棉花的害虫有七百多种,危害水稻的害虫有一百五十多种……"就连贯了。例(7)是同样的问题。要么改为"作者没有把简爱写成……,而是写成……",要么改为"作者笔下的简爱不是一个……,而是一个……"。

属于句式方面的问题,一般可以通过调整句式,使文气贯通。例如:

(8) A. 老伴随身带来了锅碗瓢盆,抱来了羊羔和猪娃,一条狗也跟来了。

B. 老伴随身带来了锅碗瓢盆,抱来了羊羔和猪娃,还跟来了一条狗。

上例A中第一、二分句与第三分句句式不一致。B把第三分句调整为"存现句"。尽管第一句的"锅碗瓢盆"和第二句的"羊羔和猪娃"是受事宾语,而第三句的"狗"是施事宾语,但是调整以后,句式就整齐了,文气也贯通了。

文气不贯通,有的是因为少了一句必要的话,例如:

(9) 我们生活过得好了,可不能浪费粮食啊!现在却有人把白白的馒头扔掉,当前国家还有困难,我们要为社会主义建设节约每一粒粮食。

例(9)"现在却有人把白白的馒头扔掉"一句,跟下文不相衔接,把该说的话漏了。这里要补上"这是多么不应当啊!"一类的话。

文气不贯通,有的是因为偷换了主语。例如:

（10）陈伊玲镇静地站在考试委员会的音乐家面前,她唱完了冼星海的那支有名的"二月里来",再叫她唱一支外国歌曲。

（11）气垫船是一种正在不断改进、不断发展的新型船舶,是实现船舶现代化、高速化的新途径之一。

例(10)前两个分句主语是一致的,第三个分句主语没出现,实际上暗中换了一个主语,造成文气不连贯。可将第三个分句改为"又唱了一支外国歌曲"就连贯了。例(11)前一分句主语是"气垫船",后一分句主语省略了。按照承前省略来理解,它的主语也应该是"气垫船",可是讲不通。因此,必须补上一个主语"发展气垫船"。

(《语文学习》1980 年第 7 期)

要 瞻 前 顾 后

近读根据同名电视剧改编的小说《夺子战争》,觉得有生活基础,有思想深度,很动人。但是从咬文嚼字角度来看,问题不少。按说,原剧本的基础不错,作者又是编剧之一,改编的时候驾轻就熟,理当越改越好(包括文字)。大概是时间太仓促,要赶在电视剧播放时"同步"出版吧,因而留下了许多不该出现的差错。如果作者、编者、校对者在出版的过程中能够瞻前顾后地认真读一读,不少差错本来是可以避免的。试举数例:

(1) ……(乔书铭)在单位里很不顺心,要不是万不得已,他实在不愿意在那儿消磨时光,而回家来埋头练基本功,或整理一些剧目的曲谱,等待有朝一日施展身手。(第9页)

这个长句,包括6个分句(没计算省略号所替代的),读起来总觉得不连贯。毛病出在"而"字上。作为连词的"而"用法多多,大而化之地说,无非是"顺接"和"转接"两种。可是这儿前3句和后3句的关系既非顺接,又非转接,自然不宜用"而"连接。把"而"改为"宁可",或改为"还不如""倒不如",庶几可贯通。

(2) 后来,乔书铭学生时代好心的班主任,出于对自己喜爱的学生眼前实际困难的诚挚关切,而拜托自己在房管所工作的亲戚,在曾与他共事过的泥塑木雕般呆板的管理员面前一再好言催促,才答应给予分配一间正式的住房……(第12页)

作者喜欢用长句(该句还没有引完,笔者用省略号略去了50多个字),这本来没有什么。不过,使用长句必须做到结构清晰,所指确定。句中涉及四个人物:乔书铭、乔的前班主任、班主任的亲戚、亲戚共事过的管理员。按照汉语习惯,长句中分句的主语是允许省略的,那么,最后一个分句"才答应……"的主语是什么呢？只有仔细看，才能看明白：不是那个班主任，不是那个亲戚，而是管理员。可是，如此省略"管理员"这个主语，是不符合"承前省略主语"的条件的。于是留下了偷换主语的语病，这也是顾前不顾后的结果。一定要把省略的这个主语补上，读者才容易理解。

（3）——我说的话，一般人学不了三句。

——是中国话？

——当然是中国话。

——我不信。只要是中国话，别说三句，三百句我也不在话下。

——不信？那咱俩当众试试。

——试试就试试，学几句话还不容易，那也太难点了吧！（第48页）

乔书铭和多多父子二人在排练相声，这是其中一小节台词。别的话都很明白易懂，唯独最后一句"那也太难点了吧"让人丈二和尚摸不着头脑。它跟前边的一段对话格格不入，根本衔接不上。怎么会出此种差错？简直不可思议。笔者曾看过电视剧，依稀记得剧中也有这句台词，当时就产生过疑问，只是以为自己听错了。读了小说，方知原剧本便是这样的。奇怪的是，它顺利地通过了编辑关、校对关。

（4）"还在俞家吃饭吗？"丁秀云试探着问儿子，边说边在南窗下的桌旁坐了下来。

"呃。"乔书铭仿佛被母亲击中了要害，他是向来喜欢说实话，而厌恶撒谎的。不知怎么此刻鼻腔已昧心地喷出了"嗯"字，虽然简短得不能再简短，但内心却复杂得不能再复杂了。（第61页）

对于母亲丁秀云的问话，儿子乔书铭只回答了一个字。可是文中却出现了两个不同的字："呃"与"嗯"。其中必有一错。根据作者所写（"鼻腔""喷出"）来揣摩，想来应该用"嗯"，不能用"呃"。（因为"嗯"是鼻音，"呃"不是鼻音。）像这一类差错，只要用心读一遍，是不难发现，不难改正的。

写作的时候，要瞻前顾后；编校的时候，也要瞻前顾后。

（《咬文嚼字》1998年第3期）

"前后不一致"的种种表现

写文章,应当"瞻前顾后",保持前后一致,能够自成一体;切忌前后不统一,方枘圆凿,格格不入。好比彩色电视机,人们都想买正宗原装货,不喜欢那种用杂牌器件组装起来的。

本文拟列出文章中常见的"前后不一致"的种种表现,并略加评析:

(1) 本公司专业生产高级汽车座椅套,专业生产包装定型各种进口汽车座椅牛皮套,用意大利皮、泰国皮、国产皮、猪皮等,……(《上海交通安全》1996年10月11日)

简评:生产"牛皮套"的材料用"意大利皮、泰国皮、国产皮"均可,唯独不能用"猪皮"。用了"猪皮",岂不成了假冒伪劣商品了吗?

(2) 集团公司产品不但畅销国内二十九个省、市、自治区,还远销德国、意大利、澳大利亚、巴西、阿根廷、新加坡等国家和地区。(《中国仪电报》1996年1月10日)

简评:列举出来的"德国、意大利、澳大利亚、巴西、阿根廷、新加坡",个个都是"国家",那么后边的"地区"就无所指了。如果确实包括某些地区,至少要在"等"的前边举出一个来。

(3) 年内解决3.5平方米以下的住房困难户,为1998年全部解决四平方米以下住房困难户奠定了基础。(《上海海港报》1996年10月18日)

简评:数字写法不统一。短短一句,前边写"3.5平方米",后边写"四平方米",大概不会有什么理由可以解释吧?另外,"3.5平方米"和"4平方米"前边都应添上"人均"二字,表达才周密。

(4) (试题)1. 在括号里划去不正确的读音:染(lǎn ràn)(《小学生学习周报》1996年5月13日)

简评：题干上要求"划去不正确的读音"，意味着下面有不正确的，也有正确的，提供选择。可是两个选择项(lǎn ràn)都是不正确的(正确答案是rǎn，但没有出现)。这道题，对好学生来说，无从做起；对差生来说，可能产生误导作用。

（5）目前本市因限于人力物力等诸多原因，只对华山、儿科、华东、六院、精神卫生中心、静安中心和嘉定中心医院等医院临床用药中出现的药物不良反应进行监测。(《文汇报》1996年10月22日)

简评：在"等医院"前边一共说了七家医院的名称，有的用简称，有的用全称，很不一致。即使用简称的，也毫无规律可言，似乎有点"随心所欲"，给读者一种凌乱的感觉。此外，第一分句中的"因……原因"也不妥。

（6）目前在整个中国领土上，摘取高层建筑冠、亚、季军和第四名桂冠的要数深圳81层地王大厦，70层高372米香港中央广播大厦、70层高367米香港中国银行大厦，楼高331米台湾高雄银行大厦，74层高315米香港中银大厦。(《房地产报》1996年8月30日)

简评：此句有三个方面"前后不一致"。其一，前边只说前4名，后边怎么冒出一个第5名来了呢？其二，并列成分之间有的用逗号，有的用顿号，不统一。其三，并列的各成分内部语序也不完全相同，比如有的城市名(如"深圳")在前，有的城市名(如"香港")居中。

（7）[照片的说明文字](右上)金沙江畔皎平渡的陈尚英老人……(右下)……采访船工帅士高……(《每周广播电视》1996年10月11日)

简评：标明"右上"的陈尚英老人的照片，其实在"右下"方；标明"右下"的船工帅士高的照片，却在"右上"方。——跟读者开了一个不大不小的玩笑。

(《语文学习》1997年第11期)

"被就业"引领的"被××"

2009年夏季以来,报刊上不时出现一种非常态的"被××"说法,比如"被死亡""被失踪""被捐款""被吃药""被幸福""被和谐""被阴谋""被剩女"……甚至还有"被精神病""被葛朗台"。怪不得在网友自发评选的2009年"年度汉字"中,"被"字荣登榜首。有人夸张地说,唯有"被"字才能高度概括全年的热点事件;有人惊奇地问,难道2009年走进了一个"被"时代?

准确地说,第一个进入媒体的是"被就业"。2009年7月12日,一位应届大学毕业生在网上发帖爆料,在他毫不知情的情况下,学校已经替他签好了就业协议书,协议上还盖了接受单位的大红印戳。于是,网友发明了"被就业"的说法,以讽刺这种虚报高校就业率的行为。此后,但凡弱势一方的意志遭遇强迫时,都可以套上一顶"被××"的帽子。

(1) 河南郸城县数百位老人的户口在十多年前就被按"死亡"注销,原因是村里要截留按人头上交的提留款和集资款。《长江日报》就此评论:"被死亡",现实比艺术荒诞。(参见《新闻晨报》2009年11月4日)

(2) 某部门为"网瘾"定了一个标准:每周上网40小时以上就可判作是网瘾。消息一出,舆论哗然。如果依照40小时来界定,办公室白领岂不大部分"被网瘾"了!(参见《新民晚报》2009年8月27日)

(3) 山东有位作家填词,代汶川地震中遇难同胞谈幸福感受:"党疼国爱","纵做鬼,也幸福"。竟然让那些不幸死去的同胞着实"被幸福"了一番。(参见《联合时报》2009年8月21日)

为什么将上边所举各例称为非常态的"被××"呢?因为"被就业"之类的组合都是不合语法规则的。现代汉语语法教科书告诉我们,"被"后边的动词通常都是及物动词,可是"死亡、失踪"是不及物动词,"幸福、和谐"是形容词,"精神病、葛朗台"是名词。如果按照常例,"被死亡、被失踪、被幸福、被和谐、被精神病、被葛朗台"等组合,均可判为语病——搭配不当。但是,自从"被就业"问世后,这种不合语法、不循常例的"被××"结构却成了一种富有创意的十分有效的修辞手段。

  修辞,贵在出新。"不按常理出牌",出乎人们意料之外,就能吸引眼球,发人深思。从实例来看,"被××"的主体,往往是弱势的一方,他们的公民权利受到了损害或侵犯,却难以发出自己的声音。幸亏网络舆论、报刊舆论坚定地站在他们一边,用"被××"的超常搭配揭示了弱势的权利受到强势的权力玩弄的被动状态。这种修辞手段的妙处,在于言"正"意"反",具有鲜明的讽刺性和浓浓的幽默味。

(《咬文嚼字》2010 年第 3 期)

女孩？ 男孩？

近20年来,我们在言语交际中,吸收并使用了不少港台词语,如"巴士、的士"等,不胜枚举。总体说来,这是好事,丰富了我们的词汇,增添了种种色彩。

新的港台词语通常首先由文化界(通过广播、电视、文学作品等)引进,接着就开始在青年中流行。求新求异的心理取向,促使年轻人敢于做第一个吃螃蟹的人。

比方说,当今年轻人当中流行的"女孩、男孩",已经不是原来意义的"女孩、男孩"了,而是指女青年、男青年。许多青年把自己的恋人称为"女孩"或"男孩",也有人把自己崇拜的或喜爱的青年歌星、球星等称为"女孩"或"男孩"。这都是受港台的影响。

就词的本义来说,汉语的"女孩、男孩"原本就属于模糊词语,没有确定的年龄界限,谁也说不清几岁到几岁可以称"孩"。不过大致的界限还是有的。"女孩、男孩"可以从刚出生时算起(有时甚至也包括娘肚子里的,比如俗话说——"爱吃酸,怀的是男孩,爱吃辣,怀的是女孩"),一直算到少年为止;反正不包括青年在内。

当然,如今流行的"女孩、男孩"也不等同于"青年"。大抵不包含已婚的青年和人们常说的"大龄未婚青年"。值得注意的是,我们在电台"点歌"一类节目中还可以听到称作"小女孩、小男孩"的,请你千万不要误把他们当作三四岁或者七八岁的女孩子、男孩子,他们仍是地地道道的女青年、男青年,加上一个"小",显得更亲切,更可爱。

"女孩、男孩"的港台义项、港台用法,应该说,不仅流行开来了,而且已经为大众所认可。但是必须指出,"女孩、男孩"这一义项和用法有一定的使用范围、使用环境,常常出现在文艺语体和口语语体中,并不是不受任何条件限制的。

《文汇报》1998年4月30日有一则新闻稿,摘录如下:

著名导演谢晋目前与上海师范大学校长杨德广签约,双方将联合办学,培养未来明星。……该校目前已面向全国招生,凡16至20周岁的女孩和18至22周岁的男孩,身高分别在1.62米、1.72米以上的,均可向桂林路100号上海师大谢晋—恒通明星学校报名。

这是新闻稿,写的是近似招生简章的内容。在这种比较严肃庄重的文体中,"16至20周岁的"还能称"女孩"吗?"18至22周岁的"还能称"男孩"吗?显然不能。用一句术语来说,叫做"不得体"。上边新闻稿中的"女孩、男孩"务必改用"女青年、男青年"才是。

(《咬文嚼字》1998年第8期)

"骨灰级"引起的风波

著名相声演员冯巩有一个相声段子,内容涉及词语的演变。他说:过去叫出租车,现在叫"的";过去叫汗衫,现在叫"T";过去叫情人,现在叫"蜜"……过去叫初赛,现在叫"海选";过去叫决赛,现在叫"PK"……过去叫顶级,现在叫"骨灰级",比如骨灰级性感、骨灰级教练、骨灰级产品、骨灰级绅士、骨灰级发烧友……

说到这儿,准能乐得年轻观众一齐大声呼叫"yi——"(现今北方的相声迷群体中,流行用"yi"的延长音叫好)。观众似乎对"骨灰级"一词并不反感。

然而,就是这一个"骨灰级",有时却招来了莫大的麻烦。

不久前,听新闻界朋友说起一件事:某市一位主要领导人业余爱好京剧,而且有较高的造诣。他唱起京戏来,字正腔圆,满宫满调,听者无不拍手叫好。因而当地有一家报纸称他为"骨灰级票友"。谁知这位领导见了"骨灰级"三字,十分恼火,认为这"骨灰级"分明是在骂人,要查个究竟。

无独有偶。记得 2005 年 11 月,有一家晚报把中国篮坛德高望重的老帅蒋兴权称作"骨灰级教练"(当时任辽宁队主教练)。蒋在一次新闻发布会上怒气冲冲地说:"你们这是折我寿啊!"记者辩解:"蒋导,我们不是这个意思,那是尊敬您!""什么?有这么尊敬的吗?骨灰啊,那是死人才有的。"

明眼人已经看出来了,这两场风波都是误会造成的。那位市领导,那位老教练,都是年长者,他们并不熟悉网络上的时髦用语"骨灰级"的真正含义。通常,老年人都不大喜欢"死"啊"癌"啊"骨灰"啊这类"坏字眼",所以一旦被称为"骨灰级××",自然是气不打一处来。

"骨灰级"出自网络。网络词语,有不少是挺俏皮的,有一些甚至是挺

"损人"的,"骨灰级"便是其中之一。

"骨灰级"是网络世界的一个新词语。最初,它是对网络游戏玩家的一种极高的认可,表示达到了"高得不能再高了"的等级,意思是都到骨灰的份儿上了,还能怎样?游戏玩家约略分为四等:菜鸟级、中鸟级、老鸟级、骨灰级。菜鸟级为初级,中鸟级为中级,老鸟级为高级,骨灰级则是顶级了。如今"骨灰级"一词越出了游戏玩家的圈子,而被人们广泛使用起来了。例如,骨灰级球员、骨灰级股民、骨灰级杀手、骨灰级藏品、骨灰级剧目,等等。

就说足球界的"骨灰级球员"吧,它专门用来指称年龄较大、资格较老、为球队贡献较多、得到大家尊重的球员,比如法国的中场大将齐达内,2002年世界杯的最佳门将卡恩。

可见,就其本义来看,"骨灰级"是个好字眼,并不是"坏字眼"。但是光从字面上看,确实是挺"损人"的。因此,使用这个词,应当有一条底线,就是不能伤害任何人的感情,换一句话说,就是尽量不要用在不理解这个词的人身上。

由此可以发现一条游戏规则,即所谓网络词语,不是绝对不能用,像"链接""平台""美眉""达人",像"伊妹儿""关键词",不是都已经先后进入全民语言了吗?关键无非两个字:得体。这也是修辞学的原则,言语交际学的原则。只要得体,什么词语都可以使用。"得体"之"体",不仅仅指文体、语体,还应该包括说话人、受话人的年龄与身份,包括时间、空间的条件与特征,包括话语内容的重与轻、庄与谐,等等。让我们回过头来,再看看上述两起风波,倘若换个说法,不称"骨灰级票友"而称"顶级票友",不称"骨灰级教练"而称"顶级教练",人家就会乐滋滋的。

(《咬文嚼字》2008年第8期)

"一方面"不宜独用

现代汉语有一些词经常成对使用或者成套使用,起连接前后句子(含分句)、前后段落的作用,但是不宜单个儿使用。例如"一边、一边""一面、一面""一方面、(另)一方面""前脚、后脚""一则、二则、……""一来、二来、……""首先、其次、……",等等。使用了这样的关联词语,句子之间、段落之间就能前呼后应,一气呵成。但是有的文章不重视这种小"零件",不按规矩使用,随心所欲,让读者感到迷惑。

上海某报刊登了一篇报道——《台岛以福利挽救农业颓势,刺激百万人假冒农民》,文中第4自然段抄录于下:

为何"假农民"如此之多?一方面,台湾自1989年实施"农民健康保险"以来,因"农保"保费低,申领资格较宽,台湾的不少兼业农民在选择加入医疗保险体系时大都选择"农保"。此外冒用"农民"名义申领"农保"者也不少。

这一段文章中,只出现这唯一的"一方面",再也找不到与之呼应的"(另)一方面"。仔细读完全文,方才发现后边第5段所说的可能是"另一方面"的内容。如果作者在第5段开头加上一个配对的"另一方面",就不劳读者苦苦"寻找"了。

无独有偶,该报同一版的另一篇文章《香港政坛"大姐大"引退》中又有一个单独使用的"另一方面"。摘引如次:

邓莲如在她受封英国爵位时便知自己在香港的政治前途已经终结,但她选择到此时才宣布引退,相信与目前香港的局势有关。一来,……另一方面,……

这儿的"一来,……"和"另一方面,……"是论证邓莲如宣布引退与目前香港局势有关的两点理由。按说,完全可以选用"一来、二来"来连接,也可以采用"一方面、另一方面"来连接。成双作对,一清二楚,不是很好吗?而文章偏偏要让牛头配马嘴,给读者添一点不便。何必如此呢?

(《语文学习》1996年第8期)

服务：不该讲什么话

从 7 月 4 日起，《光明日报》以"服务：不该讲什么话"为栏名，连续发表 9 组关于"服务忌语"的系列报道，引起社会各界的强烈共鸣。在此基础上，8 月 4 日，该报编辑部会同北京市、上海市、铁道部、国内贸易部、卫生部、邮电部、中国民航总局，最后确定了窗口行业普遍适用的"服务忌语"50 句。8 月 8 日，全国各地报纸同时刊登，举国上下一致称好。这是因为每一个人都必然在不同场合当过服务的对象，并且都可能在接受服务的时候受过不该受的气。

本文拟从语言的角度来剖析这 50 句的特点，说明这 50 句何以会成为"忌语"的。

50 句可分为两大部分。第 1~5 句是第一部分，包括招呼语"嗨"和称呼语"老头儿""大兵""土老冒儿""老黑"。这个部分的 5 句，在语法上都是独词句，由一个叹词或一个名词构成。招呼语只有第 1 句"嗨"，其实可以举一反三，像"喂""哎"都是"服务忌语"。服务人员向服务对象打招呼，应该讲礼貌，而光光一个"嗨"（或"喂""哎"）就欠礼貌，得有一个称呼，比如"先生""小姐""阿姨""小弟弟"都行。有时为了引起注意，二者连用也行，如"喂，先生！"但是，这不等于说，只要有个称呼就算讲礼貌了，还要看称呼什么。对年长者应当用表示尊敬的称呼，第 2 句称"老头儿"虽无恶意，却显得不够尊重，改称"老大爷""老伯""大叔"则比较合适。对中青年人的称呼要亲切，至少要平等。把解放军战士称作"大兵"（第 3 句），带有轻视的色彩；把农民或穿着土气的人或见识不广的人称作"土老冒儿"（第 4 句）更带有蔑视的色彩。这些都是要不得的。

第 6~50 句是第二部分，共 45 句，都由简短的单句或复句构成。倘若依照句类加以统计,便立即能发现其中的症结所在。句类是句子根据用途和语气划分的类别,通常分为陈述句、疑问句、祈使句、感叹句四种。这四种句类,各有各的用处,都是人们交际活动中所必需的;就其本身而言,无所谓优劣好坏。但是作为服务用语,却大有讲究了。

在45句中,祈使句有22句(其中第14句的前半句是祈使句),占第二部分的48.9%。祈使句几乎占了一半,服务用语大量使用祈使句是极不正常的。一般地说,服务对象跟服务人员打交道时,往往是有"求"于服务人员,或者请他解疑释难,或者请他做点儿什么事情。这下倒好,服务人员反过来要求服务对象干这干那,或者"别"这样,"少"那样,岂不本末倒置! 例如:第29句"有意见,找经理去!"第41句"没零钱了,自己出去换去!"第49句"别装糊涂!"第39句"我不管,少问我!"需要指出的是,决不能说服务人员必须回避祈使句。服务人员提请服务对象注意的事,常用祈使句来说:"请注意安全!""下车时,请带好自己的行李。""请放心,我一定准时送到。"这3句都有一个"请"字;而在"服务忌语"的那22句中,找不到一个"请"字,大多是催逼式的、命令式的祈使句。

在45句中,反问句有17句(其中第48句的前半句是反问句),占第二部分的37.8%。反问句是疑问句的一种"变体",说话人心中已有答案,故意用疑问句发问,属于无疑而问。作为服务用语,反问句竟然超过三分之一,也是反常的。按说,当服务对象提出各种各样的问题时,服务人员理应耐心地心平气和地予以解答,那么最佳选择当然是尽量使用陈述句。而"服务忌语"则不然,其中有那么多的反问句,充满了责备、挖苦、揶揄的意味。如第10句"听见没有,长耳朵干嘛使的?"第15句"有完没完?"第34句"你问我,我问谁?"更有甚者,像第12句"瞧车瞧车,找死呀?"简直是谩骂了!

除了反问句,真正的疑问句只有"到底要不要,想好了没有?"(第18句),仅占第二部分的2.2%。不过,这个"疑问句"只是表象,如果在特定的商品买卖的交际环境中说这句话,恐怕就相当于一个催逼式的祈使句:"到底要不要,快点想想好!"

45句当中,有没有陈述句? 有,共4句,占第二部分的8.9%。可这4句不是一般的陈述句,骨子里蕴涵着怨气和对立情绪,显得极不耐烦。让我们逐句看来。第 13 句"我就这态度"和第 32 句"不能换,就这规矩",这两个"就"字,表现出态度生硬、强硬,没有一丝一毫商量的余地。形式上是陈述句,实质上隐含了类似"你敢把我怎么样"那样的反问句或者类似"你有种你去举报"那样的祈使句。第 23 句是"不知道",这一句为什么要归入"服务忌语"呢?就一般情理而言,知之为知之,不知为不知,是实事求是的表现;更何况服务人员由于年龄、经历、知识等方面的局限,确实是会"不知道"的。但是,服务对象既然已经提出问题,他就是急于想求得答案的,如果服务人员漠不关心,简单地草率地回答一个"不知道",无疑是没有尽到责任。笔者在上海公交车上经常遇到这类事:某乘客询问去××地方应当怎么转车。优秀的售票员,总是急乘客之急,即便自己"不知道",他也会马上"发动群众",大声发问"哪位乘客知道去××地方怎么转车?"话音一落,就有不少热心人响应。差不多每一次都能得到满意的答复。这种做法比起一句"不知道"来,其效果截然不同。第 36 句是"管不着",要是把省略的主语、宾语补出来,就是"你管不着我"。这句话常常是针对提出批评意见的服务对象说的,后面还有一句没说出口的潜台词:"谁要你多管闲事!"

此外,第 46 句是唯一的感叹句:"越忙越添乱,真烦人!"感叹句只占第二部分的 2.2%。这是典型的牢骚话。发牢骚,内外有别。当着服务对象的面发牢骚,岂不是把服务对象当作受气包?有悖情理,更有悖职业道德。

综上所述,为了加强社会主义精神文明建设,为了维护社会的祥和、稳定,为了改善人际关系,窗口行业的服务用语,应该谨慎地选用礼貌的招呼语、称呼语,少用反问句,不用命令式、催逼式的祈使句,不用带刺的、嘲弄人的、"话中有话"的陈述句和感叹句。

(《咬文嚼字》1995 年第 11 期)

综合篇

作 者 自 描

  生于上海,祖籍宁波(按宁波习惯,波,读若博,入声)。喜听吴越乡音,爱看海派戏曲。自幼天资平平,唯有数学突出。幸遇恩师金易,语文终成归宿。耕耘教坛,只求一步步脚印实打实;忝列教授,但愿弟子上品位,能拼搏。学生不下于三千,教龄已超过四十。写稿为文,不哗众,忌造作;或名或利,不追逐,常知足。过花甲,越六秩,行将迈入退休老人国。到了新世纪,读读书,散散步,心平气静意淡泊;咬咬文,嚼嚼字,其乐无穷,无穷乐。

(《咬文嚼字》1998 年第 1 期"何伟渔专辑"引子)

"警察"和"顾问"

改革开放二十余年来,汉语词汇的变化很大,发展很快,几乎到了日新月异的地步。据国家语委语言文字应用研究所统计,当代汉语每年要增加千把个新词语,平均一天三个。其中一部分只是昙花一现,一部分只是作为修辞手段的临时活用,而剩下的都进入了汉语大词库,成为词汇中的新鲜血液和正式成员。

词汇的变化大,发展快,其实是世界潮流。据媒体报道,现代英语的词汇量约50万个,预测下世纪中期(即150年之后)将翻一番,达到100万个。当世界上出现了某种新事、新物、新思想的时候,各种语言都会产生新词、新语或新义项来反映它,表现它。比如自从发明了电脑,我们汉语以及其他各种语言都必须造出一个新词来指称它。又比如1999年11月15日我们媒体上突然冒出一个新词"双赢",这个词生命力十分旺盛,不仅"双赢"自身见报率极高,而且迅速孳生出若干"~赢"系列词:三赢、四赢、共赢、互赢等。

在词汇的大变化、快发展的过程中,难免鱼龙混杂,泥沙俱下,因此汉语规范化的工作是不容忽视的。"发展是硬道理。"规范是发展中的规范,不是一成不变的规范。在发展中确立新规范,新规范又推动新发展。

面对词汇的变化发展,我们语言文字工作者和语文报刊,不能听之任之,应当在规范化方面有所作为。但是我们不要做"语言警察",老是指责这个词不对那个词不对,或者说这个词不能用那个词不能用;我们要做"语言顾问",给人们,特别是给青少年学生答疑解难,说明道理,讲清楚为什么"不对""不能用"。知道了所以然之后,人们自然会选择规范的,舍弃不规范的。

比方说,上海的报刊上常常出现"有否"这个词。乍一看,"有否"似乎跟"是否、能否、可否"等词属于同一个系列。这里有个检验的公式:"A否"等于"A不A"。"是否(是不是)、能否(能不能)、可否(可不可)"都符合这个公式。那么"有否"便是"有不有"喽！然而普通话里并不存在"有不有"的说法。"有否"是从何而来的呢？原来,上海话可以说"有勿有"("勿"相当于"不"),同样,宁波话、绍兴话等都可以说。可见"有否"在吴方言里是"规范"的。问题在于吴方言区的人写文章是以普通话作为书面语言的基准的,因此"有否"是个不规范词。再比方说,不少来自香港、台湾的歌星、影星常常在表示完成态的动词前加个"有",现在内地好多年轻人也模仿着这样说,以为很时髦。例如,问"张三来了没有",否定回答是"没有来",肯定回答则是"有来"。这个"有来"只是符合粤方言和闽南方言的"规范"。普通话的规范说法应该是"来了"。明白了这些道理,人们才可能自觉地抛弃"有否""有来"一类的不规范的语言表达。

(《咬文嚼字》2004年第8期)

区别歧义和多义——从《鲁迅回忆录》谈起

记得《鲁迅回忆录》出版时,这个书名曾引起议论。有人认为有歧义:到底是"鲁迅回忆××(人或事)"还是"××(人)回忆鲁迅"?言下之意,如果是前者,似应改为"鲁迅本人的回忆录";如果是后者,则可改为"关于鲁迅的回忆录"。这种议论看似有理,实则不然。关键在于区别歧义与多义。歧义,是语言的病患;多义,却是语言的财富。假如一种语言有一万个词,平均每个词有两个意义的话,那么一万个词就可以当作两万个词来使用,如同词汇量增加了一倍。何况还有那么多的多义词组。语言学界前辈赵元任先生在40多年前举过一个有趣的例子:"鸡不吃了"是个多义词组,一解"鸡不吃(食)了",二解"鸡,(人)不吃了"。但是这个词组照样可以应用,因为多义决不等于歧义。只要在特定的语言环境中不再有两种意义,就不会影响交际,影响信息交流。比如,在宴席上,有人说"鸡不吃了",只有一种意思;在喂鸡的场合,有人说"鸡不吃了",也只有一种意思。

《鲁迅回忆录》是有语言环境的,它的语言环境就是书的内容。书中收录的是一篇篇他人撰写的回忆鲁迅的文章,因此这个书名不会引起误解。类似的例子还有朱德的散文《母亲的回忆》。该文一向是语文课本的"保留节目"。孤立地看这个题目,可能作两种理解:"母亲是回忆者"与"母亲是回忆的对象"。而联系文章(语言环境)看,无疑只能作第二种理解。把题目改为《回忆我的母亲》,似乎没有必要。

最近,《解放日报》与《宁波日报》联手编辑《孔繁森摄影作品选》,又有人提出意见,说书名该怎么理解?孔繁森是摄影者,还是摄影对象?我们知道,优秀共产党员、新时期领导干部的楷模孔繁森同志,生前是一位摄影爱好者,他为我们留下了许多生动反映祖国自然风貌和社会景象的摄影作品。如今出版的《孔繁森摄影作品选》是一本学习孔繁森同志英雄本色另一个侧面的好教材。即使不了解这些有关的"背景知识",只要读了书中的前言和所选的摄影作品,就不会产生什么歧义。退一步说,如果承认《孔繁森摄影作品选》这样的书名有歧义,那么设在聊城的"孔繁森纪念馆",它的名称岂不是也值得"怀疑"了吗?究竟是人民群众纪念孔繁森,还是孔繁森纪念什么人?显然,唯有躲在书斋里的人,才可能产生这种"怀疑"。倘若真有这样的"怀疑",岂不成了杞人忧天倾!

(《咬文嚼字》1996年第2期)

推广"1950年代"表时法

近读语言文字学界前辈学者周有光先生的文章《关于"大众普通话"问题》(刊于香港《语文建设通讯》第59期,1999年4月),发现周老将"20世纪50年代"写作"1950年代",将"20世纪80年代"写作"1980年代"。我们以为,这种表时法好处多多,大有推广之必要。

好处之一是简短。"二十世纪五十年代"或"20世纪50年代"(读作"二十世纪五十年代")都是八个字,而"1950年代"(读作"一九五〇年代")只有六个字。

有人说,"20世纪50年代"通常可以简称为"50年代",剩下四个字,不是更简短了吗?可是,现在正逢世纪之交,既然"20世纪50年代"简称为"50年代",那么"21世纪50年代"自然也可以简称为"50年代",两者都称"50年代",定位就不明确了。倒是"1950年代"只表示"1950年—1959年",确定无疑。可见"1950年代"的表时法,好处之二是明确。

简(简短)而明(明确),是语言使用的最佳选择。打个比方吧。光说"股"[gǔ],不明确,要说"股票"才明确;光说"市"[shì]不明确,要说"市场"才明确。"股票"与"市场"组合成"股票市场",明确是明确了,但又嫌不简短,于是人们又选用"股市"。"股市"是"简而明"的。周有光先生选用"1950年代",也正是为了"简而明"。

"1950年代"表时法还有好处之三,那就是便于称说(也便于读)。上文说过,1950年—1959年称为"二十世纪五十年代",援此例,1920年—1929年可称为"二十世纪二十年代",1910年—1919年则应称为"二十世纪一十年代"(似乎很少见到这么写)。那么1900年—1909年呢?好像没有一种"二十世纪××年代"的称说形式与之相配。没奈何,有人便称作"二十世纪头十年"(也有人相应地把1910年—1919年称作"二十世纪第二个十年")。显而易见,如此称说的缺点是不能一以贯之,不能系列化。这一个客观存在的矛盾,在本世纪倒并不显得突出,因为我们汉语以往习惯于采用"明朝万历年间""清朝雍正年间""民国初年"之类的表时法,直到本世纪晚些时候才开始流行"××世纪××年代"的表时法。至于怎样称1900年—1909年这十年的问题,由于"时"过境迁,始终没有摆到"议事日程"上来。但是今天就不同了,我们即将迎接新世纪,要面对2000年—2009年,怎么称说这十年呢?总该有个说法吧。

权衡利弊得失,我们认为"1950年代"这种表时法,既简短明确,又便于称说,无疑是值得推而广之。

(《咬文嚼字》1999年第12期)

杂谈模糊语言

无论说话写文章,一般总要一是一,二是二,以清清楚楚、明明白白为好。要做到这一点,精确地运用语言是十分重要的。比方说,在法律上,"扶养""抚养""赡养"这三个词各有各的含义,各有各的用法。在"夫妻之间有互相扶养的义务,父母对子女有抚养的义务,子女对父母有赡养的义务"这句话里,三个词分工明确,不能随意通用。

但是,人们运用语言,并不是在任何情况下都要求那么精确的。有时在某种交际场合,使用的却是模糊语言。例如一篇小说中有这样几句肖像描写:"大大的眼睛,弯弯的眉,深深的酒窝,小小的嘴。"其中"大大、弯弯、深深、小小"这些形容词都是模糊的。试问:眼睛"大"到什么程度?眉"弯"成什么角度?酒窝"深"几毫米?嘴"小",宽几厘米,高几厘米?这些问题谁也回答不出来。其实,作者根本没有计算过,读者也不要求了解得那么精确。这就是说,模糊的语言已经满足了交际双方的需要,达到了交流思想的目的。

汉语中,代表模糊概念的词语很多。伍铁平同志曾经指出,许多时间词具有模糊性质。(参看《模糊与语言再探》,《外国语》1980 年第 5 期)其中尤以时间名词"现在"最为典型。《现代汉语词典》是这样解释"现在"的:这个时候,指说话的时候,有时包括说话前后或长或短的一段时间(区别于"过去"或"将来")。这个解释,伸缩性很大,它包括"过去"与"将来"之间的时段。究竟有多长?十分模糊(因为"过去"与"将来"这两个词也是模糊的)。在"现在就比赛好不好?"中,"现在"指从说话时开始的一段时间;在"看来现在没有人能够回答这个问题"中,"现在"指到说话时为止的一段时间;在"现在三点整"中,"现在"指的正是说话的时刻——一刹那间;在"现在是二十世纪"中,"现在"指的时间就长得多了。尽管"现在"的含义那么模糊,但是人们照样用它来进行交际。原来,这是因为语言这个工具,为了适应和满足交际的不同需要,既要有精确性,也要有模糊性,丰富多样,各得其所。

"北方人"和"南方人"这两个词语所表示的概念,界限也不大好划。有的说以黄河为界,有的说以长江为界,有的还另有标准。即使同一地方的人,他们心目中的"北方人"(或者"南方人")也不一致。比方说,同是上海人,有人把"北方人"的范围只限于河北、河南、山东、山西一带人,至多再加上东北人;有人连同苏北人和皖北人也算在内;有人则把"北方话"地区的人都包括进去了,于是连四川人、云南人、贵州人也被称作"北方人"了。

"高楼大厦"是个常用的成语。究竟几层可以谓之"高"?多少平方米可以谓之"大"?都没有绝对标准。即使有标准,也往往因时、因地、因人而异,极其模糊。虽说模糊,这样的词语仍然都可以使用。

人们在交流思想的过程中,有时还非使用模糊语言不可,因为实在无法表达得十分精确。比方说,有一位挑选西瓜的行家,在介绍经验时说:将西瓜托在手中,用手指轻轻弹,发出"咚、咚"的清脆声,是成熟的瓜;发出"托、托"的声音,是成熟度较高的瓜;发出"噗、噗"的声音,是过熟的瓜;弹之发出"搭、搭"之声的则是生瓜。这里用了一些象声词——"咚、咚""托、托""噗、噗"和"搭、搭"。它们到底代表怎样的声音呢?都是模糊的。不会挑选西瓜的人,根据这些象声词,还是捉摸不透这些声音的区别,因此一开始仍然挑不好西瓜;只有经过多次实践,反复实践,才能渐渐领会这些象声词所描摹的声音,才能领会西瓜行家所介绍的经验。

模糊语言跟黑话、隐语不同。模糊语言是属于全民的,大家能用,也能听懂、看懂。至于黑话、隐语,则是属于某阶层、某集团的人们的。比如旧社会商人把"九"说成"大勾勾",把"六"说成"小勾勾",把"五"说成"一巴掌",等等,这是黑话,同行懂,行外的人不懂。还有《洪湖赤卫队》中拉胡琴的老人说:"人老了,弦儿调不准啦。"这是跟自己的同志联络的暗号,是一种隐语。只有自己人懂,外人完全不懂,那都算不得模糊语言。

模糊语言跟儿童语言也有区别。低龄儿童处在学语言阶段,还没有完全学会,有时只好"以一当十,以简代繁"。比如用一个"糕糕"可以代替"蛋糕、年糕、糖糕、雪糕、云片糕"等各种各样的"糕"。词汇量小,这是儿童语言的特点之一。模糊语言却不是这样,一种语言的词汇量再大,其中还是有一大批词是表示模糊概念的,这个特点是语言的交际功能所决定的。

  研究模糊语言的模糊语言学是一门新兴的语言学。它对于机器翻译、人机对话的研究,都有密切关系和重大意义。

(《语文学习》1983 年 6 期)

大礼拜、小礼拜、双休日

上海人(乃至整个吴方言区的人)习惯于把"星期日、星期天"称作"礼拜日、礼拜天"。在一部分实行"三班倒"工作制的单位,还有"大礼拜、小礼拜"的说法。每做一个星期倒一次班,从早班转换到中班或者从中班转换到夜班,中间要相隔48小时,称为"大礼拜";而从夜班转换到早班,中间只相隔24小时,称为"小礼拜"。不过这两个词语只在有关的社会群体中使用,在语言学上一般叫行业语。

1994年试行每周44小时工作制,由于"交通难",上海许多企事业单位采取一周休息两天、一周休息一天的间隔办法,确保每周平均休息一天半。于是"大礼拜、小礼拜"这两个词便立即从行业语变成了社会流行语(取得了"全民性"),而且有了新的义项:"大礼拜"指星期六、星期日两天休息,"小礼拜"指星期日一天休息。因为休息的日子跟每个人每个家庭都有密切关系,所以这两个取得"新义"的行业语,迅速成为使用频率很高的社会用语。

根据《国务院关于职工工作时间的规定》,从1995年5月1日起实行每日工作8小时、每周工作40小时的标准工时制度。这是一件新事,上海话相应地产生一个新词"双休日",这个新词迅捷地于5月6日(当月第一个星期六)正式见报(如《解放日报》的第6版、第9版),在广播、电视中也频频使用。与此同时,"大礼拜、小礼拜"这两个刚刚取得新义的词语也随即"退出历史舞台"了。(按照新的工时制度,即使是"三班倒"的单位,班次转换的间隔时间最短的也不少于48小时,就无所谓大礼拜、小礼拜了。)真可谓"来也匆匆,去也匆匆"!可以预见,"双休日"必将成为一个富有生命力的新词。

众所周知,语言是随着社会的发展而发展的,语言中的词汇尤其敏感,尤其活跃。改革开放的中国社会日新月异,因此汉语词库年年都要增添一大批新成员,从"大礼拜、小礼拜"到"双休日"便是一个很好的例证。

(《语文学习》1995年第10期)

说"捣浆糊"的"捣"

"捣浆糊",一作"淘浆糊",是上海话的新流行语。上世纪 90 年代初期只流行于上海人的口语中,大约 1994 年开始进入书面语,在报刊上亮相,由于新闻媒体的传播,逐渐走向全国。

因为它原先是方言词,先口语,后书面语,所以有一段时间,写法很不一致,常见的有"捣浆糊""掏浆糊""淘浆糊"三种。《咬文嚼字》1995 年第 7 期为此发表贺征的文章《沪上新语"淘浆糊"》,专门讨论三种写法的取舍问题。该文的结论是应当用"淘","非它莫属"。

这个结论完全正确。流行语"淘浆糊"用的是比喻义,可以用来说明某些人的言语或行为如同淘浆糊一般。而"淘浆糊"的本义指的是制作浆糊的过程。用面粉加沸水调制浆糊的时候,关键性的动作便是不停地搅动、和弄,使之成为均匀的糊状物。"淘浆糊"的"淘"就表示这个关键性动作。

为什么不能用"捣"?上海话的"捣"念作 dao,声母就是汉语拼音的 d(清辅音)。可是上海话中,这个关键性动作不念 dao,它的声母不是清辅音 d,而是浊辅音[d](汉语拼音没有相对应的字母,这儿用国际音标来表示)。既然读音不同,写成"捣浆糊"显然不准确。

为什么不能用"掏"?在上海话里,"掏"与"淘"的声母倒是相同的,可是意义截然不同,"掏"表示用手或工具探取东西(比如有些小说里写到的"掏鸟窝"就是将手伸进鸟窝里拾取鸟蛋或抓取小鸟)。这个动作跟调制浆糊的动作毫不相干。可见,若写成"掏浆糊",则是写了一个别字。

为什么应当用"淘"?理由是读音与意义都符合要求。动词"淘"在上海话中,主要用于三种组合:一曰"淘米"(将大米放在盛器中,加水搅动,以清除米糠等杂质);二曰"淘旧书"(在旧书店堆积如山的书籍中上下翻动,寻觅自己要购买的书);三曰"茶淘饭"(用热开水泡冷饭,拌匀后即可食用——这是上海人传统简易的"快餐")。这三个"淘"的用法与"淘浆糊"的"淘"都有相通之处。如此说来,"淘浆糊"无疑是正确的写法。

因此,在上世纪 90 年代中期,能说地道上海话的作者,一般都写"淘浆糊",不写"捣浆糊"。比如《解放日报》1995 年 6 月 13 日刊载的沈敖大杂文《淘浆糊与"淘浆糊"》。

但是,我们发现,1997 年之后,报刊上写"淘浆糊"的越来越少,写"捣浆糊"的却越来越多,多到几乎成了"一统世界"——有人戏称"捣浆糊现象"。例如:

(1) "捣浆糊"一词的滥觞揭示了社会转型时期是非标准在一些人中出现模糊和紊乱的实质。(《新闻报》1998 年 1 月 11 日)

(2) 由公家买单充电的公费生中"捣浆糊"混文凭的确实不少。(《青年报》2002 年 3 月 5 日)

(3) 米卢哈哈一笑,又捣起了"浆糊"。(《新民晚报》2002 年 4 月 26 日)

这一语言现象值得我们语言文字工作者重视和研究。其中必有缘故!

一则,"捣"这个动词的义项之一是"搅",它与调制浆糊时那个关键性动作多少沾得上边。这是"捣浆糊"写法最终站住脚的语义基础。

再则,许多写文章的人来自北方话方言区,不会说上海话,具体地说,不会读浊辅音[d],只会读清辅音 d。因此,上海话的"淘浆糊",由他们念来,自然变成了"捣浆糊"。

三则,上海是个海纳百川的开放城市,外来人员特别多。上海的知识分子在正式的交际场合,都必须说普通话。一说普通话,"淘"的声母,即浊辅音[d]就定然"变音",只能代之以清辅音 d。习惯成自然,久而久之,上海文人的笔下,也写起了"捣浆糊"来了。

看来,"淘浆糊"变成"捣浆糊"的走势已经不可逆转,兴许会成为"以讹传讹"直到"约定俗成"的典型语例。几年前,我是赞成写作"淘浆糊"的铁杆派;但是事到如今,揆情度理,我也愿意投"捣浆糊"一票。

(《咬文嚼字》2003 年第 1 期)

宽 容 口 误

人们常常把入选国家队的体育选手称为"国手"(包括跳高、跳远等主要用腿的运动员),唯独把国家足球队队员称为"国脚"。由此及彼,人们又戏称中央电视台体育解说员宋世雄、韩乔生等为"国嘴"。1990 年代以来,足球比赛逐渐成为中国球迷关注的第一热点,于是"国嘴"与"国脚"的关系越来越密切。经常为国内外重大足球比赛的转播作解说的韩乔生,素来以快见长,反应快,语速快。正因为快,就难免失误。最近有热心的球迷兼网民,给"国嘴"韩乔生开了一个善意的玩笑:把他说漏了嘴的话收集起来,发在因特网上。1999 年 2 月 1 日《劳动报》(摘自《中国商报》)刊登了其中 8 例,令人忍俊不禁。抄录于下:

(1) 随着守门员一声哨响,比赛结束了。

(2) 各位观众,中秋节刚过,我给大家拜个晚年。

(3) 现在由中国队守门员范志毅开任意球。

(4) 可能有的观众刚刚打开电梯,我们再把比分……

(5) 罗纳尔多将球传给因扎吉,因扎吉射门,高了……(罗纳尔多、因扎吉分属两队)

(6) 巴乔在前有追兵、后有堵截的情况下带球冲入禁区……

(7) 这球算进,裁判判进球无效。

(8) 已经有很多俱乐部表示要购买皮耶罗,拉齐奥出价 3000 万美元,曼联出价更高,2800 万美元。

这 8 条之中,只有第 7 条似属情有可原:因为解说员不在现场,在荧屏上看裁判的手势看不真切,开始以为"这球算进",接着才知道"进球无效";后一句改正了前一句,不是很自然很正常吗?除了第 7 条,其余各条的失误,都是明摆着的,无可辩解。然而,这一些纯属口误。倘若我们能换个角度、设身处地想一想,这样的口误是应该宽容的。

球赛转播,解说员根本不可能像其他节目的主持人那样,事先写好讲稿,而全靠随机应变,临场发挥。当然,一般情况下,解说员还是有备而来的,但是"备"的都是背景材料,比如两支球队的基本情况和常用的战略战术,教练和主力队员的个人特点,两队近年来交锋的战绩,以及球场、球迷概况,等等。至于本场球赛谁胜谁负,会出现什么情况,往往是无法预计的,出乎意料的事情每时每刻都可能发生,有人说"球场风云,瞬息万变",此话一点也不夸张。快速的解说,正是解说员快速思维的结果和外化。在解说员的思维通道上,镜头转换之快,比起电影蒙太奇来,不知要超出多少倍;外化到语言上,就是话题的不断变换,一分钟之内就可能变换话题五六次,甚至更多。似这般快速又多变的解说词,要做到"滴水不漏",岂非难事?

坐在电视台转播室里,面对大屏幕进行解说,至少有一个平静的不受干扰的环境。要是到足球场去进行现场直播,难度还要高得多。赛前和中间休息时,解说员要主动采访教练、球员和有关官员,获取最新信息;坐在播音席上,分散注意力的因素多多,比如不时有熟识的人来打招呼,好奇的人来"看热闹";锣鼓声、喇叭声、啦啦队的叫喊声、歌声,还有不文明的谩骂声,不绝于耳,场面火爆的话,简直是震耳欲聋。因此,解说员始终处于一种紧张、亢奋的状态中。如果没有眼观六路、耳听八方的本领,没有临阵不慌、机警灵巧的能耐,势必会东一榔头西一棒子,语无伦次。

作为一名从教40余年的教师,我对于口误有切身的体验,因此对解说员的口误总是十分谅解的。1999年1、2月间,上海东方电视台直播98亚俱杯东亚赛区的三场足球赛,交战的一方是我国的大连万达队,另一方是分别来自日本和韩国的三支球队。播出时,除了电视台的年轻解说员之外,还特邀一位年近花甲的沪上足坛名宿担任嘉宾顾问。毕竟年龄不饶人,这位顾问一而再、再而三地把"万达队"误说成"申花队",连一旁的年轻解说员都来不及更正(也不便一一更正)。但是我想,电视机前的观众还是听"懂"了(不会误以为换了一个参赛队),并且听得"津津有味",丝毫不会责怪那位频频口误的老先生。

  笔者写这篇短文,并不是刻意要为韩乔生(以及众多的体育解说员和嘉宾)"辩护"。事实就是如此:口误对谁来说都是难免的,因而需要宽容。不过,事情还有另外一面,即作为大众媒体的电视,应该精益求精,更好地为大众服务。球赛转播中的口误,理应减少到最低限度。这就需要采取一些积极的防范措施。比方说,赛前的准备工作做得更充分更周全,将一部分已知而尚未熟记的信息制成卡片,便于临场随时取用、插播;比方说,把一些常用的乃至必用的语句(如"裁判一声哨响,比赛结束""可能有的观众刚刚打开电视,我们再把比分介绍一下"等),读得滚瓜烂熟,保证脱口而出而决不出轨,这样,类似前文引述的第1条和第4条的失误就可以避免。总之一句话,我们热切盼望体育解说员既能够口若悬河,滔滔不绝,又能够得心应"口",少出差错。

(《咬文嚼字》1999 年第 10 期)

谁进了"误区"

《新民晚报》1998年2月14日刊登了一篇题为《品尝羊肉,莫进误区》的文章,告诫人们在吃羊肉时要注意几个问题,不要进入误区。遗憾的是,由于作者表述上的失误,反而把读者引导到"误区"里去了。

全文分六段,除了首段是总说之外,后五段的第一句都是"提纲挈领"的话,摘录如下:

误区之一:涮羊肉谨防"旋毛虫病"。

误区之二:烤羊肉串慎防致癌。

误区之三:肝气旺盛者不宜多食(羊肉)。

误区之四:尝羊羔未必补体。

误区之五:吃羊肉之后不能马上喝浓茶。

这五句话全部把话说反了,颠倒了是和非。试解剖其中两句:作者说"涮羊肉谨防'旋毛虫病'"是第一个误区,那等于告诉人家"涮羊肉不必防旋毛虫病"了;作者说"吃羊肉之后不能马上喝浓茶"是第五个误区,那岂不是在劝人家"吃羊肉以后要马上喝浓茶"吗?而作者的本意恰恰相反。由于原文的表达方式进入了"误区",致使读者难分正误,无所适从。

怎么改?最简便的办法是删去这五句话的前半部,即"误区之一""误区之二"……这样,要表达的意思就一清二楚了。然而,从文章的整体结构来看,如此改法并不妥善。因为题目上有"莫进误区"四字,第一段总说部分也说"莫入误区";所以分说部分只有保留"误区之一""误区之二"……方能做到前后呼应,结构完整。既然要保留五句话的前半部,那么后半部统统要修改。比如,"误区之三:肝气旺盛者宜多食(羊肉)。""误区之五:吃羊肉以后宜马上喝浓茶。"其余可参照类推。

(《咬文嚼字》1998年第12期)

"老师"一般不宜自称

《新民晚报》有一个很受读者欢迎的"桃李芬芳"专版,逢周日刊出。"桃李芬芳"版上有一个很受读者欢迎的"心理咨询师"专栏,不定期刊出。

这个专栏的内容很贴近生活,有针对性,有吸引力。专栏的形式是"家长来信+心理咨询师复信"。这种形式本身并没有什么不当之处,只是复信的"署名"十分刺眼,让人读了不舒服。试以2003年3月30日的一篇《如何教孩子长记性》为例:

```
                    来    信
逸冰老师:
       ……
                                    家长  静雯
```

```
                    复    信
静雯家长:
       ……
                                      逸冰老师
```

读者不会怀疑心理咨询师逸冰是一位老师,但是不愿意看到逸冰老师自称"老师"。复信中署名"逸冰老师"不符合交际礼节。

身为教师而自称"老师"的恐怕只有一种情况,就是对象为孩子。托儿所、幼儿园的老师和小学一二年级的老师跟小朋友讲话或给小朋友上课,可以自称"老师"。例如:"昨天老师给小朋友讲了一个故事,大家还记得吗?""×老师唱一句,小朋友跟着唱一句,好吗?"对于孩子来说,用"老师""×老师"自称比用人称代词"我"更"具体"、更亲切。

笔者本人是教师,在大学任教四十余年,也教过中学,教过扫盲班(对象是成人),学生、家长甚至邻居都称我"老师",但我从来不自称"老师",给学生打电话,总是自报"姓名",不自报"×老师"。如果学生不在家,而学生家长又不熟悉我的姓名,我才会说"我是×××的老师"。这儿的"老师",大概不能算自称而属于自我介绍吧。

2003年7月27日,打开《新民晚报》的"桃李芬芳"版,眼睛为之一亮:"心理咨询师"终于不再自称"老师"了。

```
                  来      信
逸冰老师:
       ……
                                   一个束手无策的家长
```

```
                  复      信
束手无策的家长:
       ……
                                              逸冰
```

不管这个变化是作者行为还是编者行为,反正这是一种礼貌行为,值得肯定,值得推介。

顺便讨论一下另一种称"老师"的现象。《报刊文摘》2003年7月21日在报头右侧刊登了一则醒目的广告,内容是"总裁高级培训班"招生。广告中有一行字令人瞩目,即"联系人:佟老师、张老师、胡老师"。这样写算不算自称"老师"呢?不能算。因为这则广告的广告主不是这三位老师,而是"复旦大学管理学院"。既然是学院出面,称联系人为"×老师"就完全合乎情理:一则,按学校的惯例,对教师、对办公室的工作人员,一般都是统称"老师"的;二则,这儿不是自称,而是"他称";三则,像这一类广告,没有必要公示联系人的全名,只要亮出姓氏,就便于联系有关事宜了。

(《咬文嚼字》2003年第12期)

怎么能"放心"

　　1999年新学年开学的前一天,8月31日,上海的《文汇报》《新闻报》《劳动报》《新民晚报》《上海经济报》等许多报纸都刊登了一篇新闻,报道上海市技术监督局所公布的对秋季教科书印刷、装订质量的抽查结果。因为新闻稿出自同一位通讯员之手,所以内容大体相同,又因为经过各报记者或编辑加工,所以详略剪裁稍有差异。这儿想着重议一议几家报纸各自所拟的标题:

《新闻报·午刊》

正题:教科书质量　放心(按,"放心"二字,黑底白字,十分醒目)

副题:全市抽检合格率近九成

《上海经济报》

正题:开学了,教科书质量怎么样

副题:抽样检查结果显示总体合格率近九成

《文汇报》

正题:教科书质量合格率近九成

副题:外省市印刷教科书质量好于本市产品

　　概括起来,新闻内容的要点是:这次抽查了大、中、小学秋季教科书125种,其中有16种不符合标准要求,合格率为87%左右。查出的主要问题是:折页歪斜,文字残缺;有的出现重影、脏污;产品检验把关不严。对出现不合格产品的单位将依法进行处罚。

　　根据这些内容来对照、鉴别上述三家报纸所拟的标题,我们认为:《上海经济报》的标题比较客观,《文汇报》的标题还略带批评之意(针对"上海产品"),这两种标题都是不错的,可取的。《新闻报·午刊》的标题却让人"看不懂"。教科书不是一般的印刷品,不可等闲视之;它是大、中、小学的莘莘学子学习科学文化知识的课本、范本,在印刷质量上理应高标准、严要求。87%的合格率意味着什么?如果一个学生拥有十本教科书的话,那就有一本不合格。如此质量的教科书,能让教师、学生以及家长"放心"吗?换一个角度来说,相当于十分之一的老师和十分之一的学生,不幸用上这样的教科书,必定是麻烦多多!为了补漏,或更正,或指点,在课堂上不知要浪费多少宝贵的教学时间!怎么能"放心"?

给新闻拟标题,一方面是富有创意的工作,拟得精妙,恰如画龙点睛;另一方面又是十分辛苦的工作,因为往往时间紧迫,立等"要"取。不管怎么样,最起码的一条是力求准确,不要误导。否则,读者怎么能"放心"?

(《咬文嚼字》1999年第11期)

"皇後""發廊"现象简析

我国推行简化汉字,已经四十年了。一般社会用字,毫无疑问,应当坚持用简化字,不用繁体字。由于改革开放,在某一些特殊场合,因特殊需要,也允许使用繁体字。不过,要用繁体字,就必须用得正确,不能乱用、误用。目前社会上使用的繁体字,常常错误百出,闹笑话,出洋相。

产生乱用、误用的原因主要有两个:一是许多人从来没学过繁体字,只能在《简化字总表》里找寻"对应"的繁体字;二是计算机"自动转换"而没经过人工校对。于是,把"皇后"写成"皇後","发廊"写成"發廊",甚至把"林冲"写成"林衝","谷牧"写成"穀牧",这一类错误层出不穷。

为什么查过《简化字总表》照样出错?为什么精密的计算机也会出错?原来,出错之处总是集中在两种类型。

第一类,两个或三个繁体字合用一个简化字。例如"乾、幹"简作"干","臟、髒"简作"脏","矇、濛、懞"简作"蒙","臺、檯、颱"简作"台"。这类繁简字有十九组。当这些简化字要"还原"为繁体字的时候,就可能出现阴错阳差、张冠李戴的毛病。比如,把"闹钟"错成"鬧鍾",而把"钟爱"错成"鐘愛";把"农历"错成"農歷",而把"履历"错成"履曆"。

第二类,用笔画较少的同音(或近音)字替代繁体字,而原字继续使用。例如"出"本有其字,"齣"简作"出"之后,"出"就兼表"出、齣"两字;"后"本有其字,"後"简作"后"之后,"后"就兼表"后、後"两字。这类繁简字有四五十组,数量较多,出现差错的机会也就更多。如果要写繁体字"一出戏"和"大后方",可以写作"一齣戲"和"大後方";可是"推陈出新"和"慈禧太后"万万不能写作"推陳齣新"和"慈禧太後"。

还有几个字,是两种类型交叉在一起的,情况就更复杂了。比如,"系"

本有其字，又兼作"係、繫"两字的简化字。这就是说，一个"系"字要作为三个字来用。倘若把"数学系"写成"數學係"或者"數學繫"，那就大错特错了。

原因找到了，情况明白了，然而要杜绝"皇後""發廊"之类的错误，却谈何容易！怎么办？对于有些人来说，如果确因工作需要，非写繁体字不可，那么平时要多学习有关汉字的知识，遇到疑问时，则多请教字典词典。至于计算机自动转换的繁体字文本，必须由专人认真校对和修正，以防错误丛生，笑话连篇。

(《咬文嚼字》1995年第10期)

《二简》影响今犹在

"说普通话,写规范字"是当前贯彻国家语言文字政策的一句重要的宣传口号。说普通话的普及率和标准化程度,逐年在提高。相比之下,写规范字的情况却不容乐观,在社会用字中,错别字、不规范字,时有所见,几乎到处都有。这就不能不引起我们的密切关注。

在一般的汉字学著作中或在语文教师的课堂教学中,分析产生错别字的原因不外乎主客观两个方面。客观原因,一是形近而误,西莱社(西菜社)、扛杆(杠杆);二是音近而误,如授于(授予),家史显赫(家世显赫);三是义近而误,如新闻连播(新闻联播),巢臼(窠臼)。主观原因,一是不明词语意义,如养渔户(养鱼户);二是粗心大意,如他的丈夫(她的丈夫)。

但是,根据我们的观察和调查,还有一个重要的原因不容忽略,那就是《二简》的影响。《二简》的全称是《第二次汉字简化方案(草案)》。

原来的(即第一次的)《汉字简化方案》从 1956 年到 1959 年分四批推行。在此基础上,中国文字改革委员会于 1964 年 5 月编印了《简化字总表》,总表中的简化字都是规范的汉字。

1986 年 10 月 10 日国家语言文字工作委员会在重新发表《简化字总表》(个别字作了调整)时,明确说明凡是不符合《简化字总表》规定的简化字,包括《第二次汉字简化方案(草案)》的简化字和社会上流行的各种简化字,都是不规范的简化字,应当停止使用。

让我们先回顾一下《二简》是怎么回事吧。1977 年 12 月 22 日中国文字改革委员会根据国务院的批示,发表了《二简》。其中第一表的 248 个简化字,从第二天即 12 月 23 日起就在报刊上试用。当时教育部规定,中小学"学生在作文和试卷中如果书写了第一表的简化字不算错别字,不扣分"。到

1978年7月以后,全国报刊先后停止试用。1986年6月24日,经国务院同意,国家语委正式废止了《二简》。

《二简》虽然废止了,但它的影响却不容低估。全国有数以亿计的人曾经学过、用过《二简》第一表中的248个简化字,今天,他们在使用汉字的时候,常常不知不觉地写了《二简》中的简化字。比方说,我们在菜场里看到的"鸡旦"的"旦",在球场上看到的"比宙"的"宙",全都曾列入《二简》。在印刷品中出现的,往往是同音代替的简化字,以"旦"代"蛋"就是一例。又如:四人邦(四人帮),付主席(副主席),包果(包裹),了草(潦草),年令(年龄),跳午(跳舞),遭迁(遭遇),予备(预备)等。

在手写字中出现的,大多是另造的简化字,以"宙"代"赛"就是一例。又如:歺厅(餐厅),西芷(西藏),辺路(道路),忄得(懂得),力另(力量),官亇(官僚),帄子(帽子),刧劳(勤劳),仅任(信任)等。

以上列举的都是十分流行的不规范字。我们要大力做好宣传教育工作,说清楚前因后果,来龙去脉,促使汉字规范化的工作健康有效地开展下去。

(《咬文嚼字》1997年第5期)

关于"无标点文字"

近年来,报刊上出现一种"无标点文字",有的是整段文章(甚至整篇短文)不用标点符号,有的是连续几句没有标点,最后用一个句号。人们对此议论纷纷,褒贬不一。许多青年学生"迷惑不解,曾问过老师,老师不置可否地摊摊手笑笑"。(引自《作品与争鸣》1987年第9期第2页的读者来信《为什么文不加点?》)这种"无标点文字",到底应当肯定还是应当否定,的确是一个值得探讨的问题。

从文学角度看,新时期的文学创作,特别是中青年作家的文学创作,富有开拓性、开放性,进行了多层次全方位的探索,诸如主题的多义性、故事情节的淡化、结构的立体组合、人物复杂心态的描写,等等。这里,既有成功的经验,也有失败的教训。此外,还有一个重要方面,就是探索语言文字表达手段的推陈出新,"无标点文字"是其中之一,也属于表达手段上的"出新"。既然是探索,人们可以对它说长道短,品头评足,但不必匆匆忙忙地为它定性下结论。要让它流行一段较长的时间,用客观效果来检验。大家欢迎的,它自然会迅速发展,茁壮成长;大家不欢迎的,它也会自生自灭。

从言语交际学角度看,语言文字是交际工具,是传递信息的载体。对文字来说,标点符号是这个载体的不可分割不可缺少的组成部分,并非可有可无、可多可少的东西。人们在口语表达中,传递信息的手段有三个系列:一是词、语、句等,二是语调、停顿等,三是表情、手势等(表情、手势只有在交际双方处于面对面的状态时才能传递信息,如果是电话语言、广播语言之类,表情、手势的作用就等于零)。用文字记录口语时,文字符号(方块汉字)记录的是词、语、句,标点符号记录的是语调、停顿等,而表情、手势等手段是无法直接记录的(除非另加文字说明)。这就是说,有标点的文字尚能记录两个系列的传递信息手段,而无标点的文字只能记录一个系列的传递信息手段。那么,就总体而言,无标点的文字由于传递信息手段的贫乏,势必不利于信息的准确快速的传递。比方说,同一段文字,有标点,读者读一遍就读懂了,没有标点,读两遍三遍才能读懂。人们常说:"时间就是金钱,效率就是生命。"有标点与无标点,两相比较,究竟哪一种节省时间,哪一种浪费时间?哪一种提高效率,哪一种降低效率?答案是不言而喻的。可见,用社会交际功能来衡量,无标点文字是不宜提倡的;用语言文字规范化的要求来检验,无标点文字属于不规范的现象。以上所说,只是常规分析。

再从修辞学角度来看,修辞,常常通过突破常规来达到修辞目的。"买大前门牌香烟"是常规,"买大前门"是突破常规。"打球"是常规,"打出风格,打出水平"是突破常规。有标点文字是常规,无标点文字是突破常规。因而,无标点文字,如果用作修辞手段,就不能一概否定了。

用问号和感叹号作比方:单用的"?"和单用的"!",是标点符号的规范用法,而合用的"?!"或"!?"在特定的语境里可能取得某种修辞效果,则成了标点符号的修辞用法。

同样的道理,"使用标点符号"是合乎规范的,而"不用标点符号"(即标点符号的零形态)在特定的语境里如果能取得某种修辞效果,也就成了一种修辞手段,一种突破常规的修辞手段。例如柏原的中篇小说《洪水河畔的土庙》,全文约46000字,标点符号使用正常,但出现了三处"无标点文字"。这显然是作者有意不加标点,并非一时疏忽。下边抄录一处:

两个人就争起来。麻文举说,你比赵木匠高一辈要比双喜高三辈长大见他妈叫啥呀?背篓爷说,我不抱儿不抱孙子不抱重孙我抱末孙他见他妈还叫妈。麻文举说,我家有男人有女人有娃娃这娃要爸有爸要妈有妈要姐姐妹妹有姐姐妹妹他要是朝你要爸要妈你给咋说呀?背篓爷说,我搬家呀我单杆一根说搬就搬离开杏儿湾远远的叫娃谁都不得见,你不成你抱去抬头不见低头见早早晚晚得见有淘不完的气娃娃跟大人淘两家人淘……

这一段是麻文举和背篓爷俩人争吵的话。背景是:赵木匠的孙儿媳,即双喜的新媳妇,一过门就不明不白地生了个娃娃,于是同村的孤老头儿背篓爷和只有女儿没有儿子的麻文举都想抱养这个娃娃,"争起来"了。大凡争吵的话,唇枪舌剑,语速往往是比较快的,用无标点文字来记述,可以产生十分"逼真"的修辞效果,读者恍惚身临其境,如闻其声。况且,这一段"无标点文字"并非彻底的"无标点",而是"有标点"之中夹"无标点"。两个争吵者针锋相对,一句来一句去,各不相让,这个过程作者交代得清清楚楚。只要有背景知识(读过上文)的读者,可以十分顺畅的读下去,十分明白的理解争吵的内容。因此,应该承认这儿的无标点文字是修辞手段,是可取的。

正像"?!"或"!?"不全是修辞手段一样,无标点文字也不全是修辞手段。凡是说不上什么修辞效果,妨碍正常传递信息的无标点文字,都不能算作修辞手段,自然不应加以肯定。目前这种无标点文字也时有出现。例如:

明早儿我还得继续上学和你同桌偷偷用脚说话交换暗号下午翻墙潜入人民公园抽烟吐云写诗流眼泪玩或用泥巴垒生日蛋糕看电影背后骂老师真他妈缺德总留下班里好看的女生谈青春理想我还得和你攒钱买火车票进站台等那一伙一帮送行的人哭完了咱俩心潮起伏地登上火车流浪去反正我的任性比我的家谱还出名我就是不能破坏我的习惯坚决不接受你死亡的决定

这一节无标点文字听说也有人叫好,但普通读者不能接受。因为连读三遍,也不知其所云。恐怕隔了一年半载,让作者自己读这一节文字,也不见得能够顺顺当当地读下去。这不是跟人开玩笑吗?像这类无标点文字,实际上已经丧失了传递信息的功能,是语言文字不纯洁不健康的表现,是一种"怪胎",是汉语规范化的对象。

至于在中学语文教学中,我们以为:第一,教材中目前还不宜选用含有无标点文字的文章作为范文。第二,中学生作文是一种习作,属于基本技能训练,不宜提倡也不宜允许"文不加点"。第三,学生问及"无标点文字",教师完全可以表示自己的这样那样的看法,帮助学生消除迷惑。

(《语文学习》1988年第3期)

汉语中的外文字母

十年前写过一篇小文章——《中文里的外文字母》。主要内容是,根据我的观察,外文字母已经正式成为汉民族共同语(包括口语和书面语)中"合法公民"的,只有三个:一是 X,二是 K,三是 Q。

这三个外文字母不能独立成词,必须作为特殊语素,分别跟其他语素组合成词之后,方能"合法"存在。"X、K、Q"因各自组合在"X 光、三 K 党、阿 Q"三个词中,而取得合法地位。"X 光"是一种波长很短的电磁波,有很大的穿透力。这个词引进以后,有两种写法曾经长期共存:爱克斯光和 X 光。经过时间的考验,现在大家都愿意写"X 光",很少人再写"爱克斯光"了。"三 K 党"是 Ku-Klux Klan 的缩写,所以只有一种写法,绝对没有人把它写成"三开党"之类的。"阿 Q"的情况有所不同,这个 Q 算不得严格意义的外文字母,因为"阿 Q"并不是外来词("X 光"和"三 K 党"都是外来词)。根据鲁迅先生在小说《阿 Q 正传》中所说,由于无法查证到底是阿桂还是阿贵,只好用了"洋字",略作阿 Q。

《现代汉语词典》早就把"三 K 党"和"阿 Q"收为词条了,但是没有收"X 光"。我猜想,也许是无法排序的缘故吧。这个"X 光"若按音序,排在 A 部或 X 部,都不妥;若按部首,更无从排起。不过,《现代汉语词典》在"爱克斯射线"词条里,特别注明"也叫爱克斯光","通常写作 X 射线"。

至于在科技著作中或者理工类教科书中出现的外文字母,如三角函数 $\sin$(正弦),$\cos$(余弦),化学分子式 H_2O(水)、NH_4Cl(氯化铵)等等,都是专门术语,使用范围受到限制,尚未进入全民语言。以上说的是十年前的语言现象。但是,近十年,非同寻常。这是改革开放的十年,这是中外经济合作、文化交流迅猛发展的十年。语言总是随着社会的发展而发展,而语言中的词汇反映社会的发展尤其灵敏快速,十年间产生了大量的新词新语,还有一部分旧词语先后增加了新的引申义,或者有了新的用法。别的暂且不说,像"X光、三K党、阿Q"一类的词就增添了一批。比如"T恤""B超""卡拉OK"等。这些词语以不可阻挡的势头,迅速地进入全民语言,崭露头角。

不仅如此,而且词的结构形式也有了新的演变。原来的几个词都是汉字(代表语素)和外文字母(也代表语素)的组合,如今又出现纯粹的外文字母组合——例如医院里的"CT",电视里的"MTV",饭店里的"KTV"等。

为什么这些新型的词语能够在现代汉语中成为"合法公民"呢?

我想,原因在于它们完全符合汉语词汇规范化的三条基本原则:第一条原则是交际的需要。一个新事物出现了,必须有一个相应的新词语去称呼它。比如,对于医院来说,"B超""CT"都是从国外引进的检查病症的新的仪器。既已引进,就不能没有一个名称。第二条原则是群众的认可。由于人民大众文化素质的提高,开放意识的增强,现在似乎不再有人像"九斤老太"一样,盲目排斥新鲜事物,排斥外文字母。不但不排斥,反而乐于使用。例如,"T恤"和"体恤"这两种写法一度并存,发展的趋势是写"体恤"的人越来越少了。第三条原则是表意的明确。这些词夹有或全部是外文字母,似乎不太好懂;然而事实上,由于交际需要,频繁使用,加上群众认可,它们的词义也就在不断使用的过程中逐渐为群众所掌握。

看来,这种新型的词很有生命力,具有能产性。特别是前一种(如"阿Q、B超"),基本上可以纳入汉语固有的构词法模式,因而更容易被使用汉语的人所接受。不是吗?又有许多含有外文字母的新词新语将进入全民语言:"BP机""BASIC语言""三T公司""GPT""GRE"……有的甚而至于成系列地出现,如"维生素A(过去曾经称为维生素甲或维他命甲;以下各例,情况相似,可类推)、维生素B_1、维生素B_2、维生素B_6、复合维生素B、维生素C、维生素D、维生素AD胶丸、维生素E、维生素K……"还有"A股、B股、H股"等。

(《咬文嚼字》1995年第1期)

教 学 篇

分类 归类 兼类
——谈词类教学的几个问题

词类是词在语法上的分类。教语法必定要教词类。教词类,必定会遇到词的分类、词的归类、词的兼类这三个互有关联的问题。

词的分类与词的归类是不同的概念。

词的分类是以一种语言的所有的词作为对象,根据一定的分类标准,分成若干类。分类的结果是词类(例如英语有八个词类)。

词的归类是以语言中单个的词作为对象,根据某个词的语法特点,把它归入某词类。归类的结果是词性(例如甲词归入动词类,它具有动词性;乙词归入副词类,它具有副词性)。

就语法教学(相对于语法研究)而言,词的分类应当是不成问题的。尽管语法学界在词的分类方面有种种不同的观点,有种种不同的分类标准,不过中学语法教学不必"引进"这些内容。一种(任何一种)语法体系划分出来的词类,其数量总是固定的,或七八个类,或十几个类。教语法或者学语法,只要根据教科书上分的类来教,来学,就行了。比方说,以前根据《暂拟汉语教学语法系统》教词类,就分十一类(名、动、形、数、量、代、副、介、连、助、叹);现在根据《中学教学语法系统提要》教词类,则分十二类(十一类之外,增加一类拟声词)。

教学上的困难倒在于词的归类,即在于给一个一个的词归类,确定词性。比如,把"同情"归入动词类,定为动词性;把"同感"归入名词类,定为名词性;把"同等"归入形容词类,定为形容词性:这三个词归不同的类,不是一眼看得出的。语言中,比它们更难定性的还多的是。

词的分类是确定的,为什么词的归类定性还会出现困难呢?从理论上说,一个词类中的词应该具有相同的词性,具有相同词性的词可以归在同一个词类里,这似乎很简单。可是,实际情况并非如此整齐划一:同类的词具有共同的语法特点,不等于说,同类的词的语法特点全部相同;异类的词具有不同的语法特点,也不等于说,异类的词的语法特点全部不同。这就形成个别词归类的复杂性。

解决个别词的归类问题,要具备三个条件:

第一,必须熟悉各类词的语法特点。这是每一本语法教科书上明明白白写着的。比如说,名词的主要特点是:(1)能用数量词修饰,(2)不能用副词修饰,(3)能用在介词后边,组成介宾短语(介词结构),(4)经常用作主语、宾语。其他各类也都有各自的语法特点。

第二,必须了解相近词类的区别和界限。现代汉语中有几组相近词类(它们具有部分共同的语法特点),不容易分辨,成了词的归类定性的难点(当然也是词类教学的难点)。比较突出的有如下几组:时间名词和时间副词,动词和形容词,动词和介词,形容词和副词,连词和介词。如果能掌握以上各组两个词类的区别和界限,那么,归类上的不少难题就能迎刃而解了。请参看《中学语文教师手册》(上海教育出版社)第94—97页,那上边详细说明了它们的区别和界限。

第三,必须仔细分析个别词的特点。凡是较难归类的词,一定要经过逐个逐个的分析研究,只有把它们的主要语法特点弄清楚了,才能归入相应的词类。例如"同情"的特点是,(1)可以带宾语(同情受害的群众),(2)前面能加"不",加"很"(不同情,很同情),因此归入动词类;"同感"的特点是,(1)不受副词修饰(如不说"不同感""很同感"),(2)经常作宾语(如"我也有同感"),因此归入名词类;"同等"的特点是,(1)经常修饰名词(如"同等学力"),(2)不能带宾语,(3)不作主语、宾语,因此归入形容词类。

有了上述三个条件,现代汉语中大部分词的归类定性问题都不难解决了。不过,还有一批"个性"特别强的词,如"所谓""例如""等等""一切"之类,它们归哪一类都不合适。

按理说,词类是在一种语言所有的词里划分出来的类别,应该是每个词都有类可归,都有个着落。但是,事实上存在不少例外。说起来道理也很简单:任何语言都是先有词,后有词类的(词是在人类交际活动中产生的,词类则是语法学家归纳出来的);而不是先规定了词类,确定了每个词类的语法特点,再依照"模式"去造词,去用词。由此可见,语言中存在一些"个性"强的词,并不奇怪。

例如"一切",就是一个"个性"很强的词。有人说它是形容词,理由是它经常修饰名词,如"一切办法""一切费用""一切错误"。但是它不能像形容词那样充当谓语,也不能像形容词那样受"很"的修饰。有人说它是代词,理由是它除了作定语(修饰名词)之外,还常常充当主语、宾语。如:

这一切,都显示出今年广州的花市是不平常的。(秦牧《花市》)

他们发号施令,指挥一切。(毛泽东《湖南农民运动考察报告》)

"一切"表示遍指或泛指,似乎可以归入指示代词。但是指示代词"这""那"都不受定语修饰,而"一切"前面却可以有定语,如"这一切""我的一切""生活的一切",甚至还有"一切的一切"这种说法。可见与代词也不尽相同。

归形容词还是归代词呢?比较起来,把"一切"归入代词合适一些。只是不能到此为止,归了代词,还得进一步说明这个特殊代词的特殊用法。

这样做是以语法教学的目的为依据的。语法教学不应当满足于指出"这个是名词,那个是动词……"而应当真正提高学生的理解语言和使用语言的能力。知道"一切"是代词,只是掌握了它的共性;知道"一切"的特殊用法,才是掌握了它的个性。唯有知道了"一切"的共性和个性,才算真正掌握了"一切",才能正确使用"一切"这个词。

按照《语法提要》的说法,现代汉语共有十二个词类。这一类与那一类之间,界限清楚,并不含胡。这是词的分类。至于词的归类,情况有所不同。多数的词,特点鲜明,该归哪一类,就归哪一类;少数的词,共性弱而个性强,那就不宜草率归类,归了类也要指明它的与众不同之处。

再说,单个的词,不一定只归一类。一个词归一类,固然不少,如"针"归名词类,"立"归动词类,"矮"归形容词类。一个词归两类,归三类,也是很多的。如"土"既可归名词类,又可归形容词类("这衣服太土了")。

一个词,归两类(或多类),就是词的兼类。词的兼类是语言中客观存在的现象,应当承认。但是必须排除几种似是而非的情况。

第一,读音(包括声、韵、调)不完全相同的,不算词的兼类。

马儿跑得快("得"音de,助词)

孩子得了三好奖("得"音"dé",动词)

"得(de)"与"得(dé)"读音不同,是两个词,不是一词兼两类。

第二,意义没有联系的,不算词的兼类。

含苞欲放的花("花",名词)

少花钱,多办事("花",动词)

名词"花"与动词"花",意义无关,是两个词,不是一词兼两类。

第三,不具备两个(或几个)词类的主要语法特点的,不算词的兼类。

满满一屋子("屋子",名词)

一屋子的人("屋子",是量词吗?)

一般的量词(如"一个人"的"个"),可以重叠,不能带"的",不能有后缀"子";而"屋子"不能重叠,可以带"的"(一屋子的人),可以有后缀"子"。可见后一个"屋子"也只具备名词的主要语法特点,不具备量词的特点。因此,"屋子"只是一个词,而且只能归一类(名词)。

第四,临时性的词的活用,不算词的兼类。

唯有称呼名字,通例只先生今人而不先生古人,似乎不大自然,本书在本文中一概不称先生。(陈望道《修辞学发凡·后记》)

第三个"先生"是名词,属于经常性的用法。前两个"先生"带了宾语,临时活用为动词。临时性的活用,属于修辞范畴,不算语法中的兼类。因此"先生"只能归一类:名词。

(《语文学习》1987年第3期)

怎样辅导复习语法

高考将届,高中毕业班的语文教师都忙着辅导考生进行复习。复习语文,既要注意全面,又要突出重点。自从 1978 年全国高校实行统一考试以来,语法是年年必考的,理应列为复习重点之一。1978 到 1983 这六年的试题,跟语法有关的,共采用了四种样式:(1)填写虚词或填写关联词语;(2)修改病句;(3)在一组句子中选出一个没有语病的;(4)指出某一个句子成分是什么或者某一个词表示什么。今后会不会出现第五种第六种样式呢?完全可能。但是根据已经采用过的四种样式,不难看出语法试题的基本要求。

1. 复习语法要注重实用。

现代汉语语法的体系很多,分歧不小。中学语文课本原来采用的是《暂拟汉语教学语法系统》。今年,新的《中学教学语法系统提要(试用)》发表了,课本将根据新体系进行修订。许多高中毕业班的教师感到很为难:不知道应当按照考生在初中阶段(三年前)学过的暂拟系统进行复习呢,还是应当按照新的体系进行"补课"?

其实,这是不必担心的。考语法重在实用(考生不但要掌握语法知识,而且要能够运用语法知识),不是考这家体系那家体系。比方说,1981 年有一道试题,让学生先阅读一段文字,然后指出"拥有"的宾语是什么。阅卷时,有四种答案都算对的:"特质""个别特质""有利于生存斗争的个别特质""某种尽管是微不足道的但是有利于生存斗争的个别特质"。为什么四种答案都对呢?这说明考试重点不在于体系,而在于实用。学语法是为了实用,为了提高阅读能力和表达能力。如果着重考体系的话,不论哪一家体系,都只能有一种答案,其他答案则不能算作正确的。再从教学的实际情况来看,1977 年以来的中学语文课本在语法体系方面,本来就不是规定得死死的。

例如"A 是 B"这类句子中的"是 B",课本说,可以看作判断合成谓语,也可以看作动词和宾语。这就给教师在使用教材的时候留有了余地。《中学教学语法系统提要(试用)》还郑重指出,"教学语法重在应用。体系问题,名称术语问题,在教学语法中不是最重要的问题;……这个提要介绍的体系和名称术语是参考性的。教师如果认为需要,对这个系统或者它的某些局部在教学中适当变通以至加以修改,是许可的。"可见新体系也没有绝对的强制性,允许教师适当掌握,灵活运用,只要能使学生在基础知识上特别是实际能力上达到教学大纲的要求就行。

从已经采用过的语法试题的四种样式来看,共同的特点就是实用性。因此,复习语法,不要让考生钻在名称、术语的圈子里跳不出来,一定要在语法运用方面多下功夫。无论是填写虚词(或填写关联词语),修改病句,指出成分,等等,都离不开一个"用"字。

2. 复习语法要难易适当。

中学生的语法知识主要是在初中阶段学的,比较浅。高考的对象是高中毕业生,考试的要求当然不能限于初中学过的那一点。前几年,很多学校只是把初中学的语法知识复习一下,再辅以大量的分析句子和修改病句的练习。但是量多质不高,题目偏易。而高考试卷中的语法题都有一定的难度,像 1981 年的试题中,"'拥有'的宾语是什么?"和"'它们'指代什么?"这两道题,尽管多种答案都算对,有较大的"弹性",但是十之八九的考生还是答错了,完全答对的很少很少。什么缘故呢?复习的要求低,题目易;考试的要求高,题目难。倘若不解决这个矛盾,就必然考不好。

修改病句也是同样的情况。1978 年、1980 年和 1983 年修改病句的试题都有一定的难度。而有些学校平时所做的题目却比较简单、容易,这样考生自然难以适应试题的要求。因此,改病句的练习必须从学生的实际出发,由易到难。不注意题目的质量,做得再多也没用。例如"护士替我量了体温,我问她怎么样,她回答说:'没有体温。'"这个病句,收在《小学语文基础二千例》(上海教育出版社出版)一书中,规定是小学"三年级适用"的。要是拿来给高中毕业生做,效果怎么好得了!当然,我们并不是说,各级学校、各个年级,修改病句的练习都得有截然不同的要求,不可逾越一步。事实上,某一小学生的病句和某一大学生的病句在性质上完全可能属于同一类型——比如说,都是"动宾搭配不当"。不过,即便如此,错误的程度还是会有显著差别的。小学生可能写出"我们开展了一个小小的展览会"这样的病句,它是动宾搭配不当;大学生则可能写出"当他迈着踉跄的脚步,经过老程原来的办公室时,却闻到扑鼻的酒香,刺耳的狂笑,窗口上那前仰后合的黑影"这样的病句,它也是动宾搭配不当。因此,教师拟题目,要根据学生水平加以选择。要给高中毕业生出一些适合他们程度的练习题,使他们能够适应高考的要求。

3. 复习语法要指导方法

1979年和1983年高考有一种试题是,每组五个句子,只有一句没有语病,要求把这一句找出来。困难在于这五个句子差别很小。有的考生不知道怎么做这种选择题,看了(a)句,觉得可以说,就画了一个"√";再看(b)句,似乎比(a)句好,赶紧用橡皮擦掉(a)句的"√",在(b)句后面打了"√";然后看(c)句,又认为(c)句是对的,回过头来擦了(b)句的"√",给(c)句画上"√";看到(d)句、(e)句,还有反复。改来改去,最后打上"√"的,却是一个病句,自然就不可能得分。问题的症结何在呢?除了不善于识别病句之外,还有一点值得我们重视,就是做选择题的方法。遇到选择题,怎么办呢?首先要把全题看完,不要看到一句就写(写写改改,很容易做错);然后采用"排除法",把有语病的句子一个一个排除,最后剩下的那一个,就是没有语病的。试举一例:

(a) 这个经验值得文教工作者特别是中小学教师的重视。(　　)

(b) 这个经验值得文教工作者尤其为中小学教师所重视。(　　)

(c) 这个经验值得文教工作者和中小学教师重视。(　　)

(d) 这个经验值得文教工作者特别是中小学教师所重视。(　　)

(e) 这个经验值得文教工作者特别是中小学教师重视。(　　)

由于"值得"后面不能带名词性短语,那么(a)句无疑是病句,可排除;(b)句,"值得……"与"为……所……"两套结构杂糅,也是病句,可排除;

"文教工作者"和"中小学教师"是上位概念与下位概念的关系,不能并列,可见(c)句是病句,可排除;(d)句,"值得"后面可以跟主谓短语,但是这个主谓短语中不能再用助词"所",既然用了"所",就是病句,也可排除。这样,剩下的(e)句,便是没有语病的句子了。运用了排除法,可以减少失误。

这说明,复习语法,教师也应该加强方法上的指导。

(《语文学习》1984年第3期)

怎样批改语法练习

语法练习,既然布置学生去做,教师就必须进行检查。但是,中学语文教师批改作业的负担很重。这个矛盾怎么解决呢?

检查,不等于一本一本批改。对于语法练习,教师光是画"√"或者打"×",就得花费不少功夫,而效果并不见得好。其实,除了需要评定成绩的作业务必一题一题批改之外,语法练习的处理办法是很多的。

比如教师公布答案,学生互改或自改。这种办法适用于机械性的变换题和一般的分析题。变换题是语法练习常常采用的形式,如,陈述句和疑问句的互相变换,陈述句和反问句的互相变换,肯定句和否定句的互相变换,肯定句和双重否定句的互相变换,单句和复句的互相变换,多重复句和句群的互相变换,顺装句和倒装句的互相变换,主动句和被动句的互相变换,把字句和被字句的互相变换,长句和短句的互相变换,等等。分析题也是语法练习的常用形式,如,分析词的结构,分析短语的结构,分析单句的结构,分析复句的结构,分析句群的结构,等等。

又比如,教师抽阅五至十本,然后就共同的问题进行讲评。这种办法适用于要求学生讲原因、讲理由、讲条件的练习题。像下边的句子,关联词语要用"不管",不能用"任凭":

(1) A. 运动会结束时,任凭得奖的还是没有得奖的,大家都感到十分高兴。(×)

B. 运动会结束时,不管得奖的还是没有得奖的,大家都感到十分高兴。(√)

一般中学生做这道题,凭语感都知道要用"不管",不能用"任凭"。但是知其然,不知其所以然,说不清"为什么",那就需要教师在讲评的时候把道

语言小品

理讲清楚:

"任凭"和"不管"这两个连词常用于条件复句,表示在任何条件下,结果都一样,也可以说,是表示"无条件"的条件。一般情况下,"任凭"和"不管"通用。像"任凭敌人多么狡猾,也逃不过边防战士的眼睛"和"不管敌人多么狡猾,也逃不过边防战士的眼睛",这两句表达的内容完全相同。但是当条件分句包含可供选择的两项或几项的时候,就只能用"不管"(或"不论""无论"),不能用"任凭"。像"不管工作学习,他样样带头",不能说成"任凭工作学习,他样样带头"。同样的道理,例(1)也只能选用"不管"。

再比如,先让学生集体讨论,再由教师小结。这种办法适用于有多种答案的练习题,或者难度较高的练习题。像有的病句,可能有几种修改方法,教师要积极引导学生讨论各种改法,经过比较,选出最佳答案。请看下边这个句子:

(2) 为边疆建设献出宝贵生命的两位科学工作者彭加木烈士的夫人聂淑华(左)、卢耀曾烈士的夫人达嘎(右)在少数民族地区先进科技工作者代表座谈会上交谈。(《文汇报》1983年7月26日的照片说明)

这一条"照片说明"是有歧义的,不了解情况的读者要反复读上几遍,才能弄清楚"照片说明"的原意。

这个句子让学生修改,可能出现五花八门的改法。试举若干种:

(2) A. 彭加木和卢耀曾两位科学工作者为边疆建设献出了宝贵生命。图为彭加木烈士的夫人夏淑华(左)、卢耀曾烈士的夫人达嘎(右)在少数民族先进科技工作者代表座谈会上交谈。

(2) B. 彭加木烈士和卢耀曾烈士是为边疆建设献出宝贵生命的两位科学工作者。图为彭的夫人夏淑华(左)、卢的夫人达嘎(右)在少数民族地区先进科技工作者代表座谈会上交谈。

(2) C. 夏淑华(左)、达嘎(右)在少数民族地区先进科技工作者代表座谈会上交谈。(夏淑华的丈夫彭加木烈士、达嘎的丈夫卢耀曾烈士是为边疆建设献出宝贵生命的两位科学工作者。)

(2) D. 彭加木烈士的夫人夏淑华(左)、卢耀曾烈士的夫人达嘎(右)在少数民族地区先进科技工作者代表座谈会上交谈。(彭加木和卢耀曾是为边疆建设献出宝贵生命的两位科学工作者。)

(2) E. 夏淑华(左,为边疆建设献出宝贵生命的科学工作者彭加木烈士的夫人)和达嘎(右,为边疆建设献出宝贵生命的科学工作者卢耀曾烈士的夫人),在少数民族地区先进科技工作者代表座谈会上交谈。

(2)A、B、C、D、E这五种改法,表意都比例(2)清楚、明确,只能有单一的解释。不过,A和B都拆成两句,不如例(2)集中;C和D都用括号加注,不如例(2)自然;E重复了部分词语,不如例(2)简洁。在集体讨论的时候,教师不妨先肯定这几种改法都行,然后再指出还有更好的改法——既保持原句的基本结构(改动最小),又能避免产生歧义——那就是(2)F的改法:

(2) F. 为边疆建设献出宝贵生命的两位科学工作者的夫人——彭加木烈士的夫人夏淑华(左)、卢耀曾烈士的夫人达嘎(右)在少数民族地区先进科技工作者代表座谈会上交谈。

(《语文学习》1985年第12期)

怎样修改病句

学习修改病句,有三个方面值得注意:

第一,掌握辨别正误的标准。

句子有病没病,鉴别的标准只有一个,即规范化的汉语——现代汉民族共同语,普通话。如何运用这个标准呢?只有联系具体的语句,才说得清楚。例如:

(1) 一位退休工人向国家捐献了一枚古代玉佛珠,具有很高的工艺美术价值。

(2) 我省一位教练几年来向国家女篮输送了五个运动员,具有很高的训练水平。

例(1)与例(2),句子的结构基本相同,并且第二分句都没有出现主语。但是例(1)是正确的句子,例(2)是病句。为什么呢?例(1)第二分句的主语承前省略,它是承前一分句的宾语(一枚古代玉佛珠)而省略。这种省略是有条件的,它要求表意明确,不会引起误解。一般说来,主语承前省略往往都是主语承前一分句的主语而省略。不过这个句子不可能误解为"一位退休工人""具有很高的工艺美术价值",而只能理解为"古代玉佛珠""具有很高的工艺美术价值",可见,这种主语省略是正确的。例(2)本想套用例(1)的形式,可是并不具备例(1)的条件。第二分句既可以理解为"我省一位教练""具有很高的训练水平",也可以理解为"五个运动员""具有很高的训练水平",因而第二分句的主语是不该省略的。主语不该省略而省略,就是主语残缺的语病。

再说一种情况。词语搭配不当是一种常见的病句,但是词语搭配的"当"(没语病)与"不当"(有语病),并不是一成不变的。在特定的语言环境中,"当"与"不当"可能互相转化。比如"金光闪闪的访问"这样的搭配是非常生硬的,不符合汉语习惯,但是出现在特定的上下文之中,却会变得很自然。1978年,墨西哥总统洛佩斯·波蒂略在上海市政府举行的宴会上热情洋溢地说:"用墨西哥的话来说,我们在上海结束了一次金光闪闪的访问。"(见《文汇报》1978年10月30日)这儿的"金光闪闪的访问"有什么破绽吗?没有。因为上文提供了一个条件"用墨西哥的话来说",这就意味着,那样的词语搭配是符合墨西哥的语言习惯的。我们照着翻译过来,大家都能接受。

相反,本来可以互相搭配的词语在某种条件下也可能转化为不能搭配。比方说,汉语有十分丰富的量词,哪个量词跟哪个名词配合使用,都有固定的习惯,像"一头牛""一匹马"等等。可是有时候,在特殊的语言环境里,"一头"与"牛","一匹"与"马"居然也会搭配不上。请看:

（3）暴雨下个不停,洪水奔腾而下,河面加宽了。隔岸望去,根本就无法分辨出究竟哪一头是牛,哪一匹是马。

既然连是"牛"是"马"都无法分辨,那么量词用"头"还是用"匹"自然也就无从选择了。这儿不如干脆不用量词,说成"……哪是牛,哪是马"。

第二,了解常见语病的类型

语病跟人体疾病一样,情况复杂,千变万化。但总是可以归纳出一些类型来的。我们要熟悉常见语病的类型,还要熟悉常见语病的"治疗"方法。这样才能对症下药,药到病除。

拿句子这一级语言单位来说,常见的语病不外乎下边几大类:句子成分搭配不当,语序排列不当,句子成分残缺,句子成分多余,句子结构混乱,句子有歧义等等。

同一大类之中,还可分为若干小类。比如句子成分搭配不当,就有许多小类。我们不能只注意一般语法书上常常提到的主谓搭配不当,动宾搭配不当,而且要了解其他各种搭配不当。如:

（1）老师问清了原因,沉思了少许,慢慢地踱到我身旁。（动词和补语搭配不当）

（2）第三天,突然下起雨来了,场院上的庄稼湿漉漉的,不能马上打场。

（定语和中心语搭配不当）

（3）这时俞英来了，从觉把一肚子气向俞英泼去。（状语和中心语搭配不当）

（4）雪山的路非常难走，路中间是又硬又滑的亮晶晶的松软积雪。（定语和定语语义搭配不当）

这儿列举了几个小类，其实还不限于这些。语病的大小类型都熟悉了，修改起来也就熟门熟路了。

第三，明确修改病句的要求。

修改病句大致有三个要求：

（一）确定病句的错误性质。

有些修改病句的练习，要求说明理由。这"理由"就是指错误性质。确定错误性质，是修改病句的前提。例如：

（1）一月四日，上海县公安局水上派出所破获了一起盗窃工业铜大案。犯罪分子王治方、王桂方在销赃时当场被抓获，缴获工业铜二百三十公斤。

这个病句的错误性质应该是"偷换主语"，只要调整句子结构（第二句的前一分句调整为"当场抓获正在销赃的犯罪分子王治方、王桂芳"），统一主语，就可以把句子改好。如果误以为这是"主谓搭配不当"的语病，那么改起来就费事了。

（二）把句子彻底改通。

有的句子同时有两个毛病，不要改了一个，留下一个，顾此失彼；有的句子病情比较复杂，不要改了老毛病，又出现了新毛病。例如：

（2）由于确诊妊娠的时间较早，进行手术时就简便了手术。大量临床实践表明这样的手术无痛苦、出血，并大大缩短了手术时间。

例（2）的"手术"指的是中止妊娠的手术。第一句有两个语病：一是用了两个"手术"，重复了；二是形容词"简便"不能带宾语。修改时只要删去后一个"手术"，一箭双雕，两个语病一起排除了。如果只是把"简便"改成"简化"，那么只解决一个语病，还留下一个重复的语病。第二句，"无"与"痛苦"可以搭配，"无"与"出血"不能搭配。要是改为"无痛苦、无血"，原来的毛病是治了,但又有了新毛病,"无血"表意不明确。只有改为"无痛苦,不出血",才能彻底消除病灶。

(三) 尽可能保持原意。

修改语病,不是修改语意。修改后的句子要尽量接近原意。例如:

(3) 今天我们教《双音的合成词》这一课的主要内容是双音词的结构方式。

这一句语病是结构纠缠。下边 A、B 的改法都不能完全保持原意,只有 C、D 的改法才符合原意,其中 D 句更顺畅。

A. 今天我们教《双音的合成词》这一课。

B.《双音的合成词》这一课的主要内容是双音词的结构方式。

C. 今天我们教的《双音的合成词》这一课的主要内容是双音词的结构方式。

D. 今天我们教《双音的合成词》这一课,它的主要内容是双音词的结构方式。

(《中文自学指导》1986 年第 9 期)

命题语言点评

一名学生,从小学到大学,年年要参加考试,并且要参加多门学科的考试,十余年间,会遇到各种各样的不计其数的试题。一名教师,年年要给学生考试,年年要命题,几十年中不知要命多少题。命题,似乎是一件稀松平常的事情,其实大有讲究,大有学问。无论是水平测试(如为了颁发合格证书、上岗证书),还是选拔测试(如高校招生考试),命题的高下优劣,会直接影响考试的难易度、区分度、信度和效度。

本文不准备全面讨论命题策划、命题技术(或称命题艺术)、命题检验等一系列问题,仅就命题语言(属命题技术的一个方面),结合实例进行点评。所有用例均来源于1995年上海出版的两本书:《××语文自学考试自测题集》和《××语文总复习》。

命题语言的基本要求是简洁、明白、严密、完备。以下各例都或多或少、或重或轻地违背了这八字要求。

[例1] 指出查字典按音序排列有差错的一组(　　)

A. 麸 黻 拊 阜

B. 瞋 宸 骋 龇

C. 濒 摈 禀 嫔

D. 臻 缜 朕 怔

答案是B。

[点评] 该题只要检查音序先后,即可确定答案,不必考虑"查字典"。"查字典"三字提供的是冗余信息,节外生枝,会干扰学生正常的思路。应删除"查字典"。

[例2] 下面句子有毛病,更动(增、删、换、调)一个字将其改正。在原句

上改。

（以下有(1)(2)(3)三个病句,略）

[点评] 什么叫"更动一个字"？题目上对"更动"作了注释,包括"增、删、换、调"。增(一个字)、删(一个字),明白易懂,容易把握。换(一个字)与调(一个字)有何区别,却叫人捉摸不透。查了书上答案,方才领会所谓"调"并非"调一个字",而是变动两个字的字序,例如把"报信箱"改成"信报箱"。可见,命题时不能片面追求字面上的整齐划一,而影响题意的明确性。

[例3] 选出笔画分类有错误的一项( )

A. 严、巫、丽、串、龟、君

B. 兰、必、正、州、长、东

C. 苍、临、养、差、歪、禺

D. 枣、非、曳、承、卷、表

答案是B。

[点评] "笔画分类"是个模糊的概念。"笔画"可以理解为笔画的数量,也可以理解为笔画的形状(比如第一笔是点、横、竖、撇等)。题干的语言表达不够严密,似可改为"选出按笔画数分类有错误的一项"。再说,"答案是B"也有漏洞,B不是唯一答案；事实上C项第一个字的笔画数跟后面几个字的笔画数并不相等。

[例4]《我们肚子里的食客》对所说明的对象作了( )

A. 比较　　　　　B. 形象化

C. 夸张　　　　　D. 人格化　　　　　E. 呼告

答案是B、D。

[点评] 这是一道多项选择题。按照常规要求,题干里的有关词语,应该跟每一个选择项都能搭配。但是该题中,只有A、C可以同"作了"搭配:作了比较,作了夸张。B、D、E是无法同"作了"搭配的。不注意命题的常规要求,则可能产生误导作用。有些学生会误以为可以搭配的A、C是正确答案。因此,题干的表述必须修改。

语言小品

[例5] 对五四新文化运动起推动作用的作家有( )

A. 茅盾　　　　　　　　B. 郭沫若

C. 巴金　　　　　　　　D. 胡适

答案是D。

[点评] 题干上的"有",属于用词不当。"有"的用法之一,是表示列举,例如"参加会议的有张三、李四、王五、赵六"。命题人以为后面排列着A、B、C、D四项,也是一种"列举"吧,就贸然用了一个"有"。殊不知这是单项选择题,最后结果只能落实在四项中的一项。那么这个"有"就用得不合适了,宜改用"是"。

[例6] "恪守"的"恪"字读音类同于( )

A. 确　　　　B. 客　　　　C. 洛　　　　D. 个

答案是B。

[点评] "恪"与"客"都读kè,是一对同音字。既是同音,就不应该说"类同于";若要说"类同于",那么"D(个)"也可以算一个答案。试题的语言不能准确表意,必然会妨碍学生正确答题。

[例7] 为下列成语的空缺中填入确切的字。

＿＿＿＿风沐雨　　　　＿＿＿＿食壶浆……

[点评] 题目本身是个病句。介词"为"不能与"……中"组成介词短语。宜将"为"改成"在"。语文试题中出现病句,是既不严肃又不光彩的事情,应尽力避免。

[例8] 作者叙述新年里不动刀剪这一旧俗时,是从哪两个方面加以议论的?

[点评] 这道题劈头就是一个"作者"。哪个作者?哪篇课文的作者?没有交代。该题只是一份试卷中的一道小题。全卷的命题范围是一本厚厚的语文教材,涉及56篇课文,涉及50多位作者。没头没脑的来一个"作者",该说清楚的没说清楚,这是不合命题要求的。按说,应当把篇名补上,以改说"《北京的春节》的作者……"为好。

[例9] 以青年自学成才来说,二十世纪的中国出了两位典范,他们是

(　　)

    A. 华罗庚　　　　B. 鲁迅

    C. 郭沫若　　　　D. 茅盾　　　　　E. 钱学森

答案是 B、C。

[点评] 这是一道多项选择题。题目的要求是:"在每小题五个备选答案中选出二至五个正确答案,并将正确答案的序号填入题中的括号内,错选、多选、漏选均不得分。"遗憾的是该题的题干上明确地说"两位典范",这就背离了让考生"选出二至五个正确答案"的规定,也不可能出现因"多选"或"漏选"而"不得分"的情况。说得严重些,该题带有部分暗示答案的弊病,客观上降低了试题的难度。

(《咬文嚼字》1996 年第 10 期)

语文命题七忌

不久前,应聘参加了1995年新版图书质量检查工作。这一次检查的重点是教学用书和少儿类图书。其中有几本纯属试题汇编一类的书。我们发现,即使是语文学科,在命题方面也有不少值得注意的问题,以下归纳为"七忌"。(所有引例均出自《××语文自学考试自测题集》和《××语文总复习》两本书。)

一忌同卷重复。

[例1] 有一份试卷的第一大题第5小题是选择题:

《菊花》一文里写到《聊斋志异·黄英》,这是(　　)

A. 穿插小说故事,增加阅读趣味。

B.(略)　C.(略)　D.(略)

答案是A。

同卷的第五大题第2小题是简答题:

《菊花》一文为什么要大段转述《聊斋志异》里的神奇故事?

答案是"为了增加说明文的趣味性"。

两道题,题型虽不同,考的却是同一个知识点,知其一即知其二。同卷重复,是命题之大忌。因为这种做法,必然缩小了试题的覆盖面,影响测试的信度和效度。

二忌重要遗漏。

[例2] 阅读下文,回答后面的问题。

……(引文,共三段,略)

(2) 本文中心论点在(　　)

A. 开头　　　　　　　　B. 当中

C. 结尾　　　　　　　　D. 标题

答案是D,即"标题"。

遗憾的是引文前面偏偏漏印了标题,跟考生开了一个不大不小的玩笑,干扰了考生的正常思维。大部分考生也许会围绕着A、B、C三个选择项在三段引文中寻觅答案,尽管费尽周折,还是误入迷津,白白浪费时间。

三忌题意不明。

[例3] 方括号内的句子从修辞角度看,至少运用了哪几种手法?

答案是"比喻、排比"。

所谓"方括号内的句子"是短文中的一个复句,字数较多,但结构清晰。所用的修辞手法也仅限于比喻和排比,并且是一目了然的,一般学生都能答出来。问题出在试题中的"至少"二字,这个"至少"让人难以捉摸其微言大义,学生被蒙住了。明明是比喻和排比,但考虑到"至少",便不知道该回答比喻,还是排比,或者该回答比喻和排比。其实,"至少"传送的是个冗余信息。没有它,题意一清二楚;有了它,反而成了迷魂阵。

四忌暗示答案。

[例4]《朋党论》以君子之朋与小人之朋的对比贯穿全文。这一对比,又具体体现为以下三方面( )

A.(略)　　B.(略)　　C.(略)　　D.(略)　　E.(略)

答案是ABC。

该题是多项选择题,题首的要求很详尽,照录如下:"在每小题五个备选答案中选出二至五个正确答案,并将正确答案的序号填入题中的括号内,错选、多选、漏选均不得分。"

比起单项选择题来,多项选择题难度高,难就难在不知道答案是几项(二至五项都可能),比较容易失误。而该题的题干上点出了"三方面",等于告诉学生其答案必定是三项(排除了二项、四项、五项),那么就不可能出现"多选"和"漏选"两种差错,完全与题首的要求相悖。毫无疑问,这是属于局部暗示答案的性质,降低了多项选择题的难度。

五忌答案多歧。

[例5] 叶圣陶是我国现代著名的_____家。

答案是"教育"。

这道填空题的设计,考虑欠周。不错,叶圣陶是教育家,但何止是教育家啊!他也是文学家、出版家。换一种说法,他也是小说家、散文家,或者作家。"教育"不是唯一答案。如果目的要学生填"教育"二字,似可将题改为:

叶圣陶是我国现代著名的_____家、文学家和出版家。

六忌题干与选择项不能一一搭配。

[例6] 孔子是( )时代的人物。

A. 商代　　　　　　　　B. 春秋

C. 战国　　　　　　　　D. 秦汉

答案是B。

按照命题常规,选择题的选择项应当个个都能填入题干的括号内,且搭配得自然熨帖。可是这一题只有B、C、D三个选择项可能填入括号,A是无法进入括号的,因为"商代时代"不能搭配。其负面效应是无意之中提示学生不妨把A排除在外,只要在B、C、D三者中选择一项即可。

七忌题干与选择项全部不能对应。

[例7] 作家在描绘都江堰的水的时候,十分生动传神。"水在这里,吃_____了苦头也出_____了风头。"在"吃"和"出"后面使用的副词是( )

A. 多,足　　　　　　　B. 够,大

C. 尽,尽　　　　　　　D. 足,够

答案是D。

这个答案是不正确的。不但A、B、C与题干不能对应,而且连D也不行。学生在考试时,无所适从,岂不尴尬!根据课文,正确的说法是"吃够了苦头也出足了风头"。

附带说一句,该题还有一个差错。"吃"和"出"后面使用的"够"和"足",并非副词,而是形容词。

(《语文学习》1996年第10期)

尊师篇

张斌教授和中国语言学研究

张斌先生,笔名文炼,湖南省长沙市人,生于1920年1月27日。上海师范大学语言学教授,博士研究生导师。

1942年毕业于湖南国立师范学院,获教育学士学位。解放前曾任中学国文、英文教员,《观察周刊》编辑。解放后历任上海师范专科学校中文科副主任,上海师范学院语言教研室主任,上海师范大学中文系主任等职。现任上海师范大学中文系名誉主任,中国语言学会常务理事,上海语文学会副会长,上海市语言文字工作委员会委员,中国大百科全书语言文字卷编委,《辞海》编委兼语词部分分科主编,华东修辞学会顾问等职。

张斌教授是当代著名的语言学家,在语言学的各分科领域都有很深的造诣。特别是在现代汉语语法研究方面,他是海内外屈指可数的有重大影响的学者之一。主要著作有《中学语法教学》《现代汉语语法探索》《词汇·语法·修辞》《处所、时间和方位》《歧义问题》《语句的表达和理解》《汉语语法研究》等,撰写论文数十篇,还主编了《现代汉语》《现代汉语精解》等教材。

张斌先生的学术研究,对于语言学的主要贡献是:

第一,在五十年代汉语词类问题的讨论中,提倡用广义形态作为区分词类的标准,反对单纯使用意义标准;指出"词汇·语法范畴"只能说明词类的性质,而不能作为分类的标准。这些主张引起了国内外学者的广泛重视。

第二,在汉语句法研究中,首先提出析句的目的是确定句型,而不是划分成分,并据此拟定了一套析句的步骤和方法。在这一思想指导下编写的现代汉语语法教材(即胡裕树主编的《现代汉语》中的第四章),得到了学术界的高度评价。

第三,在国内率先倡导用句法、语义、语用三个平面的理论来研究现代汉语语法。这一理论,近年来已为汉语语法学界广泛应用。

第四,在动词的"向(Valency)"的研究上,有新颖独到的见解,提出了与国内某些专家不同的解释。这种解释,已被许多语法学者所采纳。

第五,提倡区分句子的形式、意义和内容。由于应用了这一理论,汉语语法中的一些复杂现象才得到了较为合理的解释。

第六,对纷繁的歧义现象进行了全面的梳理,写出了国内第一本系统论述现代汉语歧义现象的专著《歧义问题》。

张斌先生治学严谨,思想敏锐。在语言研究中,他既重视材料的发掘、积累,又重视方法的更新,还善于从有关学术思想中汲取养料。他的座右铭是"兼收并蓄,为我所用,立足革新,不断探索"。

张斌教授在教学工作中兢兢业业,一丝不苟,不断更新教学内容,十分重视教学方法。三十多年来,为中文系开设了十几门课,包括大学生的基础课、选修课,以及硕士学位课程,博士学位课程。他对历届研究生,学业上悉心指导,思想上关怀备至,各方面都坚持严要求、高标准,不但培养学生独立的工作能力、研究能力,而且培养学生热爱祖国、热爱社会主义事业的道德品质。

(《上海师范大学学报(哲学社会科学版)》1990年第4期)

兼容乃大　无欲则刚
——记语言学家张斌教授

清晨，常常是七点左右，就有一位年近八旬、衣着朴素、脚步稳健的老人，从 43 路公交车下来，向上海师范大学走去。这么普通，这么平凡！谁也猜不到他就是桃李满天下、驰名海内外的语言学家张斌教授，猜不到他就是上海师大第一个博士点里第一位博士生导师文炼（笔名）先生。

八点钟上课，七点钟到校，四十五年如一日；八点钟上课，提早十分钟进教室，四十五年如一日；大会小会，从不迟到，四十五年如一日。如今年届 79 高龄，依然不变。他说："我应该给学生做出榜样，因为我们的学生是将来的教师。"

最近 20 年，张斌老师培养了现代汉语专业的数十名硕士生和十余名博士生（包括韩国留学生和香港学生），还指导了许多来自各地的访问学者。严要求和高标准是他培养学生的一大特点。他指导研究生撰写论文，要求他们向国内外尖端课题冲击。第一届硕士生林玉山在学期间，积累了三百多万字的资料。张先生仔细披阅，并在观点、方法等方面给予精心的指导。林玉山心领神会，不仅写出了论点新颖、材料翔实的硕士学位论文，而且在此基础上，不久就完成了一部专著《汉语语法学史》。这是中国第一部材料比较齐全、评论比较公允的汉语语法学史，得到语法学界的好评。

张斌教授指导研究生的论文写作，细致具体，并且精益求精。第二届博士生齐沪扬，"第一外语"学的是日语，张先生多次亲自把英语资料翻译好，提供学生参考。齐沪扬的博士学位论文，根据导师的意见，先后大修大改三次。第一稿 8 万字，第二稿扩展到 14 万字，第三稿又压缩到 7 万字。张先生面对一叠叠厚厚的论文稿，戴着老花镜，从头到尾一遍一遍地看，一遍一遍地改,并随手写上批语。看一遍、改一遍差不多要花费一个月的时间,但他坚持让齐沪扬一而再、再而三地作大修改。他对学生说:"要说答辩,你第一稿就能通过。但是高质量的论文是不断修改后才能做出来的。"

对于几位韩国博士生,张斌先生常常要另外增加两三个小时为他们"开小灶",帮助他们早日学成,为中韩两国文化交流作出贡献。但是在填写"工作量"时,这样的"开小灶",他从不上报。有一次,韩国留学生去他家看望,走时留下一个红包,内有300美元,张先生见了,马上退还。

1993年3月,张斌先生心爱的小儿子突然去世,白发人送黑发人,万分悲痛。但是第二天,他仍然与原先约定的一名学生讨论毕业论文。当这个学生赶到他家时,他已经把房间收拾干净,不让学生察觉家有丧事。他强忍悲痛,悉心指点,如同平日一般。学生根本不知道就在前一天老师失去了自己的亲人。张斌先生不愿惊动组织,不愿麻烦别人。直到几天后,系里才知悉这件事。

张斌教授,在中学时代喜欢理科,进了大学则专攻心理学,踏上教师岗位教的是英语,后来当上了《观察周刊》的编辑,才对现代汉语发生兴趣。促使他把毕生精力奉献给语言学的,也许是他曾经执教的那个长达20个字的班名——"华东区抽调机关部队干部进入高等学校补习班"。他暗暗自问:中国的语言怎么啦?从此迷上了现代汉语语法,一辈子不回头了。

古人说:"三十而立。"张斌先生正是这样。他成名于50年代初。在汉语词类问题和汉语主宾语问题的全国性讨论中,崭露头角。苏联语言学家立即翻译发表了他和胡附(胡裕树先生的笔名)合写的论文,日本汉学家称他为"中国年轻有为的语言学家"。"文革"一结束,日本东京和大阪几所大学很快就发出邀请,欢迎他去作学术讲演。抵达日本的第二天,《读卖新闻》便作了报道。他的专著《现代汉语语法探索》被日本列入大学中文系的必读书目。

1991年2月,香港商务印书馆邀请张斌教授去香港讲学,海报上称他是"当代著名的语言学家","海内外屈指可数的有重大影响的学者之一"。报告会分别在香格里拉酒店、香港酒店和香港会议展览中心举行。《大公报》

记者跟踪采访。他的学术活动在那里产生了轰动效应。

"老当益壮",对于张斌教授来说,不是一句漂亮的空话,而是千真万确的事实。他如今七十有九,还不顾年迈,坚持到校授课。活到老,学到老;学到老,教到老。人老心不老,知识不老。他所教的课程常教常新,年年都有新套套,不断对汉语的结构规律有所发现,作出新的描写,给以新的解释。无论是《中国语文》《语言文字应用》等全国一级学术刊物上,还是《语文学习》《咬文嚼字》等许多普及性的语文刊物上,常常可以看到署名"文炼"或者"张斌"的文章。生命不息,笔耕不止,篇篇有新意,篇篇引人瞩目。

生命之树常青,学术之树常青。对专业的迷恋和专注,养成了职业的敏感。在改革开放的年代里,面对层出不穷的各种各样的新人新事新物,张先生都会自然地跟自己从事的专业挂起钩来,迸发出理性的火花。有一年,中共华西村支部书记吴仁宝参加国务院召开的全国农村优秀企业家座谈会,用吴方言介绍经验,在座的几位副总理都听不懂,当时的总理李鹏同志只好担任"临时翻译"。吴仁宝回村后宣布:村里人学会讲普通话的,加工资一级。张斌先生听到这个消息,十分激动,多喝了几口老酒。当晚,伏在书桌上,奋笔疾书:"用语言进行交流,并不是一种单向的活动,应该把交际双方都作为积极的主体……"

1991年是羊年,是张斌教授的本命年。春节联欢会上,中文系全体教工一致推举张先生为"带头羊"。这不只是因为他属羊,因为他年长,更因为他事无巨细,总是以身作则,起带头作用。中文系有一名做勤杂工作的青年公务员小高,刚到系里工作的时候,才十七八岁。他每天一早,就用保暖桶去打开水。有时图方便,打水前没有把桶里隔夜的剩水倒掉,于是打来的开水便成了"温吞水"了。此后接连好几次,小高发现,只要张老师比他到得早,保暖桶里就没有隔夜水了。直到有一天,他看见年龄四倍于他的张老师提着满满一铅桶隔夜水往楼下走的时候,才明白了一切。张老师微微一笑,说:"把桶里的剩水放完再打开水不是更好吗?"小高深为感动,从此就照着张老师的话去做。后来,小高调离中文系,还写了文章在《上海师大报》上表扬张斌教授。张先生深情地告诉记者:"1979年、1983年、1991年,我三次被评为校先进工作者,对于这些奖励,我当然高兴。不过,我似乎对于学生给我的赞扬,朋友(包括公务员小高)给我的鼓励更感到欣慰。"

"兼容乃大,无欲则刚。"这是张斌先生的一条座右铭。在治学方面,他主张兼收并蓄,为我所用。他和新见面的硕士生、博士生交谈,总是这么说:"在专业方面,我搞了几十年,你们要在几年之内赶上我,很难。不过,你们如果能向许多学有专长的人(包括老师、同学以及校外的专家)学习,一定能赶上我,超过我,因为他们的许多长处我没有。"此外,兼容,也包括容纳不同的意见,还包括宽宏大量。张先生常以此教导学生,又用以自勉。

湖南人好吃辣椒,所以湖南籍的张先生的言行也带点辣味。他生性率直,但尽量考虑说话的方式。中文系办公楼盥洗室里洗手和洗拖把的两个水池,常有人倒入茶叶、烟蒂等杂物,造成堵塞。他实在看不惯,于是写了几句话贴在墙上:

水池说:我不喝茶,我也不抽烟,请不要给我这些。只顾各自方便,不管别人麻烦,难道是理所当然?

这样一来,再没有人往水池里倒杂物了。

张斌教授发现学校刊物上常出现错别字,就想抓个典型例子,提醒大家注意。有一次,读到一篇短文,把"水龙头"写作"水笼头"。他随即写了一首打油诗寄给校报编辑,不久就刊发了:

龙头不应作笼头,笼头哪得水长流?

倘使笼头能蓄水,沙漠饮马不当愁。

怪不得有个青年背地里称他是个有趣的难惹的老头。

近二十年间,常常有人请张斌教授写论著的鉴定书或评阅书。有的说,不要请张老师写,他会毫不客气地指出缺点。有的说,就要请张老师写,如果他给予肯定,别人会深信不疑的。

这一些,或许可以作为"兼容乃大,无欲则刚"的注脚吧。

(《语文学习》1998 年第 12 期)

"名词+动词"也可以是状中关系

在现代汉语中,一个名词与一个动词的组合,可能构成两类短语三种关系。一类是主谓短语,如"护士护理""资金到位",名词与动词只有一种关系,即主谓关系。另一类是偏正短语,如"日程安排""天气预测"和"直线上升""电话采访",名词和动词共有两种关系,前两例是定中关系,后两例是状中关系。

一般语法教科书,大多详细描述了名动之间的主谓关系和定中关系,却较少涉及名动之间的状中关系。其实这样的状中关系,也是汉语中的客观存在。

早在1924年,我国第一部系统的白话文语法著作,黎锦熙的《新著国语文法》就已经指出了这一语法事实。他说,古文中"豕人立而啼"(《左传》)(笔者译,"猪像人一样地站起来,嗷嗷叫"),"人"是名词,"立"是动词,"人"附加于"立"。——用今天通行的语法术语来表述,即"人"与"立"是状中关系,"人立"是具有状中关系的偏正短语。

这种单音节名词修饰单音节动词的语法现象,在古代汉语中是大量存在的,如"龟缩"(像乌龟一样[把头、足、尾]缩起来)、"鼠窜"(像老鼠一样逃窜)。尽管在现代汉语中,"龟缩"与"鼠窜"已经凝结成复合词了,但其内部结构仍然是名语素修饰动语素。这是其一。

其二,现代汉语中又出现了双音节名词修饰双音节动词的状中关系。上文举过的"直线上升"(像直线一样上升)就属于这一种。

古代汉语还有另一种名词直接修饰动词的语法事实。如"臣请剑斩之"(《汉书·霍光传》)。"剑斩"即以剑斩的意思,自然是状中关系。连大家熟悉的"火烧赤壁"的"火烧"(以火烧)也是状中关系。现代汉语把它继承下来了,仍旧保留这种组合。像"油煎粽子"的"油煎"(用油煎)同样是状中关系。还有"电话采访"(通过电话来采访)、"人工培植"(用人工培植)、"火线入党"(在火线入党)、"网上交谈"(在网上交谈)都属于这一种。

在我国现代汉语语法教学中,曾经有人认为名词不能修饰动词。后来作了一点修正:只有表示时间或处所的名词可以修饰动词,比如"咱们明天见"("明天"修饰"见"),"咱们北京见"("北京"修饰"见");其他名词则不能修饰动词。

然而语法事实不是如此。著名语言学家张斌先生在《汉语语法学》(上海教育出版社)一书中明确指出,"名词可以直接修饰动词"乃是现代汉语语法特点的表现之一,是古今一脉相承的。请允许笔者转录该书中三个很有说服力的无可争辩的例证:

(1) 现在本报全文发表这篇文章。

(2) 十四年来,他自学中医,为群众义务治病六万次。

(3) 他们虽然远隔重洋,但经常书信联系,互通音讯。

至于名词性短语修饰动词,更是常见的语法现象:

(4) 这种新型的电视机已经大规模生产了。("大规模"是"生产"的状语。)

(5) 会场里的群众不约而同地长时间鼓掌。("长时间"是"鼓掌"的状语。)

值得注意的是,"大规模""长时间"后边还可以加上助词"地"呢!那就毫无疑问应当看作状语了。

到今天为止,现代汉语中名词可以修饰动词,可以合起来构成状中关系的偏正短语,这一看法已渐渐成为语法学界的共识了。

(《语文学习》2006年第2期)

"性情中人"东山再起

近年来,"性情中人"这个词在媒体上大出风头。新开播的电视连续剧《关中匪事》,仅第一集和第二集(总共不过80分钟)就有三个剧中人先后被其他剧中人称为"性情中人"——有面称(第二人称),也有旁称(第三人称)。"性情中人"一词流行之盛,于此可见一斑。

儿童文学作家秦文君撰写了《老顽童》一文,将前辈儿童文学作家任溶溶先生誉为"性情中人的大名人",理由是"语音朗朗,说话率真、风趣,处事安然、低调,毫不矫饰。"(参看《新民晚报》2003年10月9日)请注意"低调"二字!它告诉我们:所谓"性情中人"并非专指风风火火的黑旋风李逵式的人物。

"性情中人"不是新词,在近代汉语里就使用了,明清白话小说中时有所见。例如《儿女英雄传》第二十回:"认定了姑娘是个性情中人,所以也把感情来感动他。"但是在现代汉语里用得很少,到了20世纪下半叶,几乎是"隐匿"(借用语言学家张斌先生的用语,参看《咬文嚼字》2003年第10期)了。

正因为"性情中人"早已退出语言的江湖,隐匿起来了,所以包括《现代汉语词典》在内的众多词典都难觅它的踪影,唯独兼收古今词语的《汉语大词典》才有它的一席之地。

《汉语大词典》把"性情中人"解释为"有血性、富有真情实感的人"。其中"血性"指的是正直刚强的品性和气质。可见"性情中人"是个褒义词。如果像孩子们所想的那样,人只有"好人"与"坏人"两类的话,那么"性情中人"只适用于"好人",我们不可把"坏人"称作"性情中人"。尽管"性情中人"必定是"好人",却不能说"好人"都是"性情中人"。比方说,在《水浒传》一百零八将当中,既有不少"性情中人"的"好人",还有许多"非性情中人"的"好人"呢。

如今"性情中人"重出江湖,其含义依然如故。我曾经询问过几位大学生:"谁是你们心目中的性情中人?"答案多种多样:有《三国演义》中的张飞,有《红楼梦》中的贾宝玉,有《还珠格格》中的小燕子,还有现实生活中的足球教练徐根宝。足见"性情中人"并不是一个模子里压出来的,不是"千人一面"的。他们有共性(比如言行一致,表里一致,敢说真话等),更有鲜明的个性。再看几例,让我们多维度地体味一下"性情中人":

(1) 人非草木,怎会无情?姚明是个性情中人,国家特殊对待,他自然会更多报效祖国。(《新民晚报》2002年5月8日)

(2) 那是一个真正的性情中人,一个只要上了舞台就可以什么都不管不顾的戏痴。(《文汇报》2002年9月17日)

(3) 就像蛇精喝了雄黄酒要现原形一样,在辣食面前,人的本性也就出来了,谁是性情中人一望便知。(《上海金融报》2003年3月20日)

随着"性情中人"东山再起,成了流行词,许多灵活的变异的相关说法也相继见诸报端,如"性情女孩""性情女子""很性情的人"等等,甚至还出现了"做性情人物,写性情文章"(见《新民晚报》2003年4月20日)的语句。

"性情中人"并不限于第二人称、第三人称的用法,偶尔也有用于自称(即第一人称)的。《中华读书报》2002年8月28日刊登了中央电视台体育节目主持人韩乔生的"语录"(网上的戏称),其中有一条:"我是一个性情中人,我在比赛转播当中的情绪起伏是挺大的,经常眼含热泪。"

像"性情中人"重出江湖的这种现象,语言学上统称为旧词新用。细细说来,旧词新用有多种类型。第一种"新用",只用旧词的比喻义。比如"巨无霸"原为汉王莽时一员武将,"长一丈,大十围","驱诸猛兽虎豹犀象之属,以助威武"(参见《后汉书·光武帝本纪》)。如今媒体上使用的"巨无霸"舍弃了原义(指一个人),一概喻指"庞然大物",像巨无霸轮船、巨无霸冬瓜、巨无霸月饼……连麦当劳餐厅也推出"巨无霸"(加量食品)。第二种"新用",只用旧词的引申义。比如"营造"(其本义相当于"建筑",但古代汉语没有"建筑"这个词),从宋代到现代,沿用了一千多年。到了20世纪50年代初,

"营造"一词竟被"建筑"完全取代,从此销声匿迹。谁料想20世纪90年代,"营造"重又红火起来,不过不用本义,用的是引申义,"营造"的对象从具体(建筑物)变为抽象。"营造……氛围""营造……环境"的说法比比皆是,甚至还可以说"营造人气""营造热点""营造和平""营造第一"等。本文所说的"性情中人"不同于上述两种类型。今日使用的"性情中人"保持原汁原味,仍旧表示《汉语大词典》所注释的本来词义。这样的"旧词新用"比较少见。"性情中人"之所以会按照本来面目复出,只能从社会中找原因。语言是社会的镜子。我们的社会越来越尊重人,尊重个性。社会上既然存在着性情中人,语言中怎么能不重新起用"性情中人"这个词呢?这完全是顺理成章的。

(《语文学习》2004年第5期)

由"平米"说开去

不久前,去一家报社办事。几位编辑朋友跟我讨论了一个很有意思的问题:"平米"这个词能不能用?对于稿件中的"平米",编辑要不要一律改为"平方米"?我的第一反应是,"平米"已经相当流行,当然可以用;进而一想,似乎并不是时时处处都能用。

"平米"的流行,最直接的原因是比"平方米"少一个字(少一个音节),用起来简便。自从住房制度改革后,在城市里,几乎每家每户都要买房或租房。买房、租房必然会涉及房屋的面积。因此"平方米"迅速地由非常用词转化为"高频"常用词。在大街上,在公交车上,在许多交际场合,都会听到这个词。既然是"高频"常用词,若能简化,三个字压缩成两个字,省时省力,谁都乐意接受的。

前些时候,宁波市委书记巴音朝鲁在一个严肃的会议上,引用了一首关于民生问题的顺口溜:"生不起,剖腹一刀五千几;读不起,选个学校三万起;住不起,一万多元一平米……"(转引自《文汇报》2008 年 10 月 6 日)这首顺口溜押韵合辙,句式整齐,其中就有"平米"的"功劳"。

将"平方米"简称为"平米",据说是北京人的发明。上海人则习惯于简称"平方":"这个房间 15 平方""三房一厅总共 110 平方。""平米"也好,"平方"也好,道理是一样的,都是不说三个字,改说两个字。

55 年前,聆听张斌老师给我们讲授"现代汉语"课程,第一堂课就讲到语言运用的简而明原则,我至今记忆犹新。他说,运用语言第一要明确,第二要简洁,在明确的前提下求简洁。古代汉语中,单音词很多,一个"衣",既作名词,又作动词。但是"衣"有好多同音词,"医、依、伊、揖"等都念 yī,容易混淆。为了明确,就造了个双音词"衣服"。与此相似,单音词"架"之外,再造了一个双音词"架子"。后来,"衣服"和"架子"组合成了"衣服架子",明确是明确了,可就是不够简洁。于是再压缩成"衣架",兼顾了明确与简洁。

几年后,我自己也当上了"现代汉语"课程的教师,便一届又一届地向学生讲解这个简而明的原则。"彩色"与"电视机"组合成"彩色电视机"很快就被简化为"彩电"。至于"空调",恐怕大多数人都不会再去推敲它是"空气调节器"的简称了。还有一个更为有趣的事例:2002年12月31日磁悬浮列车在上海浦东正式通车,于是至少在本地区,"磁悬浮"三字是家喻户晓的。有一天,有一位聪明人创造性地将"磁悬浮"简称为"磁浮",并且很快见诸报端。从此,大家都不说"磁悬浮"了,而愿意改说"磁浮"。因为"悬"和"浮"是近义语素,用"磁浮"取代"磁悬浮"并不影响意义的表达。如今,连那个在工商管理部门正式注册登记过的主管公司也放弃了"磁悬浮"三字,而更名为"上海磁浮交通发展有限公司"了。

在这儿,除了简而明原则,还有一个现代汉语单词双音节化的强势取向在起作用。我想,把"平方米"说成"平米"或"平方",正是这个道理。

类似的语言现象还有不少。前几年引起争论的"百分百"便是一例。有人说"百分之一百"说成"百分之百"是可以的,说成"百分百"则万万不可。其实,何必如此拘泥!形式上,"百分百"比"百分之一百"简洁,是明摆着的。那么意义呢?由于词语结构的别致,让人一看就知道它是"百分之一百"的简缩。因而也是明确的。简洁而明确,自然没有理由排斥它。上海的东方广播电台新闻频率曾经使用过一句开场语——"东广新闻台,新闻百分百",给听众留下了深刻的印象,经久难忘。又如《新民晚报》2008年10月17日有篇报道的标题,是"'舞林正传'明日开唱,郭富城表示将百分百投入"。现在"百分百"也进入了流行语的行列。诚然,同"平米"一样,在正式文本中,仍然应当采用正规的表达形式"百分之一百"或者"100%"。

总而言之,语言表达要讲规范,但不能强求一律;要开放,要创新,欢迎多样化,鼓励多样化。

(《咬文嚼字》2009年第1期)

后 记

　　自 1957 年在《语文知识》第 2 期和第 9 期上先后发表《谈谈 ei iu -ung yng 到底怎么念》和《谈"词素"》，这几十年来，何伟渔教授发表的长论短评不下三百篇，其中一些短篇散见于《语文学习》《语文建设》和《咬文嚼字》等杂志，有许多是用笔名发表的，常用的笔名有初崇实、高姜山、贡釜、何令祖、金波生、金楝生、金易生、马三生、魏雨、向五爱、姚敬业、余双人等二十余个。

　　近几年来，我们这些毕业多年的研究生，多次向导师提议出一本集子，以免大家翻检一篇篇文章的不便。大家再三恳请，他才勉强同意选些短篇编成《语言小品》。于是，我们这些当年的研究生们组成了编辑组，大家分工去找一篇篇文章。参加初期编校的除了何老师的研究生外，在读的博士生李翠和硕士生黄瑶也做了许多工作。我们共找到二百多篇文章，遗漏的文章肯定不在少数。何老师让我们不必求全，我们就把找到的这些篇目交给他，他从中挑选了这一百五十余篇。

　　何老师关注语言文字大多是为语言文字的教学和运用服务的，所以他提出和解决的问题大多是语文教学和运用中的实际问题。他关于汉语语法教学的著作是由上海教育出版社出版的，关于中学语文教学的文章也大多发表在上海教育出版社主办的《语文学习》杂志上。所以我们很希望这本《语言小品》也由上海教育出版社出版。上海教育出版社领导十分重视何老师长期在语文教育战线上兢兢业业的工作和贡献。当我们向出版社提出我们的意愿时，社里很快就批复同意立项出版。

　　本书编辑组的成员均为何老师的研究生，名单如次（按音序）：蔡莉、曹志彪、戴梦霞、方绪军、高丕永、顾春燕、郭曙纶、金恩姬（韩国）、金忠实、李静熹（韩国）、李正远、林曙、刘根洪、刘尚宝、刘晓惠、彭家法、石田琢智（日本）、田宇贺、王梅菊、王一敏、吴颖、杨东华、张富英、张欣、张占杰、赵斐容、赵桢希（韩国）。

  我们的学习、工作乃至生活都受益于老师的言传身教。言为心声，文如其人，我们也希望本书的出版能使更多的人结识一位好老师。

  值何老师即将迎来八十华诞之际，我们祝敬爱的老师生日快乐，健康长寿！

本书编辑组
2014 年 8 月

图书在版编目（CIP）数据

语言小品 / 何伟渔著. — 上海：上海教育出版社，
2015.11(2018.11重印)
ISBN 978-7-5444-6335-5

Ⅰ.①语… Ⅱ.①何… Ⅲ.①汉语—语言学—文集
Ⅳ.①H1-53

中国版本图书馆CIP数据核字(2015)第248843号

责任编辑　何　勇
封面设计　郑　艺

白马湖书系
语言小品
何伟渔　著

出版发行　上海教育出版社有限公司
官　　网　www.seph.com.cn
地　　址　上海市永福路123号
邮　　编　200031
印　　刷　启东市人民印刷有限公司
开　　本　700×1000　1/16　印张 25.25　插页 3
版　　次　2015年11月第1版
印　　次　2018年11月第2次印刷
书　　号　ISBN 978-7-5444-6335-5/G·5192
定　　价　43.00元

如发现质量问题，读者可向本社调换　电话：021-64377165